POINTS DE VUE CONCRETS

Photo de couverture 1 : *Yoweri Museveni et Fred Rwigema à Kampala en 1987*

Gaspard MUSABYIMANA

LA VRAIE NATURE DU FPR/APR D'OUGANDA EN RWANDA

L'Harmattan
5-7, rue de l'Ecole Polytechnique
75005 Paris- FRANCE

Curriculum vitae de l'auteur

Ancien fonctionnaire du gouvernement rwandais, Gaspard Musabyimana est né à Nyamugali-Ruhengeri le 12 mars 1955.

Sa formation est pluridisciplinaire : Licence en sciences de l'éducation (IPN-Butare, 1981) ; Certificat en Management (Université de Pittsburgh, 1985) ; Diplôme de l'Institut International d'Administration Publique (Paris, 1991) ; DESS en Administration et Gestion Publique (Université de Paris I, 1991) ; Technicien en maintenance informatique (Intec-Bruxelles, 2002).

En exil en Belgique, Gaspard Musabyimana s'intéresse à l'histoire et à la culture de son pays. Il a déjà publié, à compte d'auteur :

- Les années fatidiques pour le Rwanda, Kigali 1993 (épuisé).
- Sexualité, rites et mœurs sexuels de l'ancien Rwanda, Bruxelles 1995 (trouvable à la Librairie UOPC, Chaussée de Wavre 218-220, 1050 Bruxelles, Belgique).

© L'HARMATTAN 2003
ISBN : 2-7475-4847-3

AVERTISSEMENT DE L'EDITEUR

L'auteur de ce livre se situe, de façon évidente, à l'extrême opposé du régime de fer régnant à Kigali depuis 1994. En même temps qu'il nous fait découvrir le dessous des cartes en mettant en lumière des faits et des prises de position de l'époque qui, jusque-là, n'ont pas été pris en considération pour caractériser la véritable nature du pouvoir rwandais actuel, il s'engage dans ce qui peut pour certains s'apparenter à des rumeurs ou à des manipulations. Il faut dire que cela sera ainsi jusqu'à ce que le régime change son fusil d'épaule : qu'il passe de l'ombre à la lumière ; qu'il autorise l'expression et l'association libres des Rwandais ; qu'il respecte leurs dirigeants sciemment choisis ; qu'il ne s'immisce pas dans la recherche de la vérité des faits qui ont blessé toute la nation rwandaise.

Paris, Juin 2003
Pour les Editions L'HARMATTAN
M.C.

Introduction

La guerre a éclaté au Rwanda en octobre 1990 à partir de l'Ouganda. Sitôt l'attaque déclenchée, les porte-parole du FPR envahirent les médias. Pour justifier leur action, ils avancèrent comme raison le problème des réfugiés qui voulaient rentrer dans leur pays sans condition. Mais ils se rendirent vite compte que ce discours ne tenait pas debout et risquait d'ôter à leur mouvement toute légitimité de recours à la force. En effet, le problème des réfugiés tutsi avait presque trouvé une solution car des pourparlers rwando-ougandais, cautionnés par le HCR, avaient abouti à des recommandations pour la résolution de ce problème. La mise en exécution de ces recommandations devait commencer au mois d'octobre 1990. Devant cette situation inconfortable, les hommes du FPR changèrent habilement de discours. Ils mirent en avant des slogans qui passent mieux dans l'opinion publique à savoir les « droits de l'homme » et la « démocratie ». La tactique ne tarda pas à mordre.

Rien ne put empêcher la guerre préparée de longue date par le FPR. Malgré les négociations de paix entre les belligérants dont celles d'Arusha en Tanzanie, le FPR jeta hors de chez eux un million de personnes. Un Rwandais sur sept était déplacé à l'intérieur de son propre pays. L'accord de paix d'Arusha fut signé en août 1993 mais sa mise en application fut bloquée, par le FPR selon les uns, par le Président Habyarimana selon les autres. Le Président Habyarimana fut assassiné en avril 1994. Sa mort déclencha le génocide et des massacres sans précédent.

Trop de choses ont été dites sur le génocide rwandais, notamment le rôle macabre joué par la milice *Interahamwe*. Par contre, le rôle du FPR-*Inkotanyi* dans cette tragédie n'a été souligné que timidement quand il n'était pas tout à fait occulté. Pourtant, la guerre initiée par le FPR est la cause principale du drame. Le conflit rwandais a été présenté simplement comme une guerre civile, oubliant en passant l'intervention de l'armée de Museveni aux côtés du FPR.

De même, la question de l'essence même de ce « Mouvement » (à Kigali, le FPR est appelé *Icyama*, mot swahili signifiant « courant » ou « mouvement » pour le distinguer des partis politiques classiques) qui fait la pluie et le beau temps au-delà même des frontières du Rwanda, n'a été que peu abordée. Bon nombre de chercheurs s'intéressant au Rwanda ont fait des analyses dont certaines étaient influencées par la propagande médiatique que le FPR a habilement menée. Il a astucieusement recouru au mensonge et à la manipulation.

En effet, dès octobre 1990, une certaine presse a présenté le FPR comme un « mouvement de libération », composé de soldats disciplinés. Devant la marée d'hommes qui fuyaient leurs « libérateurs », ces médias n'ont pas osé dénoncer cette barbarie envers une population civile sans défense. Très peu de voix discordantes furent entendues.

L'exemple suivant est illustratif de la ligne de conduite de certains médias. En août 1999, accompagné d'un ami, je suis allé voir un rédacteur en chef d'un hebdomadaire belge, qui avait publié une interview de Yolande Mukagasana. Notre compatriote y prétend entre autres que tous les enfants hutu naissent avec une idéologie génocidaire. L'affirmation est très grave. Le rédacteur en chef nous a reçus et nous a écoutés, avec son équipe, sur notre version des faits. A la fin, il avoua qu'il y avait effectivement une autre vérité, mais que l'écrire serait « aller à contre-courant », car le moment n'était pas encore venu.

Encensé tout au long de la guerre, le FPR n'a fait que très peu objet d'études critiques. Le peu que l'on sache sur le FPR, c'est ce qui transparaît en le voyant à l'œuvre. On découvre petit à petit sa nature. Des défections dans ses rangs permettent également à certaines informations tenues secrètes jusqu'aujourd'hui, de filtrer.

Une facette de la tragédie rwandaise a été cimentée par une multitude d'ouvrages, de milliers d'articles de journaux ou de reportages de télévision. « C'est en mètres qu'on mesure la place occupée dans les bibliothèques et les librairies par les livres sur le Rwanda (…), mais ces livres disent peu ou prou la même chose », un récit « aimable et convenable », s'indigne

Robin Philpot (2003, p. 13) dans son livre : «Ça ne s'est pas passé comme ça à Kigali». De fait un silence de plomb règne sur une certaine facette de la tragédie rwandaise. L'une des raisons de ce silence est que le FPR fait recours à l'intimidation quand la manipulation ne tient pas. Ainsi des témoins d'ONG et d'institutions internationales et autres observateurs ont intérêt à se taire : ils redoutent l'expulsion, alors que les Rwandais, eux craignent des représailles, soit à leur encontre, soit contre leurs proches (Filip Reyntjens, 1999, p.29). Le présent travail tentera donc de lever le voile en épinglant le rôle du FPR dans ce qui sous-tend son pouvoir, à savoir : le génocide rwandais.

Ce livre est aussi une façon de s'incliner devant la mémoire des victimes du génocide rwandais et une contribution pour que la justice internationale puisse s'occuper de tous les bourreaux du peuple rwandais.

1
Le poids de l'histoire

La région des Grands Lacs d'Afrique centrale est devenue, depuis ces dernières années, le théâtre d'affrontements doublé d'une instabilité politique notoire : prise de pouvoir par la force, massacres à grande échelle de populations civiles, assassinats des présidents, coups d'Etat. Les causes en sont politiques mais elles sont sous-tendues par un passé historique qui en donne la couleur et l'intensité. Certaines tribus et diverses « ethnies » habitant la région en sont venues à se coaliser de façon que cette « solidarité négative » va jusqu'au-delà des frontières internationalement reconnues. Leurs leaders s'appuient sur cette corde sensible pour s'accaparer du pouvoir et font tout pour le maintenir coûte que coûte.

Dans ce cadre, au Rwanda comme au Burundi, les Hutu et les Tutsi s'affrontent. Les présidents de ces pays, Paul Kagame et Pierre Buyoya, ont été au pouvoir : le premier par la force des armes, le second par un coup d'Etat militaire. Des relents « ethniques » guident leur action politique. En Ouganda, un semblant de démocratisation, sans partis politiques, cache mal les frustrations de bon nombre d'Ougandais. Des mouvements rebelles sont légion notamment dans le Nord de ce pays. La République Démocratique du Congo a été envahie par les armées de Paul Kagame et de Yoweri Museveni, deux hommes que la solidarité ethnique rapproche. Ils ont organisé un pillage systématique de ce « géant des Grands Lacs » de façon que leurs armées se sont tirées dessus, notamment dans la ville de Kisangani, faute de se partager équitablement le butin.

Dans cet imbroglio, les termes hutu et tutsi reviennent fréquemment, notamment dans les médias, de façon que quand un Rwandais se présente, la première question qui lui est posée est de savoir s'il est Hutu ou Tutsi.

Hutu et Tutsi au Rwanda

Mon père a été placé, dès son jeune âge, chez le sous-chef tutsi qui administrait la localité. Il a reçu de lui une vache qu'il a donnée en dot pour le mariage avec ma mère. Il ne pouvait avoir cette vache autrement sans passer par ce système de servage en vigueur. Mon père parlait du bien de son patron et ne jurait que par son nom : « *Mba ndoga Mbonyumushi wampaye inka* » (il est impensable que je puisse empoisonner Mbonyumushi qui m'a donné une vache). Il nous racontait souvent des blagues sur ce qui se passait durant son séjour chez le sous-chef. Il y régnait un climat de convivialité teintée de délation et de courtisanerie. *Gufata igihe*, (prendre le temps), ou *guhakwa* (demander des faveurs) sont les termes spécifiques employés. Il s'agissait d'aller chez un notable tutsi et lui demander aide et protection. Plus nombreuses étaient les personnes au service du notable, plus il était considéré. Et tout ce monde, pour se maintenir, développait des qualités que l'on retrouve souvent chez les Rwandais que sont la méfiance, la fourberie, le sous-entendu et la perspicacité. C'est ça l'*ubwenge* rwandais, traduit imparfaitement en français par « intelligence ». Un adage célèbre dit : « *Ukuli wabwiye shobuja, ukumuhakishwaho* » (La vérité ne doit être dite au patron que si elle t'apporte des faveurs).

Je garde encore un souvenir d'un directeur de collège durant mes études secondaires. J'avais 13 ans. Je fus admis à aller à l'école secondaire après un examen officiel. Le réussir était un parcours de combattant. Je quitte la campagne. Arrivé à l'école, je reçois mon lit dans un dortoir (toutes les écoles secondaires étaient des internats). Les cours sont intéressants, particulièrement le français. Le professeur avait lu, avec emphase, un extrait de « L'avare » de Molière. J'avais alors retenu de petites phrases de Harpagon comme : « Toujours de l'argent, toujours de l'argent... » que je me suis mis à claironner durant la récréation. Ce que je ne savais pas, c'est que le Directeur avait une histoire d'argent avec certains élèves dont il n'avait pas pu rembourser les cautions. Il m'a entendu et après les cours, il m'a appelé dans son bureau. Il me reprocha de l'avoir insulté et me renvoie à la maison dès le lendemain matin pendant une semaine. Arrivé à la maison après quatre heures de marche, je raconte l'histoire à mon père. Il décide de venir à l'école voir la direction de l'école. Je ne sais pas comment il a défendu mon cas, mais je fus admis à suivre encore les cours. Après quelques jours, le directeur me croise et me dit : « Ça va, tu es sage maintenant ? ». «Oui, mon Frère Directeur», répondis-je. Il ajoute : « *Ese iso yarahatswe ?* » (Dis-moi, ton père a vécu à la cour chez un chef ou chez un notable ? Je dis : « Oui ». Je réalise aujourd'hui combien mon père a dû triturer les mots pour amadouer le Frère-Directeur.

Les blagues portant sur les relations entre les Hutu et les Tutsi sont nombreuses. Celle-ci m'est restée elle aussi dans la mémoire et illustre bien la stratification sociale de l'époque. Mon père me raconta un jour comment son père (mon grand-père) voulait se marier. Comme il était forgeron et donnait régulièrement le produit de son travail à la cour royale à Nyanza, il était « considéré » car il pouvait aller plaider sa cause en cas de besoin. Il entreprit des démarches pour demander la main d'une fille tutsi. La condition fut que pour la dot, il donne trois vaches. Une pour amadouer la mère de la fille pour qu'elle accepte un Hutu pour gendre, une autre pour « laver » ce roturier (*kumuhanagura*) et enfin une troisième pour la dot proprement dite. Ne pouvant pas trouver ces trois vaches à la fois, les fiançailles furent rompues.

Le terme tutsi était, selon mes souvenirs d'enfance, synonyme de beau, de supérieur. Encore petit, j'aimais aller vivre quelques jours chez ma grand-mère maternelle car elle me chouchoutait à tout bout de champ. Elle me demandait de me laver souvent et de m'enduire du beurre issu du lait de vache. De retour, ma mère s'émerveillait : « *Yewe, ndabona baragututsikaje* » (On t'a traité comme un Tutsi ; tu as été entretenu comme un prince).

J'ai donné ces anecdotes pour montrer que Hutu et Tutsi sont des réalités sociales qu'on ne peut pas nier. A l'école, l'histoire enseignée parlait de trois « ethnies » et de leur installation respective sur le territoire rwandais comme suit : les premiers étaient des Twa, les seconds, des Hutu, et enfin, les Tutsi. Le nouveau pouvoir du FPR a entrepris de réécrire l'histoire du Rwanda. « Or l'histoire est ce qu'elle est, elle est ce qu'elle a été ; on ne change pas l'histoire » (Perraudin, 2003, p.45). En novembre 1994, un colloque sur le génocide fut organisé à Kigali. L'une des recommandations émises par les représentants du FPR était de « revoir l'historiographie » de l'abbé Alexis Kagame». On lui reproche « d'avoir faussé l'histoire du Rwanda » car il dénie « le caractère autochtone aux Tutsi » (Karemano, 1999, p.27).

Non seulement le FPR revendique l'antériorité de l'arrivée des Tutsi au Rwanda mais sans se rendre compte de la contradiction, il nie en même temps l'existence des « ethnies » au Rwanda. Nous sommes d'avis que l'on peut reconnaître l'existence des « ethnies » sans pour autant faire de l'ethnisme. Il faut, comme le dit le Professeur Ntampaka (2000), ne pas nier les ethnies, mais les assumer et permettre à tout un chacun de se sentir protégé dans un état de droit. De fait, l'ethnie (*ethnos*) est une réalité historique et supra-individuelle incontestable étudiée par les sciences sociales alors que l'ethnisme est un simple comportement individuel ou collectif dont l'étude devrait plutôt relever de la psychanalyse ou de la psychologie pathologique (Balibutsa, 2000, p. 6).

Qu'on les désigne par « ethnies », « groupes sociaux », etc., ou qu'on nie cette réalité, tout Rwandais connaît son appartenance « ethnique ». La carte d'identité sans mention « ethnique » en vigueur au Rwanda n'est qu'un trompe-l'œil pour les étrangers. Les explorateurs arrivés au Rwanda bien avant la colonisation ont parlé des Hutu et des Tutsi du Rwanda. Dans le diaire de la mission de Save, 1899-1905, on y lit :
> Nous n'écoutons guère ces braves Bahutu qui voudraient avant tout être débarrassés du joug des Watutsi. C'est ce qu'ils voient

de plus palpable et ils voudraient se servir de nous pour en arriver là. (Roger Heremans et Emmanuel Ntezimana, 1987).

Du temps de la colonisation, la question hutu-tutsi fut évoquée publiquement. Les Hutu posèrent la question ouvertement au mois de Mars 1957, dans un document intitulé : « Note sur l'aspect social du problème racial indigène au Rwanda » connu dans l'histoire du Rwanda sous le nom de « Manifeste des Bahutu ». Le document réclamait l'égalité des droits pour tous les citoyens du pays et protestait entre autres contre les discriminations politico-économiques relatives à l'accès aux fonctions publiques, contre les discriminations relatives au bénéfice de l'enseignement secondaire et supérieur, à la justice, l'exploitation de la terre,... (Munyangaju, 1959). Les Tutsi, de leur côté réagirent à cet écrit en mai 1958 par « La mise au point », un document signé par 12 dignitaires de la cour royale. Dans cet écrit, il y est réaffirmé l'inégalité naturelle entre les Tutsi et les Hutu.

La question « ethnique » était mise sur le tapis pour la première fois. Le Conseil Supérieur du Pays (CSP), une sorte de Parlement mis sur pied par la Tutelle pour limiter les pouvoirs du Roi, s'est saisi de la question dans sa session du 4 avril 1958. Les Tutsi qui étaient une écrasante majorité (en 1954, le CSP comptait 27 Tutsi sur 33 membres), éludèrent le débat, pour pérenniser leurs privilèges. La question « ethnique » reviendra presque avec la même acuité en 1990 et surtout après la prise du pouvoir par le FPR en juillet 1994.

La domination des Tutsi sur les Hutu durant plusieurs siècles a été rendue possible par la vache, entend-on dire. Cette explication est simpliste. Selon Melchior Mbonimpa (2000, pp. 41-50), le Tutsi a mis au point une « stratégie de la domination » par quatre méthodes précises à savoir « le pouvoir de tuer, le don des femmes en mariage ; le don des vaches ; et la maîtrise de la terre ». Il en donne des explications. Il est connu dans l'histoire du monde que « l'hégémonie revient à celui qui se rend maître des moyens de la violence ». Quant aux femmes, les Hutu ont épousé des femmes tutsi, mais le contraire est rare. « Dans cet échange inégal, celui qui reçoit devient un débiteur insolvable ». Parlant de vaches comme « l'autre instrument d'hémogénie tutsie », Mbonimpa est d'avis qu'« en prêtant en usufruit des têtes de bétail aux Hutu, les propriétaires des troupeaux s'assuraient de cette manière aussi une clientèle soumise ». Et enfin, « la terre a cessé d'appartenir aux Hutus qui la cultivaient. Les collines sont devenues la propriété privée de princes ».

La colonisation allemande (1898-1916) puis la colonisation et la tutelle belge (1916-1962) n'ont rien changé à la situation. Le système féodal allait continuer et n'a cessé qu'avec la Révolution sociale de 1959. Les seigneurs d'alors fuirent le pays pour surtout s'établir dans les pays limitrophes dont l'Ouganda, le Burundi, le Congo, la Tanzanie et même le Kenya. Ils reviendront les armes à la main, d'abord avec échec entre 1961 et 1966, sous le nom d'« Inyenzi », puis avec succès en octobre 1990 sous le nom d' « Inkotanyi ».

Des Inyenzi aux Inkotanyi

En puisant dans l'histoire du Rwanda, le terme *inkotanyi* est antérieur à celui d'*inyenzi*. Dans l'ancien Rwanda, chaque roi avait des milices qu'il levait lors des guerres contre les principautés ou les royaumes voisins (Kagame, 1963). Les Inkotanyi constituent une de ces milices anciennes.

Le terme *inkotanyi* est dérivé de *Abakotanyi* (les combattants acharnés), une milice qui s'est illustrée sous le règne de Yuhi IV Gahindiro (+/-1800-1830) par des expéditions guerrières au Ndorwa, dans l'actuelle préfecture du Mutara. Plus tard, *Inkotanyi* fut le nom d'une barque que le roi Kigeri IV Rwabugiri (+/-1865-1895) avait sur le lac Kivu. Ce monarque allait s'appeler lui-même Inkotanyi, comme cela ressort des poèmes composés en son hommage en 1874. Pour son courage et sa bravoure, Rwabugiri prit plus tard le nom d' *Inkotanyi-cyane* (lutteur très acharné, le meilleur sur-le-champ de bataille), nom donné après des cérémonies spécifiques, aux combattants ayant tué jusqu'à vingt et une personnes dans le camp ennemi, lors d'une bataille (Bangamwabo et alii, 1991, pp. 127-129). Le terme *inkotanyi* réapparaîtra en 1990.

Au Rwanda, les milices ont été de tout temps associées à la violence et étaient utilisées pour effectuer de basses besognes. Le Roi Kigeli Rwabugili fit recours à elles pour faire exécuter sa mère soupçonnée d'être enceinte d'un enfant extra-conjugal. De la même manière, il fit castrer son beau-frère Kabare, les sorciers ayant prévu qu'il engendrerait un roi.

Plus près nous, le Roi Kigeri V Ndahindurwa (1959-1960) lança, directement après son intronisation en juillet 1959, ses milices contre les leaders hutu qui commençaient à se manifester. Son parti, l'UNAR, recourut à leurs services pour intimider et éliminer tous ceux à qui il collait l'étiquette d'*abaporosoma,* littéralement « membres du parti APROSOMA ». Ceux-ci étaient en fait des concurrents politiques mais dans le langage de l'UNAR, il s'agissait de tout Hutu qui voulait le changement de l'ordre établi. Exactement comme aujourd'hui, le FPR tue la population civile en l'affublant de l'étiquette d'« infiltrés » ou emprisonne des gens injustement en mentionnant dans leurs dossiers qu'ils sont « Interahamwe- génocidaires », sans autre précision.

L'abbé Bushayija (1987, p. 52), l'un des rares Tutsi du Conseil Supérieur du Pays à prôner la justice sociale, décrit l'action terroriste du roi Kigeri V Ndahindurwa et des milices de son parti UNAR :

> Une fois installé à Kavumu [le Mwami Kigeri], le groupe des jeunes unaristes, qui accompagnait toujours le Mwami, se livra à des actes de brigandage et de terrorisme envers les hutu aprosoma ou parmehutu des environs de Nyanza. Ce n'était pas à une grande échelle, bien entendu, mais tout de même la nouvelle se répandait petit à petit au tour de Nyanza. Un jour ils s'en prennent à deux grands aprosoma, l'un était Bourgmestre des environs de Nyanza et s'appelait Jean Baptiste Sagahutu, l'autre Binego de la province de Bunyambiriri, de passage à Kavumu. Ils les ont pris et en firent prisonniers à Kavumu-même, les maltraitèrent, les rouèrent de coups, les blessant légèrement à la tête. Ils ont passé la nuit à Kavumu, liés, subissant par moment des coups de matraque. La nouvelle se répandit dans tout Nyanza, jusqu'à l'Administration belge. Le mouvement devait s'étendre plus tard à tous les grands leaders hutu.

La violence initiée par Kigeri et ses milices contre les leaders hutu ne s'arrêta pas là. Renforcés par des jeunes musulmans connus sous le nom de *namba mbili* (« number mbili » : numéro deux) et des Twa déchaînés, les milices de l'UNAR s'attaquèrent, en novembre 1959, au sous-chef hutu Dominique Mbonyumutwa de retour d'une messe dominicale. L'abbé Bushayija (1987, pp. 56-59) rapporte cet incident comme suit :

> Trois jeunes tutsi unaristes s'attaquèrent à Dominique [Mbonyumutwa] pour lui asséner quelques coups de points et de bâtons. Mbonyumutwa se dégagea fortement et s'en alla (…). La nouvelle de l'attaque de Mbonyumutwa se répand comme une fumée. A Ndiza, son fief, la colère des Hutu monte. Des maisons sont incendiées. Les grands chefs unaristes de leur côté mettent sur pied, après un conseil militaire, « la politique de décapitation ».(...) Et pour ce faire, il faut décapiter, c'est-à-dire couper la tête, attaquer les noyaux du Parmehutu et de l'Aprosoma, tuer le responsable de la localité.(…). Il faut que chaque chef connaisse et attaque le nid de ces partis qui se trouve dans sa chefferie. (…). Il semble que le jeune Mwami Kigeri fut d'accord avec cette tactique. La consigne fut mise à exécution surtout au Sud et au Centre du pays, Nduga vers Kigali. Furent tués les nommés Polepole, Kageruka, Secyugu (à Nyanza) ; Sindibona ; le lendemain on devait s'attaquer à Kayibanda (Kabgayi). Dans la chefferie de Rukoma, on a tué trois ou quatre hutu, mais le responsable Bwabo a bel et bien échappé (Bushayija, 1987, pp. 56-59).

Un autre témoin des événements, Guido De Weerd (1997, p. 44), confirme cette politique de décapitation décidée par les chefs tutsi. Il signale que ceux-ci ont voulu « rétablir eux-mêmes l'ordre public, c'est-à-dire l'ordre clanique prévalant », et cela par « des campagnes d'intimidation, d'attentats et de meurtres sur tout le territoire du pays (…). Tout opposant devait être éliminé ». La contre-attaque des Hutu n'a pas tardé. Les leaders tutsi prirent la fuite.

Dans certains pays d'accueil, les Tutsis en exil ont rencontré des structures semblables à celles qu'ils avaient créées au Rwanda : monarchie, classes sociales avec des citoyens de seconde zone. Dans d'autres, les problèmes ethniques étaient également présents ou naissaient avec l'afflux de ces réfugiés.

Les réfugiés tutsi sont arrivés au Burundi sous le règne du Roi Mwambutsa IV. Le terrain était favorable et les Tutsi au pouvoir dans ce pays les ont accueillis et les ont aidés à s'intégrer dans leur nouvelle patrie. Ces nouveaux-venus ont profité des facilités qui leur étaient offertes pour mettre sur pied des structures parallèles sous l'œil bienveillant des autorités burundaises d'alors. Pour se préserver, ils ont pratiqué largement l'endogamie (Ntibazonkiza, 1996, p. 49).

Au point de vue politique, ces structures parallèles avaient en aparté pour tâche de sensibiliser la jeunesse sur le passé glorieux de leurs ancêtres et de reconquérir le pouvoir au Rwanda. Sur ce plan, les réfugiés tutsi bénéficiaient d'un soutien sans condition des autorités burundaises. Selon Ntibazonkiza, (*ibidem*) :

> L'élite tutsi burundaise sera heureuse de la présence des Tutsi rwandais sur son sol. Elle était toute disposée à appuyer politiquement ses congénères rwandais, les encourageant même à se servir du territoire burundais comme d'une base arrière, en vue de la reconquête du Rwanda. (…). Les leaders politiques des réfugiés rwandais bénéficiaient d'une aide logistique et d'armements de la part des autorités burundaises. Celles-ci comptaient bien les utiliser comme un indispensable réservoir d'hommes de main pour une campagne de répression en cas de crise contre les Hutu du Burundi.

En 1965, le capitaine Michel Micombero prit le pouvoir par un coup d'Etat et mit fin à la royauté au Burundi. C'est avec son avènement qu'ont lieu des massacres de Hutu burundais à grande échelle qui se répèteront en 1972 où un véritable génocide a été perpétré contre eux. Certains réfugiés tutsi rwandais y ont joué un grand rôle.

Les successeurs de Michel Micombero, le Colonel Jean-Baptiste Bagaza (1976-1987) puis le Major Pierre Buyoya (1987-1993) ne changèrent rien à cette politique. Ce dernier organise des élections démocratiques auxquelles il est battu par un candidat hutu, Melchior Ndadaye. En novembre 1993, celui-ci fut assassiné par des militaires tutsi. Son successeur légal, Cyprien Ntaryamira, fut tué dans l'avion avec le Président Habyarimana. Il est remplacé légalement par Sylvestre Ntibantunganya. Celui-ci, Hutu lui aussi, fut écarté du pouvoir par un coup d'Etat militaire ourdi par le même Major Buyoya, qui est resté aux aguets en attendant le moment propice pour reprendre le pouvoir.

Les militaires qui se sont succédés au pouvoir au Burundi ont laissé les réfugiés tutsi rwandais s'organiser. Les conséquences de cette attitude des autorités burundaises furent des attaques armées contre le Rwanda à partir du Burundi. Les attaquants étaient connus sous le nom *Inyenzi* et regroupés au sein de l'APLR (Armée Populaire de Libération du Rwanda).

Quant aux réfugiés tutsi ayant fui vers le Congo (actuelle République Démocratique du Congo, ex-Zaïre), ils s'établirent surtout au Kivu où existaient déjà d'autres rwandophones. Il s'agit de Rwandais devenus Congolais par la fixation des frontières actuelles entre le Rwanda et le Congo belge lors de la Convention de Bruxelles du 11/08/1910 : ceux ayant fui les luttes sanglantes de prise du pouvoir au Rwanda notamment lors du coup d'état de Rucunshu en 1896, ceux importés entre 1937 et 1955 comme main d'œuvre par les autorités coloniales belges dans le cadre de la « Mission d'Immigration des Banyarwanda » (MIB), ou ceux qui ont émigré à cause de la famine entre 1940-1945. D'autres réfugiés tutsi rejoindront ces groupes entre 1962 et 1964 ou en 1973. Tous ces groupes ont fondé des fiefs au Nord et au Sud Kivu où souvent ils ont eu des heurts avec des populations autochtones. La région du Masisi, au nord Kivu et la région d'Uvira, au sud Kivu, ont souvent connu des affrontements ethniques entre Hutu et Tutsi du Congo et parfois avec d'autres tribus congolaises.

A l'arrivée des réfugiés rwandais tutsi dans les régions du Congo, la même organisation que celle des réfugiés tutsi du Burundi fut mise sur pied. Ainsi, en juillet 1962, des hommes armés partirent de la région congolaise de Goma, à travers la plaine sise entre les volcans Nyiragongo et Kalisimbi, pour attaquer le Rwanda. Ils furent rapidement maîtrisés par la Garde Nationale Rwandaise.

Avec l'avènement de Mobutu, le Congo devint le Zaïre. Quelques réfugiés tutsi entrent dans la sphère du pouvoir de façon qu'un des leurs, Bisengimana Rwema Barthélemy, était Directeur du bureau politique du Président Mobutu. La toute puissance de Bisengimana a permis notamment à certains réfugiés tutsi de se hisser dans la hiérarchie de l'administration civile et religieuse surtout dans la région du Kivu et à mettre la main sur des richesses dont regorge le Zaïre : métaux précieux (or, diamant, cuivre), le bois... Le nommé Gahiga avait des concessions immenses pour l'exploitation du diamant. Miko Rwayitare avait lui aussi bâti sa fortune de la même manière. Dans les années 1980 jusqu'à l'avènement de Laurent Désiré Kabila, la société gestionnaire des téléphones cellulaires, les seuls qui fonctionnaient au Zaïre, appartenaient à Miko Rwayitare.

La région du Kivu, surtout le Masisi, servit de terrain favorable pour les activités militaires des réfugiés. C'est dans cette région que sont publiés, en 1961, les dix commandements des Tutsi. Goma, sa capitale a été une véritable plaque tournante pour les activités subversives contre le Rwanda. En octobre 1990, cette région fournira un grand contingent des combattants ayant rejoint le FPR-Inkotanyi en Ouganda.

Par rapport aux autres pays limitrophes, le nombre de réfugiés tutsi ayant fui en Tanzanie n'était pas significatif. Ils étaient établis surtout dans la région frontalière de l'Akagera. Les extrémistes du Parti UNAR avaient demandé à tous les réfugiés de s'abstenir de se sédentariser et de cultiver la terre, mais plutôt de se tenir prêts à combattre la nouvelle république au Rwanda. Les plantations de ceux qui allaient à l'encontre de cette consigne étaient détruites par de groupes de jeunes à la faveur de la nuit (Baudouin Paternostre de la Mairieu, 1972, p. 263). Ayant eu vent de cette information, les autorités tanzaniennes ont encadré les réfugiés et les ont exhortés à travailler pour subvenir à leurs besoins.

En Ouganda, les réfugiés se sont établis dans la région d'Ankole au sud-ouest de l'Ouganda où leurs confrères hamites, les Hima, se considèrent supérieurs aux Baïru, de type bantou. Ceux-ci ont été soumis par les premiers à l'époque précoloniale (Prunier, 1994, p. 109). Les relations entre les réfugiés tutsi et les Hima ont été renforcées par un autre facteur : bon nombre de réfugiés tutsi étaient liés par mariage aux « aristocrates » hima (Prunier, 1994, p. 109).

Quant au Roi Kigeri V Ndahindurwa, il s'est établi dans la capitale ougandaise : Kampala. Il avait de bonnes relations amicales avec son homologue le Kabaka (roi) du Buganda dont il recevait des aides. L'Ouganda fut ainsi un terrain propice pour des attaques contre le Rwanda. Rien qu'en avril 1962, une quinzaine d'attentats furent perpétrés de nuit en préfectures de Byumba et de Kigali à partir des camps de réfugiés de l'Ouganda ; en juillet de la même année, des attaques furent dirigées contre la garnison de Nyagatare, au Mutara (Baudouin Paternostre de la Mairieu, 1972, p.270). C'est du même Mutara que partiront les attaques d'octobre 1990 du FPR-Inkotanyi. Baudouin Paternostre écrit (1972, pp. 270-271) :

> En août 1963, le Premier Ministre Milton Obote menaça de renvoyer chez eux les réfugiés rwandais s'ils n'abandonnaient pas leurs activités terroristes contre le Rwanda. Ils avaient alors un Gouvernement en exil qui, en 1962, avait François Rukeba comme Premier Ministre et Hamoud ben Salim comme ministre de la défense. En mai 1963, il y eut un autre gouvernement dont Michel Kayihura était Premier Ministre et François Rukeba Ministre de la Défense. Des détournements des aides financières que ces leaders recevaient des pays donateurs ont caractérisé ces gouvernements. Ainsi en 1963, Kigeri avait reçu de la Chine 100.000 $. Il en a donné 23.000 à Rukeba qui les a utilisés à des fins personnelles. A son tour, Rukeba a accusé Kayihura d'avoir gaspillé quelques 100.000 $

C'est de retour de la Chine Populaire que Kigeri V fut déclaré indésirable en Ouganda et ira s'installer à Naïrobi au Kenya. Dans la même foulée, les activités de l'« Organisation de la Jeunesse Rwandaise » (OJR), fer de lance de ces actes terroristes à partir d'Ouganda, furent interdites.

Le mouvement *Inyenzi* était donc en difficulté. A part les déboires évoqués ci-haut, il était également miné par des luttes intestines de ses chefs. Les démarches de conciliation entreprises par le roi Kigeri notamment à Dar-Es-Salaam en Tanzanie en 1963 et à Bujumbura en 1965, se soldèrent par un échec. Devant l'incapacité des vieux leaders à faire l'unanimité du Mouvement et à remporter des succès militaires, un groupe de jeunes ''turcs'', anciens étudiants de Lovanium, créa le « Front de Libération du Rwanda (F.L.R) » à Bujumbura en

1965 (Reyntjens, 1985, p. 458), une idée qui avait germé en Ouganda avec l'« Organisation de la Jeunesse Rwandaise ». Le FLR était sous la présidence de Gabriel Sebyeza, de la lignée royale des *Abahindiro*. Il avait également une aile très active à Kampala en Ouganda et envisageait de créer la « République Démocratique Rwandaise » (R.D.R). Les animateurs de ce Front étaient Gratien Rugengamanzi alias Soekarno et Fidèle Rutayomba, respectivement Ministre de la Défense et Secrétaire politique.

Comme les *Inyenzi*, le F.L.R était partisan d'une action militaire. Il ne put cependant la concrétiser car il n'avait pas beaucoup d'audience auprès des réfugiés parmi lesquels devaient se recruter les combattants. De même, à l'instar des *Inyenzi*, le FLR succomba, lui aussi, aux guerres intestines et aux luttes d'influence parmi ses leaders. Il ne put se relever et se scinda, pour finir, en plusieurs groupes. Quant à ce qui restait du Mouvement *Inyenzi*, il fut mis à rude épreuve par la gestion des fonds qu'il recevait ainsi que des cotisations demandées aux réfugiés (voir annexe 1) par le biais de l'association *Abadahemuka* (les fidèles), spécialement créée pour soutenir financièrement le roi Kigeli. Dans sa réunion du 4 décembre 1960, un meeting de cette association a réuni à Kampala environs 300 personnes sous la présidence de Mustafa Rukataza. L'argent collecté a été remis à Kigeli par le biais de Mungarurire, alors présent dans le meeting (Imvaho du n°30 du 30/01/1961).

Chaque leader de l'UNAR demandait une aide à des donateurs. Il empochait l'argent et l'utilisait à des fins personnelles. Le Mwami Kigeri V, son secrétaire particulier Papias Gatwa, François Rukeba et Michel Kayihura s'illustrèrent dans cette subtilisation des fonds. Rappelons qu'avant de fuir, Kayihura, actuellement dans les parages de Paul Kagame, s'est rendu coupable de crimes contre des Hutu. Il a été condamné, par les tribunaux de la Tutelle, à quinze ans de prison pour sa participation dans l'assassinat, au mois de novembre 1959, de deux Hutu nommés Munyandekwe et Sibomana dans le territoire de Gitarama (De Weerd, op.cit., p. 65).

Les luttes internes et les scissions, dues aux divergences sur les actions à mener ainsi qu'à la mauvaise gestion des aides financières reçues, conduisirent, en partie à l'échec des *Inyenzi*. Ils se mirent alors à repenser une nouvelle stratégie pour attaquer à nouveau le Rwanda. L'idée de mettre sur pied un autre front plus performant que celui des *Inyenzi* fut avancée. L'Ouganda fut choisi comme terrain de prédilection pour la réalisation de ce plan machiavélique. En 1968 fut fondé le « Mouvement Révolutionnaire du Rwanda » (MRR) avec entre autres comme objectif de « travailler pour une libération totale du pays ». Ce mouvement connut lui aussi des scissions. Alors que la vieille garde constituée des *Inyenzi* était encore sous le choc de la défaite, les jeunes extrémistes et gauchistes étaient, eux, pour une action immédiate : relancer les attaques contre le Rwanda. La tendance des vieux était représentée par Joseph Mudandi. Il avait acquis une expérience militaire dans la rébellion muléliste[1] au Congo (actuelle RDC), après son entraînement dans la guérilla en Chine Populaire.

Les échecs répétés de ces invasions et la diplomatie des autorités rwandaises d'alors, purent mettre en veilleuse ces attaques. Mais la conscientisation de la jeunesse tutsi et la formation militaire continuèrent. Elles firent du Burundi une grande réserve de combattants. En octobre 1990, ce pays fournira un grand contingent de jeunes pour aller renforcer le front ouvert par les descendants des anciens réfugiés rwandais enrôlés dans l'armée ougandaise. Des caravanes entières de camions des jeunes issus des « structures parallèles » déjà mentionnées, viendront en masse du Burundi et passeront en Ouganda.

Milton Obote a été chassé par le Coup d'Etat du Général Idi Amin Dada en 1970. Les réfugiés en profitèrent pour se hisser dans les hautes fonctions en Ouganda. Ils étaient notamment

---

1. Les mulélistes sont des maquisards initiés par Pierre Mulele, ministre de l'Education nationale et des Beaux-Arts dans le premier gouvernement du Congo indépendant. Le Premier Ministre était alors Patrice Lumumba. (voir : Isidore Ndwaywel è Nziem, *Histoire générale du Congo. De l'héritage ancien à la République Démocratique*, De Boeck & Larcier s.a, Paris, Bruxelles, 1998, p. 557).

engagés dans le tristement célèbre *State Research Bureau*, organe de répression du gouvernement d'Idi Amin contre ses opposants. Obote reviendra aux affaires après la guerre ougando-tanzanienne qui chassa Idi Amin Dada en 1979. Il n'oubliera pas la collusion entre les réfugiés tutsi en Ouganda et le régime d'Idi Amin Dada et décréta leur renvoi en 1982. Ils passèrent la frontière du Rwanda, tandis que les plus jeunes d'entre eux rejoignirent le maquis de Museveni initié en 1981 après son échec aux élections de la même année. En 1986, Museveni prit le pouvoir à Kampala. Les réfugiés tutsi avaient des postes-clé dans l'armée ougandaise, la *National Resistance Army* (NRA).

Avec l'expérience militaire qu'ils venaient d'acquérir et les moyens matériels de l'Etat ougandais dont ils disposaient à leur guise, les réfugiés tutsi d'Ouganda offrirent à leurs frères des pays limitrophes du Rwanda l'opportunité d'une formation militaire de grande envergure et une base sûre d'opérations d'attaque contre le Rwanda.

A partir d'octobre 1990, le FPR-Inkotanyi attaque le Rwanda, mais le terme *Inyenzi* revient pour expliquer la genèse du conflit. Ce terme a fait couler beaucoup d'encre surtout après le génocide rwandais de 1994. Certains auteurs, profitant de la traduction littérale de ce terme en français par les mots « cafard » ou « cancrelat », en ont conclu qu'il était à connotation génocidaire. Pour eux, le cafard, on l'écrase au passage. Pour d'autres, le terme est insultant, référence faite à l'image hideuse du cancrelat. L'une et l'autre de ces assertions ne résistent pas à la critique.

Tout d'abord la répugnance qu'inspirent certains animaux doit être relativisée dans la culture rwandaise où chaque clan a son animal-totem. Ses membres ne peuvent en aucun cas en avoir une image négative, si répugnant soit-il. Ainsi le crapaud, malgré sa silhouette et son allure informes, est vénéré dans la phratrie des Bega. Ils ne peuvent jamais le tuer ou encore moins le brutaliser.

En plaçant le mot *inyenzi* dans son contexte historique et sémantique, on en comprend mieux la portée réelle. Dans les livres écrits avant les années 1990, il apparaît que le nom *inyenzi* avait été donné aux terroristes des années 1960 parce qu'ils lançaient généralement leurs attaques pendant la nuit (Reyntjens, 1985, p. 529). Dans le chapitre de son programme politique consacré à son propre historique, le Front Patriotique Rwandais (FPR) utilise le terme *inyenzi* sans connotation négative. Il précise notamment :

> Une première tentative de résistance armée (le mouvement des Inyenzi, 1960 à 1966), basée à l'étranger, déboucha sur un échec par manque d'idéologie politique claire et d'une organisation cohérente. (FPR, 1990).

Si ce terme était insultant ou dégradant, le Front Patriotique Rwandais ne l'aurait pas utilisé de cette façon.

Aujourd'hui, des sources autorisées tranchent le débat. Nous citerons entre autres Aloys Ngurumbe, un des chefs militaires des *Inyenzi*. Dans une interview qu'il a donnée au journal pro-FPR *Kanguka* n° 52 du 12 février 1992, il précise que le terme *Inyenzi* est un nom de guerre, qui est une contraction de : I*Ngangurarugo Yiyemeje kuba ingENZI*, ce qui se traduit en français par : « Combattant de la milice Ingangurarugo qui s'est donné comme devise d'être le meilleur sur-le-champ de bataille ». Ngurumbe a répété cette explication aux téléspectateurs de la télévision rwandaise lors des émissions-débats organisés sur la « nouvelle histoire du Rwanda » tout au long de l'année 1998. Le terme *inyenzi* est donc bien un nom de guerre d'autant plus qu'il fait référence aux *Ingangurarugo*, une des milices les plus redoutées de l'ancien Rwanda, sous le règne du roi Rwabugiri (1865-1895).

Selon le Petit Larousse Illustré, le cafard ou le cancrelat est une sorte de blatte, vivant la nuit et très rapide à la course. Rien de plus parlant pour qualifier un guérillero. Le terme *inyenzi* peut également signifier une sorte de serpent des savanes herbeuses du Mutara, et à ce titre il renverrait aussi à l'idée de maquis. Le mot inyenzi peut aussi avoir le sens de beauté physique (Irenée Jacob, p.466). Il n'a donc pas une acception péjorative ou n'a pas été retourné « positivement » (Guichaoua, 1997, p.4). Il désigne bien les combattants tutsi participant aux attaques, entre 1961 et 1967 pour le rétablissement de la monarchie féodale au Rwanda.

Quant au terme *inkotanyi*, il est réapparu publiquement en Ouganda vers 1987 comme titre d'un journal de propagande pour la préparation de la guerre contre le Rwanda. Il servait de point de ralliement aux descendants des *Inyenzi*. Il avait une version française « Le Patriote » et une version anglaise *The Vanguard*.

En octobre 1990, ceux qui ont attaqué le Rwanda se présentèrent aux médias internationaux sous ce vocable. Le terme *inkotanyi* fait également référence à une ancienne milice comme nous l'avons vu. C'est probablement pour perpétuer les traditions et par superstition, que les combattants *Inkotanyi* ont attaqué le Rwanda par le Mutara (Byumba), et dans leur progression, ont campé à Nyakayaga (*mu nkomane za Nyakayaga*) dans la commune de Giti (Byumba), exactement comme leurs ancêtres au 19e siècle.

Les *Inyenzi* et les *Inkotanyi* ont donc une relation de continuité d'autant plus que « les deux font appel à des mythes guerriers d'un passé sacré» (De Brouwer, 1996, p.53).

Le Front Patriotique Rwandais (FPR)

La reprise de la lutte armée abandonnée par les *Inyenzi* était un défi lancé à la jeunesse rwandaise en exil. Des idées foisonnaient dans ce sens et des initiatives individuelles voyaient le jour. Celle d'un certain Jean Marie Vianney Karuranga (Kalulanga en langue ougandaise) illustre cet état d'esprit. Celui-ci est, comme Paul Kagame, originaire des environs de Ruhango (commune Ntongwe) dans la préfecture de Gitarama. Il a passé sa jeunesse dans la région de Masaka au sud de l'Ouganda. Il fit des séjours en Tanzanie, au Burundi et au Kenya. En 1976, il se lança dans les affaires et mit sur pied une société commerciale (*Kalulanga General Overseas Agency*) ayant pour objet principal l'importation (*importation & commission agency*). Elle lui permit de couvrir ses activités politiques entreprises quelques années plus tôt.

En 1983, Karuranga publia, dans le journal *Ouganda Post* du 10 mars, un article en kiganda, langue locale en Ouganda et intitulé : *Abanyarwanda abali mu Ouganda benyamivu* (Les

Rwandais vivant en Ouganda sont désespérés). Karuranga fustigeait ceux qui voulaient renvoyer les réfugiés chez eux au Rwanda alors que le régime qu'ils avaient fui était toujours en place. Le message était clair, il fallait d'abord en finir avec ce régime ! Karuranga était un adepte de Museveni, actuel président de l'Ouganda. Il s'était beaucoup investi dans sa campagne électorale lors des élections de 1981, en tant que porte-parole (*publicity secretary*) de l'UPM (*Ouganda Patriotic Movement*) au Buganda. Museveni perdit les élections et prit le maquis suivi par de jeunes réfugiés rwandais. En janvier 1986, Museveni prit le pouvoir. Karuranga n'avait cessé d'être dans ses arcanes. Il va en profiter pour officialiser ses visées politiques en créant, en avril 1986, le RNLM (*Rwanda National Liberation Movement*). Celui-ci a pour objectifs : l'unité nationale (*national unity*), la démocratie (*democracy*), l'indépendance nationale (*national independance*) et le progrès social (*national progress*). Karuranga utilisa alors le pseudonyme de Sharif Ahmed Bin Sharif. Il ne tarda pas à révéler au grand jour le projet d'attaquer le Rwanda. Son article *Rwandese refugees form resistance front* paru dans le bi-hebdomadaire ougandais *Focus* du 29 avril 1986, était sans équivoque à ce sujet. Le message véhiculé par l'article avait été relayé plus explicitement par le quotidien kenyan *Nation* du 1 mai 1986 comme suit :

> A newly-created armed group known as Rwanda Resistance Movement (RRM) has threatened to 'overrun' the regime of President Habyarimana.

Ainsi pour la première fois, il était clairement spécifié qu'il fallait renverser le régime du Président Habyarimana par la force. Le même article parut le 2 mai 1986 en kiganda dans le journal *Taifa Empya*. Il reprenait le même message et ajoutait qu'il était question de plusieurs mouvements de « libération » dont le *Rwandese National Movement* (RNM) et l'*Organisation for Total Liberation of all Rwandese* (OTLR). Dans la même période, Karuranga, toujours sous son pseudonyme, avait accordé une interview à la BBC en précisant que les réfugiés rwandais avaient une armée de plus de 500.000 hommes prêts à attaquer le Rwanda et à s'emparer du pouvoir.

A la sortie du maquis des combattants de la NRA en 1986, un plan d'attaquer le Rwanda avait donc été déjà étudié. Karuranga, par ses articles et ses déclarations, révéla le secret trop tôt. Son indiscrétion lui attira les foudres de ses compagnons et une équipe de 12 militaires conduite par feu-Fred Gisa Rwigema et comprenant entre autres un certain Paul Kagame et le commandant Kamukama vinrent l'arrêter le 18 mai 1986. Il fut interné successivement dans le camp militaire de Lubiri (*Lubiri Barracks*), dans la prison de Luzira (*Luzira Upper Prison*) et dans la prison de haute sécurité de Luzira (*Luzira Maximum Security Prison*). Cet acharnement s'explique par le fait que son indiscrétion avait de graves conséquences sur le nouveau pouvoir ougandais de Museveni. Karuranga fut ainsi soumis à de nombreux interrogatoires par les services de renseignements militaires ougandais. Son dossier était aux mains de Mugisha Muntu, Commandant (*army commander*) de la NRA (voir annexe 2).

Museveni, qui avait donné des assurances au Gouvernement rwandais, fut embarrassé par cette révélation prématurée faite par Karuranga. Pour endormir les autorités rwandaises, et sur insistance des services de renseignements rwandais, l'Ouganda accepta que ces derniers puissent interroger à leur tour Karuranga. Au mois de septembre 1986, on transporta Karuranga jusqu'à Kabale, ville proche de la frontière rwandaise. On lui avait dit qu'il allait être déporté au Rwanda. Mais il ne s'agissait que d'une torture morale. En effet, une délégation des services rwandais de sécurité se rendit dans cette ville mais à l'heure convenue pour l'interrogatoire, les Rwandais furent surpris d'apprendre que Karuranga avait pris la clé des champs (*was no where to be seen*). L'Ouganda promit de l'arrêter à nouveau et d'avertir le Rwanda. Au lieu de cela, Karuranga fut exfiltré vers la Suède où il réside jusqu'aujourd'hui. Sa femme avait entre-temps alerté le HCR et le CICR, ce qui a peut être évité à Karuranga la disparition pure et simple.

Un autre mouvement existait et opérait discrètement. Il s'agit de la RANU (*Rwandese Alliance for National Unity*) qui donnera naissance au RPF (*Rwandese Patriotic Front*), FPR

(Front Patriotique Rwandais) en français. Elle a vu naissance au Kenya en 1979 et avait de nombreux adeptes dans la nouvelle armée ougandaise. Pour opérer plus discrètement, cette organisation se doubla d'une association culturelle, la *Rwandese Refugees Welfare Foundation* (RRWF). Sous le couvert des œuvres de bienfaisance, elle avait pour but de récolter des fonds nécessaires au financement de la guerre. Avec la bénédiction de Museveni, la RANU se transforma en une organisation politico-militaire appelée le RPF (*Rwandese Patriotic Front*). La lutte armée envisagée pour la conquête du Rwanda fut confirmée lors du congrès des réfugiés rwandais tenu à Washington aux USA du 17-20/08/1988.

Le congrès de Washington avait été organisé par le président de l'*Association of Banyarwanda in Diaspora*, William G. Rubagumya, avec l'assistance de l'*US Committee for Refugees* dont le directeur, Roger P. Winter, était cosignataire des lettres d'invitation. La réunion avait pour but officiellement de chercher des solutions à soumettre à la communauté internationale pour résoudre le problème des réfugiés. Le premier jour, la réunion fut publique. Le second jour, elle se tint en un lieu connu seulement par ceux qui en avaient reçu la consigne. C'est ainsi que les rares hutu qui y participaient, de bonne foi, pour contribuer à la résolution de ce problème des réfugiés, furent tout simplement écartés par ce biais.

D'après des informations d'un ancien cadre du FPR, ce mouvement aurait infiltré la réunion et l'aurait fait adhérer à son option militaire. Serait-ce la raison pour laquelle les débats se sont déroulés à huis clos ? De toutes façons Roger Winter, dont l'organisme avait fourni la logistique, a suivi les débats jusqu'à la fin et il en connaissait les résolutions. Il est resté aux côtés du FPR et ses analyses ont été déterminantes « pour préparer l'opinion américaine à favoriser la reconquête du pouvoir au Rwanda par la noblesse tutsi » (Strizek, 2000, p. 8). On le retrouvera à Kigali lors des tractations d'attaque des camps des réfugiés au Zaïre. Selon Helmut Strizek, le Premier ministre zaïrois Kengo wa Dondo avait proposé la reconduction protégée des réfugiés vers leurs pays. Le Président Clinton était en faveur de cette solution et un contingent américain dirigé par le Général

Smith se trouvait déjà à Goma. Mais le FPR a refusé cette solution. Roger Winter y a joué un rôle. Il était sur place et a accompagné Laurent Désiré Kabila à Kigali « pour convaincre l'ambassadeur spécial américain Bogosian de faire le nécessaire pour déjouer ce plan » (Strizek, 2000, p. 15). Roger Winter est un ami personnel du Général Kagame (Strizek, 1998). A l'instar des autres organisations sous le couvert d'activités humanitaires, *US Committee for Refugees* a ainsi contribué à la formation d'une organisation politique et militaire (Higiro, Dialogue n° 212, septembre-octobre 1999), acte contraire à la Convention de l'ONU sur les réfugiés.

Après la Conférence de Washington, tous les mouvements et autres associations s'éclipsèrent pour laisser la voie au FPR qui avait l'avantage d'avoir une armée. Bon nombre de membres du parti UNAR adhérèrent aux idéaux du FPR et lui vinrent en aide par des cotisations et dans la guerre médiatique. Fred Rwigema s'imposa comme le chef charismatique du mouvement. En juillet 1990, il effectua une tournée en Europe et en Amérique pour rendre visite aux Rwandais et solliciter leur adhésion et leur concours. Il structura le Mouvement à la manière du NRM (*National Resistance Movement*) de Museveni avec sa branche armée la NRA (*National Resistance Army*).

La problématique des réfugiés

Les relations entre le Rwanda et l'Ouganda ont toujours connu des hauts et des bas, mais pas un seul régime ougandais n'avait poussé l'hostilité jusqu'au niveau du régime du NRM du Président Museveni. En effet, quand le dernier monarque rwandais, Kigeri V Ndahindurwa, fut renversé par une insurrection populaire suivie d'élections sous supervision des Nations Unies, il fut accueilli en Ouganda par son ami Mutesa II Kabaka du Buganda. Ceci n'était sans doute pas pour plaire aux autorités de la jeune République rwandaise, d'autant plus que les monarchistes du parti UNAR venaient de déclarer la guerre au Rwanda.

Quand le dictateur Idi Amin Dada a renversé Milton Obote en 1970, il soupçonnait le Rwanda de sympathiser avec ce dernier. Pour manifester sa colère contre le Rwanda, il invita Kigeri V à retourner en Ouganda où une villa présidentielle fut mise à sa disposition à Nakasero, dans les faubourgs de Kampala. C'est également à ce moment-là qu'Idi Amin Dada recruta massivement les réfugiés rwandais dans son tristement célèbre service de sécurité appelé *State Research Bureau*. Mais la colère d'Idi Amin n'ira pas plus loin parce qu'il sera renversé en 1979 sans avoir eu l'occasion de faire tirer une seule cartouche sur le territoire rwandais.

Les régimes qui se sont succédés à Kampala entre 1979 et 1982 ont été tellement brefs qu'ils n'ont pas laissé d'empreinte sur l'échiquier régional. Mais quand Obote reprend le pouvoir en 1982, et que Museveni, battu aux élections, prend le maquis, Obote accusa le Rwanda de soutenir ce dernier qui d'après ses informations, serait Rwandais. Un jour, il déclara à une délégation rwandaise que le Rwanda était en train de commettre une erreur grave en soutenant Museveni, parce que lui Obote, était le seul à pouvoir contenir la menace des réfugiés rwandais.

Quand vint le régime de Yoweri Museveni en 1986, la route Gatuna-Mombasa (sur l'Océan Indien) via l'Ouganda, qui est vitale pour le Rwanda, avait été fermée durant près de deux ans à cause de la guerre. Et tout naturellement, quiconque mettait fin à cette guerre qui risquait d'étrangler l'économie rwandaise était le bienvenu, surtout quand on lui prêtait du sang rwandais dans ses veines. C'est dans ce cadre que le Rwanda l'avait soutenu durant son maquis, en lui accordant notamment un droit de passage sur son territoire et en le couvrant pour l'exportation du café de sa région natale du sud de l'Ouganda. Les devises lui étaient rétrocédées via la Banque Nationale du Rwanda (BNR). Malheureusement la lune de miel ne dura pas et le Rwanda découvrit sans tarder le vrai visage de celui qu'il prenait pour son meilleur ami.

Au sujet de ces facilités accordées à Museveni du temps où il luttait contre le régime d'Obote, certains observateurs font remarquer que le Rwanda a fait une mauvaise analyse de la géopolitique de la région. Mais avait-il d'autres choix que d'aider Museveni à conquérir à Kampala ? En effet, au sud, le Burundi s'était rangé et servait d'intermédiaire à Museveni dans l'achat des armes. A l'Est, la Tanzanie était le pays d'adoption de Museveni : celui-ci n'avait-il pas fait ses études supérieures à l'Université de Dar-Es-Salaam ? N'avait-t-il pas été initié aux techniques de maquis à partir de ce pays qui l'a mis en relation avec le FRELIMO au Mozambique ? A l'Ouest, la région du Kivu (ex-Zaïre) restait le fief des magnats tutsi et lui était donc favorable. Le Rwanda risquait de faire cavalier seul en s'opposant à ce seigneur de guerre soutenu par tous les pays limitrophes. Il faut ajouter à cela l'animosité manifestée par Obote à tout ce qui était rwandophone.

Le 26 janvier 1986, quand les combattants de la *National Resistance Army* (NRA) s'emparèrent de Kampala, ce fut la jubilation au Rwanda, solidarité oblige. En effet, la rumeur avait couru que le chef de la NRA, Museveni, était un Rwandais et qu'à ce titre les Rwandais l'admiraient sans mesurer le danger que représentait ce grand nombre de compatriotes réfugiés dans les rangs de ses combattants. Et pour cause, il avait assuré en 1985 à une délégation rwandaise à Naïrobi conduite par le Ministre André Ntagerura que Rwigema, alors chef adjoint du haut commandement de la guérilla, n'avait aucunement l'intention de retourner au Rwanda et que partant les intentions qu'on lui prêtait de vouloir attaquer le Rwanda n'étaient que des racontars.

Dès la prise de Kampala, le nouvel homme fort, Museveni, avait besoin de la légitimité internationale. Le Président Habyarimana usa de ses relations avec les Présidents Mobutu du Zaïre et Arap Moi du Kenya, tous deux ennemis de Museveni, et parvint à les convaincre de le rencontrer et lui donner cette reconnaissance dont il avait tant besoin. Le Président Bagaza du Burundi accepta de se joindre à eux. Rendez-vous fut fixé à Goma au Zaïre le 29 janvier 1986. Ce fut la première sortie internationale de Museveni. Ce sommet à cinq fut un tel succès que les chefs d'Etat présents décidèrent de l'institutionnaliser en ce qui sera connu sous le nom de « Sommet des chefs d'Etats de l'Afrique orientale et centrale », et auquel se joindront le Soudan et la Tanzanie. Ce forum s'éteindra en 1988 après le sommet de Khartoum, au Soudan.

Fort du succès de Goma, le Président Habyarimana laissa une invitation au nouveau président ougandais pour visiter officiellement le Rwanda. Il faut dire « officiellement » parce que Museveni n'était pas un inconnu au Rwanda où il voyageait souvent. Ce ralliement à Museveni fut probablement renforcé à cause de Monseigneur Barnabas Harerimana, évêque du diocèse catholique de Kabale en Ouganda qui avait réussi à tisser des relations privilégiées avec la famille Habyarimana. Mgr Harerimana deviendra plus tard un soutien inconditionnel des combattants du FPR, ce qui provoquera une rébellion irréductible dans son diocèse et poussera Rome à lui imposer une retraite anticipée en 1994. C'est le Conseil pastoral du 21/01/1991 qui fut à la base de ce limogeage. En effet, ses membres avaient souhaité connaître la vérité sur l'implication de l'Ouganda en général et de l'Eglise catholique en particulier dans le soutien apporté aux Inkotanyi lors de leur attaque contre le Rwanda. Par Directive pastorale du 05 août 1991, il fut demandé à la « Commission Justice et Paix » du Diocèse de Kabale de vérifier ce qui se passait exactement à la frontière rwando-ougandaise, de Cyanika à Kamwezi. Le rapport produit fut accablant pour Mgr Harerimana qui était allé jusqu'à mettre les véhicules du Diocèse au service des combattants du FPR.

Du 29 octobre au 01 novembre 1986, le Président Museveni effectua une visite officielle au Rwanda. Il fut accueilli au poste frontalier de Gatuna par une foule délirante de joie. Museveni l'électrisa quand il s'adressa à elle en *rukiga*, dialecte parlé tant au Rwanda qu'au sud de l'Ouganda. Les gens étaient massés sur tout le parcours de la route Kigali-Gatuna pour ovationner cet hôte de marque. Le 30 octobre 1986, le Président Museveni se rendit en préfecture de Butare. Signe de détente, il laissa à Kigali son imposante escorte.

A Butare, il prononça un discours qui restera dans les annales de l'histoire du Rwanda. Parlant des relations entre les deux pays, il leva le voile sur la seule tache d'ombre qui pouvait planer sur ces dernières à savoir le problème des réfugiés rwandais en Ouganda. Son médecin particulier, le Docteur Muhire, (actuellement officier supérieur dans la nouvelle armée rwandaise) qui était à ses côtés, doit avoir sursauté en entendant ce propos.

Le Président Museveni déclara qu'il y avait des gens ignorants en politique, qui propageaient des rumeurs que les réfugiés rwandais vivant en Ouganda se préparaient à attaquer le Rwanda. Il ajouta, sans sourciller, qu'il n'y avait aucune raison pour que ces réfugiés le fassent. Si l'Ouganda ne peut pas attaquer le Soudan qui permet à ses ennemis de l'attaquer, pourquoi attaquerait-elle le Rwanda, avait-il dit en substance. Il conclut qu'il n'y a aucune raison, ni stratégique, ni idéologique, ni politique pour que l'Ouganda soutienne les réfugiés qui viendraient déstabiliser le Rwanda (voir en annexe 3 un extrait de ce discours en anglais). A la fin du discours, le Président Museveni reçut une salve d'applaudissements. Pas le moindre signe de scepticisme ne pouvait être lu sur les visages de la foule, et encore moins sur celui de Habyarimana qui pensait marquer un point. Avant de retourner à Kampala le Président Museveni effectua une autre visite chez son vieil ami le Président Bagaza du Burundi.

Du 5 au 8 février 1987, le président Habyarimana fut le premier chef d'état à effectuer une visite officielle en Ouganda sous le leadership de Museveni. Cette visite intervenait, on l'a vu, quelques temps après qu'un certain Karuranga ait révélé le plan d'attaque du Rwanda par les réfugiés rwandais résidant en Ouganda. Tout naturellement donc, il ne pouvait éluder le problème des réfugiés au cours de cette visite, l'Ouganda, contrairement aux affirmations d'octobre 1986, étant devenu le noyau de l'agitation.

Le 6 février, le Président Habyarimana et son hôte se rendirent à Semuto dans le district de Luwero. Quand l'occasion lui fut donnée de saluer la foule, Habyarimana en profita pour glisser un mot sur le problème des réfugiés. Il déclara que compte tenu des difficultés propres au Rwanda, ce dernier ne pouvait à lui seul résoudre convenablement ce problème, avant de demander le concours des pays amis comme l'Ouganda. Il s'agissait bien d'une demande d'assistance et pas d'une décharge de responsabilité. Mais l'interprète qui était un vice-ministre ougandais, réfugié rwandais lui-même, doit avoir interprété les choses à sa manière. En effet, le lendemain le journal progouvernemental ougandais, *The New Vision*, sortit à la Une de son édition que Habyarimana dit aux réfugiés rwandais d'oublier le Rwanda (*Habyarimana tells rwandese refugees to forget about Rwanda*). Cet article fit un tel écho qu'il circula pratiquement sur toute la planète et il sera utilisé comme excuse lors de l'invasion du 01 octobre 1990. C'était la première surprise avec l'Ouganda.

Le lendemain, pendant que Habyarimana visitait le complexe sucrier de Lugazi dans le district de Mukono, les experts rwandais s'efforcèrent de dissiper le malentendu mais en vain. Avant de rentrer, Habyarimana participa à la première cérémonie de collation de grade dans la NRA et il félicita chaleureusement le Général Major Fred Rwigema, celui-là même qui dirigea l'invasion. Une partie de sa délégation resta dans ce pays pour poursuivre les discussions avec leurs homologues ougandais sur ce malentendu de Semuto mais sans beaucoup de succès parce que les ougandais resteront intransigeants. Ces derniers déclarèrent que le retour des réfugiés était un droit inaliénable et non discutable et qu'il était de la responsabilité première du gouvernement rwandais et pas celui des pays d'asile. La délégation rwandaise le reconnut mais ajouta que la seule pomme de discorde résidait dans la mise en exécution de ce droit. Alors que le gouvernement rwandais voulait un retour graduel et planifié, les ougandais et les réfugiés exigeaient un retour sans condition même massif au besoin, ce à quoi la délégation rwandaise répondit qu'un tel retour risquerait de provoquer plus de problèmes qu'il n'en résoudrait.

Pour débloquer cette impasse, les deux parties se donnèrent rendez-vous pour la grande Commission mixte qui s'est tenue à Kampala en Ouganda en avril 1989. Au cours de cette réunion, effectivement les Ougandais revinrent à la charge et exigèrent que le Rwanda mette par écrit que le problème des réfugiés rwandais était avant tout de la responsabilité du gouvernement rwandais. La délégation rwandaise ne manifesta aucune réticence et le point fut consigné dans le procès-verbal. Toute cette animosité était le résultat en partie de la fameuse « Déclaration du Comité Central du MRND » du 26 juillet 1986, dont l'intention était bonne et sincère mais dont la rédaction fut catastrophique. En effet, il y était précisé entre autres que le gouvernement rwandais accorderait les facilités à ceux des réfugiés désireux de venir visiter les leurs au Rwanda et examinerait avec bienveillance les demandes de rapatriement individuel, libre et volontaire. Selon certaines sources, cette « déclaration » a été en partie élaborée à la suggestion des bailleurs de fonds internationaux. Ils estimaient que pour qu'il y ait un développement réel du pays, il fallait maîtriser la démographie. Ils ont ainsi suggéré des négociations avec des pays sous-peuplés comme la Tanzanie ou le Gabon. Ils ont financé le programme de planning familial. L'idée que les réfugiés doivent rester où ils sont fut encouragée en sous-main. La position évolua et des pourparlers furent entrepris avec l'Ouganda avec la participation du HCR. Cette fois-ci, il était question de rapatriement volontaire, de naturalisation ou de résidence à l'étranger tout en restant Rwandais. La Communauté internationale cautionna encore une fois ces options. C'est ainsi qu'avec le déclenchement de la guerre, la coopération avec ces pays a continué par le financement de nouveaux projets notamment en matière de santé et d'ajustement structurel.

En dépit de la mise au point par le Rwanda, suivie d'un retrait implicite de la déclaration du MRND incriminée, les préparatifs de guerre se poursuivirent en Ouganda. De toute façon le plan avait été arrêté de longue date. Les réfugiés rwandais s'enrôlèrent en masse dans la NRA avec le seul but d'acquérir l'art militaire. Les réfugiés qui n'étaient pas enrôlés dans l'armée ougandaise, l'étaient à l'école de l'idéologie du NRM de Kyankwanzi dans le district de Mubende. Là aussi on y apprenait l'art militaire.

S'il est compréhensible que les réfugies aient pu se faire recruter, durant le maquis, il est en revanche incompréhensible qu'ils aient encore pu le faire après la prise de Kampala en janvier 1986. La sélection des candidats rwandais était opérée en collaboration étroite avec le RRWF, qui continuera de bénéficier du statut d'organisation culturelle même après l'attaque du 01 octobre 1990. Entre temps, du 27 au 31 juillet 1990, eut lieu à Kigali une réunion bilatérale rwando-ougandaise sur le problème des réfugiés rwandais en Ouganda. Le HCR et l'OUA furent invités et ils endossèrent le document final de la réunion. Ce dernier définissait les modalités pratiques de résolution du problème des réfugiés rwandais en Ouganda (et ailleurs parce que si l'expérience ougandaise avait réussi, elle aurait été étendue à d'autres pays d'asile en précisant les options ouvertes à savoir : le rapatriement volontaire, la naturalisation en Ouganda, l'établissement en Ouganda en gardant la citoyenneté rwandaise, la réinstallation dans un pays tiers). Il avait été demandé au HCR de mener une enquête auprès des réfugiés pour connaître l'option de chacun et à l'OUA et au HCR d'aider dans la mobilisation des fonds nécessaires. Si les réfugiés étaient animés de bonne foi, chacun y aurait pour sûr trouvé son compte. Mais cet accord a semé la panique dans les rangs du FPR qui risquait d'être privé d'un outil de propagande puisque son prétexte était de forcer le retour des réfugiés. En effet lorsqu'un consultant du HCR se rendit en Ouganda pour mener l'enquête en question, les réfugiés rwandais échantillonnés des camps de l'Ouest de l'Ouganda refusèrent de collaborer sur instruction du RRWF qui n'était rien d'autre que la couverture du FPR encore clandestin, officiellement du moins. Même le *US Committee for Refugees* avait offert de participer à ce sondage d'opinion, mais son offre n'avait pas été retenue. Les résultats de cette réunion de Kigali prouvaient que toutes les conditions étaient réunies pour résoudre pacifiquement le problème des réfugiés.

Le 11 septembre 1990, il y eut un sommet tripartite Rwanda-Zaïre-Ouganda à Kampala. Il fut précédé par une réunion des experts. Réagissant au mot d'introduction de la délégation rwandaise, le délégué ougandais s'étonna que le Rwanda revienne toujours sur le problème du FPR alors que son pays avait donné toutes les garanties imaginables. Lors de cette réunion, la délégation zaïroise déclara qu'elle trouvait aussi exagérées les inquiétudes du Rwanda puisqu'il avait les assurances de l'Ouganda et intervint auprès de la délégation rwandaise pour qu'elle fasse preuve de plus de modération.

Les événements se précipitèrent et des rumeurs sur l'invasion se firent de plus en plus persistantes. Le Rwanda multiplia en conséquence les protestations auprès de l'Ouganda. Dans l'entre-temps, des bandes armées en provenance de l'Ouganda avaient commencé à semer la terreur au Mutara (Byumba) et dans d'autres régions frontalières avec l'Ouganda, notamment dans la préfecture de Ruhengeri et de Gisenyi. Le FPR s'exerçait en tâtant le terrain. Parallèlement, il se lança dans les recrutements des Hutu afin de présenter à la communauté internationale l'image d'un mouvement rassembleur de toutes les composantes ethniques de la société rwandaise.

Le recrutement des Hutu

Dans ses recrutements et pour accréditer l'image d'un mouvement de libération multi-ethnique, le FPR a visé les personnes, tant civiles que militaires, dont il savait qu'elles étaient en mauvais termes avec le régime Habyarimana. Il a également approché celles qui étaient dans les cercles du régime, surtout des Tutsi, pour non seulement le recueil d'informations de premier ordre mais également pour des raisons financières comme nous allons le voir par la suite. Ainsi non seulement il est allé à la recherche de Alexis Kanyarengwe, de Jean Barahinyura ou de Spiridion Shyirambere dans leur exil politique, mais également il a recensé tous les militaires, officiers, sous-officiers et simples soldats réformés de l'armée souvent pour indiscipline, pour les ramener en Ouganda pour des entraînements. Parmi les plus connus, l'on peut citer le lieutenant Ntakiyimana, cadre de la Caisse d'Epargne du Rwanda, l'Adjudant Bayingana et quelques réservistes surtout ceux originaires de la même région que Kanyarengwe ainsi que d'autres jeunes spécialement de la préfecture de Butare dans des communes proches de la frontière burundaise. Mais qui sont ces Hutu recrutés par le FPR ?

Alexis Kanyarengwe
Originaire de la commune Gatonde, Préfecture de Ruhengeri, Kanyarengwe est lauréat de la première promotion de l'Ecole des Officiers de Kigali (E.O), en même temps que le président Habyarimana. Entre 1962 et 1967, il dirigea de nombreuses expéditions pour contrer les attaques des *Inyenzi* en provenance

des pays limitrophes. Il fut ensuite nommé Chef de la Sûreté Rwandaise (RWASUR). Peu avant le Coup d'Etat militaire de 1973, il avait été nommé Recteur du Petit Séminaire Saint Pie X de Nyundo. En 1973, il fut membre du Comité pour la Paix et l'Unité Nationale (CPUN), un groupe de 11 officiers supérieurs qui organisa le Coup d'Etat militaire contre le Président Grégoire Kayibanda et le remplaça par Juvénal Habyarimana le 5 juillet 1973. Entre 1973 et 1980, il fut successivement Ministre de l'Intérieur et Ministre de la Fonction Publique. Il dut fuir le pays en 1980 pour se réfugier en Tanzanie car il était soupçonné d'avoir trempé dans une tentative de Coup d'Etat contre le Président Habyarimana. Il devint membre du FPR en 1988.

L'histoire de son recrutement au FPR est parlante. Pour mieux s'intégrer dans la société tanzanienne, Kanyarengwe avait épousé une certaine Sharifa, une tanzanienne originaire de Morogoro à +/- deux cent kilomètres de Dar-Es-Salaam. Il faisait le commerce du bois entre Tabora et Dar-Es-Salaam. Finalement il déménagea pour Morogoro où son beau-père lui donna une parcelle. Il acheta d'autres lopins de terre à Rwakibibi, réfugié tutsi de la région. Sharifa mourut et Kanyarengwe épousa la fille de Rwakibibi dont les deux fils étaient déjà des soldats de la NRA de Museveni. Kanyarengwe fut donc embrigadé par la famille de ses nouveaux beaux-parents. En avril 1988, une délégation du FPR conduite alors par Mademoiselle Inyumba Aloysie, vint le contacter pour le sensibiliser sur leur statut commun de réfugié et sur leur retour au Rwanda par les armes. Après des hésitations, il adhéra à ce plan. Au cours de l'année 1990, il quitta la Tanzanie et s'installa à Kampala en Ouganda.

En octobre 1990, le FPR lança son offensive contre le Rwanda et le chef des rebelles mourut trois jours après le début des hostilités. Il fut remplacé à la tête du « Mouvement » par le Colonel Kanyarengwe tandis que Paul Kagame se hissa à la tête de la rébellion. Après la victoire militaire du FPR en juillet 1994, Kanyarengwe fut nommé Vice-Premier Ministre et Ministre de la Fonction Publique avant de passer à la tête du Ministère de l'Intérieur. Il a par la suite perdu son poste au

Gouvernement et fut remplacé à la tête du FPR par le Général-Major Paul Kagame. Kanyarengwe, qui s'est entre-temps encore remarié, vit chez lui à Kanombe dans les faubourgs de Kigali.

Jean Berchmans Birara

Après ses études universitaires à Louvain qu'il termine en 1964, Birara fut nommé Administrateur à la Banque Nationale du Rwanda. Il était alors la troisième personnalité de la banque après le gouverneur, le Japonais Hatori et le Vice-gouverneur Jean Baptiste Habyarimana. Birara fut par la suite promu au poste de Vice-gouverneur, poste qu'il occupa jusqu'en avril 1971 pour remplacer ensuite le Japonais Hatori. Il resta Gouverneur jusqu'en 1984. Il était alors en parfait désaccord avec le président Juvénal Habyarimana. Jean Berchmans Birara fut alors engagé par Rwandex, une société de commercialisation du café rwandais. Tout au long de la guerre, il se fit discret. C'est après la mort de Juvénal Habyarimana qu'il manifesta publiquement ses couleurs. Dans une déclaration intitulée « Rwanda : Appel pressant à l'opinion internationale », signée à Bruxelles le 21 juin 1994 par A. Munyaneza (il s'agit d'un nom d'emprunt ; l'intéressé s'appelle E. Kayitana, ingénieur et membre du FPR) et lui-même, il y transparaît que Birara était depuis longtemps membre du FPR. Après la victoire du FPR, un poste ministériel lui a été pourtant donné dans le Gouvernement du FPR en tant qu'« indépendant », pour brouiller les pistes sans aucun doute. Il passa respectivement aux départements du Plan et des Finances avant de tomber aux oubliettes.

Il est à signaler qu'après ses études, Birara a voulu fiancer à Agathe Kanziga, et qu'il fut écarté par le capitaine Juvénal Habyarimana, qui sera plus tard président du Rwanda. Il semble que Birara lui a gardé une dent et qu'il ne rêvait que de sa chute, raison peut-être de ses relations tendues avec Habyarimana et de son adhésion au FPR.

Seth Sendashonga

En 1973, au nom de l'Association Générale des Etudiants Rwandais (AGER), une organisation regroupant les étudiants rwandais des quatre coins du monde, Seth Sendashonga s'insurgea contre le Coup d'Etat du Général Juvénal Habyarimana, le considérant comme une entorse à la démocratie. Il était alors étudiant à l'Université Nationale du Rwanda (UNR). Le Ministre de l'Intérieur d'alors ainsi que le chef de la Sûreté Rwandaise étaient respectivement Alexis Kanyarengwe (Colonel) et Théoneste Lizinde (Major). Seth Sendashonga, dont le crime était d'avoir mis en question le pouvoir militaire fut menacé par les deux officiers et contraint à l'exil pour échapper à la prison. Après ses études universitaires en Belgique, il entra dans la Fonction publique internationale. Il travailla notamment pour l'Organisation des Nations Unies chargée de l'Environnement et fut affecté à Naïrobi au Kenya. Le FPR l'approcha au début de 1990 et le recruta pour un combat commun contre le régime Habyarimana.

Ironie du sort, au FPR, il y rencontra ses anciens ennemis Alexis Kanyarengwe et Théoneste Lizinde sorti de la prison de Ruhengeri par les combattants du FPR, où il purgeait une peine de prison à vie. Seth Sendashonga fut nommé Ministre de l'Intérieur à la victoire du FPR en juillet 1994. A ce poste, les rapports qu'il recevait étaient on ne peut plus inquiétants : l'APR (Armée Patriotique Rwandaise) massacrait massivement, dans les collines, des populations civiles. Entre août 1994 et août 1995, Sendashonga dénonça ces tueries et écrivit plus de sept cent lettres au chef de cette armée, le Général Paul Kagame, afin qu'il empêche ses soldats de tuer la population civile. Mais celui-ci resta de marbre et Sendashonga démissionna. Il se réinstalla à Nairobi. Il fonda, avec Faustin Twagiramungu, un mouvement politique, les Forces de Résistance pour la Démocratie (FRD). Il continua d'alerter l'opinion internationale sur un autre génocide opéré par Kagame et son armée sur la population hutu. En dénonçant les crimes de l'armée du général Kagame, Sendashonga avait signé son arrêt de mort.

Le 26 février 1996, un commando, agissant sous le couvert diplomatique (Mugabo Francis, pris en flagrant délit, l'arme à la main, était alors officiellement conseiller à l'ambassade du Rwanda à Naïrobi), tira sur lui, le blessa et tua son neveu qui était dans la même voiture. Lors d'une deuxième tentative en 1988, Sendashonga sera atteint mortellement par des balles de ses tueurs, en pleine journée sur la route de Gigiri, un quartier qui abrite bon nombre d'agences onusiennes à Naïrobi. Seth Sendashonga est mort alors qu'il voulait témoigner devant le Tribunal Pénal International pour le Rwanda à Arusha sur les massacres à grande échelle commis par l'APR sur des populations civiles.

Jean Barahinyura

Parti en URSS pour faire des études d'art, il passa, après quelques années, en Allemagne de l'Ouest et s'y déclara réfugié. Il invoqua le motif que sa famille restée au Rwanda était persécutée par le régime Habyarimana : son père avait été emprisonné pour une affaire de détournement de fonds publics. Barahinyura épousa Immaculée Mukamugema qui venait d'échapper à la prison pour une affaire de Coup d'Etat dans lequel elle était mêlée (il s'agit de ce qu'on appelle la conspiration de 1980 dont les instigateurs étaient le Colonel Kanyarengwe et le Major Lizinde). Le FPR le repéra et le recruta. Il fut invité à Kampala et séjourna chez Fred Rwigema, celui-là qui conduira l'attaque du FPR en octobre 1990. Il fut nommé membre du Comité Exécutif du FPR chargé de la documentation et de l'information. Après l'attaque, il fut mis en contact avec les médias par les lobbies du FPR pour dénoncer la dictature du Général Habyarimana. C'était bien trouvé car cet ancien fonctionnaire des Postes avait écrit en 1988, un livre pamphlet dont le titre était parlant en soi : « Le Général-Major Habyarimana (1973-88). Quinze ans de tyrannie et de tartuferie au Rwanda » (Frankfurt, Editions Izuba, 1988). Mais il n'a pas tardé à découvrir la face cachée du FPR et en démissionna avec fracas en 1991. Il dénonça la félonie du FPR dans un autre livre « Rwanda. Trente ans après la Révolution Sociale de 1959 » (Frankfurt, Editions Izuba, 1992).

Spiridion Shyirambere

Parmi les Hutu se trouvant à l'extérieur et qui n'étaient pas en bons termes avec le régime Habyarimana se trouvait également Spiridion Shyirambere. Il est originaire de la commune de Rwamatamu, Préfecture de Kibuye. Cet universitaire détenteur d'un doctorat en Philologie romane obtenu à l'Université de Louvain en 1973 en Belgique, avait été lui aussi emprisonné lors de « la conspiration de 1980 ». Il était alors Secrétaire Général de l'Université Nationale du Rwanda. Après plus de cinq ans de détention, il fut élargi sur pression d'*Amnesty International* et trouva asile en Belgique.

Alors qu'il était professeur à l'Institut Technique de la Communauté française à Arlon, Spiridion Shyirambere fut mis en contact téléphonique avec le Général Fred Rwigema à Kampala en Ouganda par Emmanuel Kayitana, un activiste du FPR en Belgique. C'était en janvier 1990. Pour ces conversations téléphoniques, chaque interlocuteur avait eu un pseudonyme : Emmanuel Kayitana était Rutuku, Spiridion Shyirambere était Rutamu et Fred Rwigema était Hassan (Shyirambere, 2002). Celui-ci devait venir en Belgique pendant les vacances de Pâques d'avril 1990 pour rencontrer Shyirambere. Il fut empêché et envoya une délégation conduite par Paul Kagame et composée de Titus Rutaremara, Jean Pierre Ntunda, Jean Bosco Rwiyamilira. Comme, il l'a écrit, Shyirambere (1988) a vite perçu chez ses interlocuteurs l'intention de créer un vaste espace monoethnique tutsi et s'est également rendu compte que le FPR recrutait quelques Hutu pour la façade. Pour habiller son « projet ignoble », poursuit-il, cette délégation parlait de « créer un Etat de droit…et diverses autres galéjades qui flattent l'Occident ». S'il avait accepté la proposition, il devait servir de « caisse de résonance en Europe pour une guerre médiatique, une fois les hostilités déclenchées » (Shyirambere, 2000). Non satisfait de cet échec, le chef du FPR d'alors, Fred Rwigema vint lui-même en Belgique début juillet 1990, soit trois mois avant la guerre, pour insister. Il continua son voyage aux Etats-Unis où il devait « prendre possession des fournitures d'armes et de munitions » (Shyirambere, 2002) et se rendre ensuite au Canada pour d'autres contacts. Fin juillet 1990, Rwigema téléphona Shyirambere depuis Montréal pour un autre rendez-vous à Frankfurt en Allemagne. Shyirambere ne répondit pas à l'invitation et finalement à Rwigema lui aussi, il opposa un refus poli.

Pasteur Bizimungu

Originaire de la commune Giciye dans la Préfecture de Gisenyi, Bizimungu fit ses études secondaires au Petit séminaire de Nyundo. Il les termina en 1968. Il entra à l'Université Nationale du Rwanda à Butare où il termina son baccalauréat en Lettres. Il travailla comme journaliste dans l'hebdomadaire gouvernemental « La Relève ». Il s'appelait alors Magane Musana, un nom d'authenticité qu'il a pris en tant qu'adepte de la « politique de recours à l'authenticité » prêchée par le Président Mobutu du Zaïre notamment lors de sa visite au Rwanda en octobre 1972. C'est avec ce nom qu'il signait ses articles.

Son séjour à l'Université Nationale du Rwanda est chargé d'évènements : en 1972, il écrivit une lettre, sans aucune délicatesse, au Président d'alors, Grégoire Kayibanda, pour dénoncer les travers de son régime. Bizimungu Pasteur échappa à la prison parce qu'il avait des relations parentales avec des militaires haut gradés qui ont défendu son cas. Il reçut une bourse d'études pour une spécialisation en journalisme à l'Université de Strasbourg en France. Il ne réussit pas ses études et perdit la bourse payée par la coopération française. Sur insistance des barons du régime d'alors, la bourse fut renouvelée et Bizimungu changea de faculté, sans plus de succès.

Kajeguhakwa avait alors des marchés juteux dont le monopole dans la fourniture des produits pétroliers à l'armée. Il était « un ami » de bon nombre d'officiers supérieurs, dont des proches parents de Bizimungu Pasteur. Ils lui demandèrent d'aider financièrement « leur enfant ». Kajeguhakwa aida financièrement Bizimungu qui put faire des études de comptabilité. En acceptant d'aider Bizimungu, Kajeguhakwa savait les avantages à en retirer. En effet grâce à cette « protection », ce dernier put se constituer une fortune colossale. Bizimungu revint au Rwanda. Il fut engagé à la Société des Transports Internationaux du Rwanda (STIR), dont le Directeur Général était alors Faustin Twagiramungu. A la STIR travaillait Séraphine, une fille originaire des familles aristocratiques de Nyanza. Bizimungu la prit pour épouse en 1985.

Bizimungu Pasteur n'était pas bien coté à la STIR et ses relations avec les responsables de la société n'étaient pas au beau fixe. Kajeguhakwa décida de caser alors « son fils » à la Banque Continentale Africaine (BACAR) dont il était l'un des principaux fondateurs. Par après, il fut nommé Directeur de la Société Nationale de Distribution et de Commercialisation d'Eau, d'Electricité et de Gaz (ELECTROGAZ), une vache à lait puisqu'elle avait le monopole de la distribution d'eau et d'électricité sur tout le territoire national. Le moment venu, Kajeguhakwa prit le large en septembre 1990 vers l'Ouganda pour aller y préparer l'attaque du pays avec le FPR. Son protégé Bizimungu, en reconnaissance des services rendus et de la loyauté filiale, le suivit. Il fut vite intégré au FPR et nommé Commissaire à l'Information et à la Documentation. Il conduisit toutes les délégations aux négociations dont celles d'Arusha. A la prise du pouvoir par le FPR, il fut coopté Président de la République mais sans aucun pouvoir réel, l'homme fort étant le Vice-Président Paul Kagame. Une autre partie de ses prérogatives était exercée sous la surveillance d'une autre figure influente du Front, Patrick Mazimpaka, Ministre à la Présidence. En mars 2000, Pasteur Bizimungu a été forcé de démissionner et de céder la place à Paul Kagame, qui nomma alors Patrick Mazimpaka comme son Conseiller Spécial.

Bizimungu a été utilisé pour parler au nom des tenants du pouvoir. Les monstruosités qu'ils ne voulaient pas dire pour ne pas souiller leur image, ils les faisaient dire par Bizimungu. Lors des négociations d'Arusha, il y allait pour présenter la position de Paul Kagame, si indéfendable soit-elle.

Nommé Président, Pasteur Bizimungu joua pleinement le rôle de « haut-parleur », de pantin, quitte à être désavoué en cas de problème. Ainsi, lors des médiations de l'ancien Président Carter en Egypte, Bizimungu prit une position qui fut vite démentie par Kigali. Lors des massacres de Kibeho, on le vit enjamber les cadavres de ses compatriotes, menaçant les journalistes qui avaient estimé que les morts se comptaient par milliers. Il avait la mission de minimiser le nombre de victimes et de le ramener à 300. Lorsque l'Armée Patriotique Rwandaise attaqua le Zaïre, on le vit brandir une carte réclamant la révision des tracés des frontières entre les deux pays. Se livrant à la délation, il avait demandé publiquement l'arrestation de Monseigneur Misago, donnant ainsi une injonction au pouvoir judiciaire. Misago a été emprisonné, jugé et élargi.

Ferdinand Nahimana

A l'intérieur du Rwanda, le FPR a voulu faire basculer dans son camp un autre universitaire du nom de Ferdinand Nahimana (il est détenteur d'un doctorat en Histoire d'une université française). Profitant de son voyage en Europe au début de la guerre, Gasana Ndoba et Jean Ndahumba, deux émissaires du FPR le rejoignirent dans son hôtel à Bruxelles. Ils lui demandèrent d'adhérer au FPR. Pour le convaincre, ils lui promirent entre autres des avantages financiers et un poste juteux après la victoire. A la question de savoir pourquoi il tenait à le recruter, les deux envoyés du FPR lui répondirent que leur mouvement avait besoin des intellectuels hutu comme lui et que le Colonel Kanyarengwe serait content de le voir près de lui car ils étaient de la même commune de Gatonde dans la Préfecture de Ruhengeri. Au cours de leurs entretiens, Nahimana découvrit le jeu du FPR de mettre au devant de la scène quelques hutu influents pour leur servir de bouclier et pour cacher leurs vraies intentions, comme il l'écrit. La soirée se termina par le refus de Nahimana d'adhérer au FPR mais les deux émissaires lui promirent qu'il n'était pas exclu que d'autres personnes jugées capables de le convaincre le contacteraient (Nahimana, 1995). Effectivement quelques semaines après son retour à Kigali, un ambassadeur occidental entra en rapport avec lui pour lui demander de revoir sa position et d'accepter d'être membre du FPR. Nahimana ne céda pas.

Le recrutement des « Hutu » a continué même après le déclenchement de la guerre le 1 octobre 1990 par le poste de Kagitumba à la frontière avec l'Ouganda.

2
La guerre 1990-1994

La mise en place du FPR a été rendue possible par la présence dans l'armée ougandaise de nombreux réfugiés rwandais. Avant de lancer l'attaque en octobre 1990, une longue et minutieuse préparation fut entreprise. Elle permit de récolter des informations capitales par un système d'infiltration jusque même dans les plus hautes sphères du pouvoir. La guerre a été déclenchée quand tout était prêt au sein du FPR même si les premiers jours faillirent tourner à l'échec, notamment par la mort du Major Rwigema, chef des rebelles, deux jours seulement après l'attaque. Le ressaisissement fut rapide surtout après l'arrivée de Paul Kagame, qui prit le commandement des opérations de la guerre.

Les signes avant-coureurs de l'invasion

En mai 1989, à la demande du Président rwandais inquiet de l'agitation au-delà de la frontière, une rencontre au sommet entre le Rwanda et l'Ouganda fut organisée à Nyagatare (au Mutara) au Rwanda avec la sécurité comme seul point à l'ordre du jour. D'après des témoignages des personnes qui faisaient partie de la délégation, le Président Museveni reconnut, pour la première fois que les réfugiés étaient en train de s'agiter mais promit qu'ils ne feront rien malgré cette agitation. Il garantit au Président rwandais d'imposer ses propres vues aux réfugiés en dépit des réticences de ces derniers. Selon toujours les témoignages des fonctionnaires assistant à la réunion, Museveni conseilla à Juvénal Habyarimana de tout faire pour sauvegarder l'unité intérieure parce que si une section mécontente de l'intérieur promettait aux réfugiés de résoudre leurs problèmes, ils ne manqueraient pas de mettre à sa disposition leur talent militaire. Il proposa même à Habyarimana de rencontrer les réfugies et suggéra le nom de Fred Rwigema qui à ses yeux était modéré. Habyarimana accepta la proposition, mais la rencontre n'aura jamais lieu à cause, selon Museveni, de l'opposition du Major Peter Bayingana, alors directeur des services médicaux de la NRA. C'est ce même Bayingana qui, toujours selon Museveni, conduira une invasion avortée en 1989. Mais Bayingana ne sera pas puni ! (Bukeye, 1994).

Le 25 mai 1990, les chefs d'Etat du Zaïre, de l'Ouganda et du Rwanda se réunirent à Gbadolite au Zaïre pour discuter de leurs relations de bon voisinage. Outre le dossier des réfugiés rwandais en Ouganda qui envenimait les relations entre les deux pays, le Zaïre et l'Ouganda s'accusaient mutuellement de nourrir des ambitions déstabilisatrices l'un contre l'autre. Le Zaïre était accusé d'abriter les anciens militaires d'Idi Amin pendant que l'Ouganda était accusé de soutenir les rebelles du « Mouvement de Libération du Congo », proche des lumumbistes. Encore une fois le Président Yoweri Museveni assura à ses collègues qu'en ce qui le concernait, il ne tolérerait aucune activité sur son territoire destinée à déstabiliser le Rwanda et/ou le Zaïre. Les deux chefs d'Etat, Mobutu et Habyarimana, furent apaisés et les trois chefs d'Etat se donnèrent rendez-vous pour un autre sommet qui eut lieu le 11 septembre 1990 à Kampala.

Le sommet des chefs d'Etat eut lieu sur une toile de fond de méfiance, mais le Président Museveni réitéra ses assurances au Président Habyarimana. Contrairement aux rencontres précédentes, le Président Habyarimana n'afficha aucune satisfaction et le 24 septembre 1990, il envoya son ministre des affaires étrangères, Casimir Bizimungu, auprès du Président Museveni pour l'informer, si besoin en était, que l'attaque était imminente. Museveni demanda à Casimir Bizimungu de dire à son « Président de ne perdre aucune minute à cause de ce problème ». Museveni promit de le rencontrer personnellement à

New York lors du « Sommet mondial pour les enfants » tenu fin septembre 1990, et de dissiper tout malentendu.

Le 25 septembre 1990, Pasteur Bizimungu, et Valens Kajeguhakwa, accompagnés de leurs familles (en tout plus de 27 personnes) avaient fui le Rwanda par la frontière de Gisenyi et demandé asile en Ouganda. Pasteur Bizimungu avait fui à bord d'une voiture de fonction, une Mercedes Benz neuve de la société rwandaise ELECTROGAZ (dont il était directeur). L'arrivée des deux fugitifs en Ouganda avait fini par convaincre le Rwanda que l'attaque était imminente d'autant plus qu'elle intervenait au moment où Alexis Kanyarengwe avait été approché à plusieurs reprises par le FPR pour une alliance.

Les deux chefs d'Etat se rendirent aux Etats-Unis d'Amérique et devaient ensuite se rendre ensemble en Italie pour une autre réunion internationale sur le SIDA. Les rebelles du FPR ne pouvaient donc choisir un moment plus propice pour déclencher les hostilités. Ce fut la dernière fourberie de Museveni et le Rwanda sera attaqué par surprise alors qu'il avait toutes les informations nécessaires pour se préparer[2]. Jusqu'à la dernière minute, l'Ouganda était régulièrement informé des préparatifs de l'agression. S'il n'a rien fait pour la prévenir, c'était par complicité.

Le déclenchement de la guerre

Dès le 29 septembre 1990, les éléments de reconnaissance du FPR prirent position autour de Kagitumba pour ne constater aucun mouvement du côté rwandais. En même temps des troupes commencèrent à faire mouvement vers Kampala.

---

2. Cette assurance lénifiante est soulignée par le journal *Africa Speaks* après l'attaque d'octobre 1990 : « *President Museveni has again and again assured the Rwandese Government that, in spite of presence of large numbers of Rwandese refugees in his National Resistance Army, Ouganda will never be used as a springboard for any attack on Rwanda and that at any rate NRA weapons would never be used by the refugees outside Ouganda. But both assurances have come to nought. Rwanda has been invaded from Ouganda, not only by deserters from NRA but these have been led by personalities with historical ties to President Museveni and senior officiers known to be his close comrades-in-arms* ». (*Africa Speaks*, Third World Media Services Inc., Kampala, Ouganda, October-November 1990, p. 2)

Certains éléments étaient prélevés des 3ème et 4ème divisions de l'armée ougandaise aux prises avec leurs propres rebelles au Nord et à l'Est du pays. Le Major Bunyenyezi, alors commandant d'une brigade à Soroti au front, parvint à quitter le front avec une partie de ses troupes, sans que, officiellement du moins, les services ougandais de sécurité s'en soient rendus compte.

Le 30 septembre 1990 à l'aube, des colonnes de véhicules civils et militaires quittent Kampala et prirent la direction de Kagitumba via Mbarara et Masaka où il y avait cependant d'importantes garnisons militaires de l'armée ougandaise ; elles ne signalèrent rien. Vers 10 heures du matin, le gros des troupes était déjà dans les parages de Kagitumba, pendant que les autres se trouvaient au marché de Ntungamo, à une quinzaine de kilomètres. Vers 11 heures, il y avait toujours des retardataires près de la ville de Mbarara et même dans la ville.

Si, d'après l'Ouganda, ces attaquants avaient volé du matériel de l'armée ougandaise, cette dernière avait amplement le temps de poursuivre les voleurs et d'en arrêter quelques-uns avant qu'ils ne franchissent la frontière. Ce n'est que vers 11 heures que l'adjoint du chef des services de renseignements intérieurs ougandais, Kamukama, après probablement s'être assuré que ces éléments avaient déjà franchi la frontière, a téléphoné à l'ambassade du Rwanda à Kampala pour signaler, au conditionnel, cette attaque.

Immédiatement après l'agression, le Président Museveni réveilla le Président Habyarimana avec qui il partageait l'hôtel à New York et promit tout son soutien pour neutraliser les envahisseurs. A Kampala, le deuxième vice-premier ministre (et numéro 2 du régime) Elie Kategaya, déclara devant le NRC (*National Resistance Council*, l'équivalent du Parlement) que l'Ouganda avait été surpris par cette attaque et la condamnait sans réserve. Et pour concrétiser sa sympathie avec le Rwanda, il ajouta que l'Ouganda venait de prendre les décisions de boucler la frontière pour empêcher que les attaquants n'aient des renforts en provenance de l'Ouganda ; d'arrêter et de juger les soldats de l'armée régulière ougandaise qui auraient participé à l'invasion et qui seraient obligés de battre en retraite en

Ouganda. Il est utile de rappeler que c'est ce même Kategaya qui avait assuré les Américains par le biais de leur chargé d'affaires à Kampala en 1987, que les rumeurs sur cette invasion étaient sans fondement.

Pour montrer leur bonne foi, certains officiels ougandais proposèrent même au Rwanda d'autoriser l'armée ougandaise (NRA) à franchir la frontière et aider le Rwanda à chasser les envahisseurs, mais le Rwanda déclina cette offre parce qu'il savait que c'était un piège pour renforcer les forces assaillantes. En effet, dès le lendemain du discours de Kategaya, les premiers signes de complicité du Gouvernement ougandais devinrent manifestes. Tout d'abord, les premiers déserteurs du front ouvert par le FPR furent ramenés en Ouganda et emprisonnés, pour désertion. Les cas de Munyeshuri et de Bashir, très bien connus du Comité International de la Croix Rouge de Kampala et qui passèrent au camp militaire de Katabi à Kampala près de deux ans d'emprisonnement, sont illustratifs. Ensuite, d'interminables files de recrues furent observées devant un magasin appartenant à un commerçant rwandais, John Karuretwa, sur Bombo Road à Kampala.

L'ambassade du Rwanda avertit les services de sécurité ougandais d'arrêter ce recrutement conformément au discours de Kategaya de la veille ; ils ne bougèrent pas. Ce même 30/09/1990, les services de sécurité ougandais convoquèrent des journalistes ougandais et étrangers à Mbarara, (localité frontalière entre le Rwanda et l'Ouganda) pour leur présenter des recrues du FPR arrêtées par leurs soins. Très curieusement, ces mêmes journalistes rencontreront le même jour certains de ces prisonniers au poste de Kagitumba à une demi-heure en camion de Mbarara, en route vers le front. En revanche, Karuretwa John continua à recruter. Le Président Museveni, officiellement solidaire du Rwanda et qui reconnut, dans une conférence donnée à Kampala le 10/10/1990 après sa tournée aux Etats-Unis et en Europe, que les attaquants étaient des déserteurs de son armée, ne jugea cependant pas la situation suffisamment sérieuse pour interrompre son voyage. Il ne rentra en Ouganda, qu'après 10 jours.

Le 6 octobre 1990, le voile fut partiellement levé sur les intentions de l'Ouganda. En effet, ce jour-là, au cours d'une conférence de presse tenue à Bruxelles en Belgique, le Président Museveni tout en réitérant que son pays n'avait pas cautionné l'invasion, refusa toute idée d'enquête pour déterminer comment des milliers d'hommes en armes avaient pu déserter son armée sans que l'on s'en soit aperçu. Contrairement à ses déclarations de mai 1989, il affirma ne pas vouloir empêcher les réfugiés de rentrer chez eux s'ils le voulaient. Imaginez quelle serait la réaction du Président Museveni si la Zambie laissait l'ex-président ougandais Milton Obote organiser un retour violent en Ouganda ou si tous les pays voisins de l'Ouganda lâchaient sur lui les réfugiés ougandais avec des armes. Qui plus est, en 1993, l'Ouganda n'eut pas honte de demander au Rwanda d'arrêter et extrader Amon Bazira, un réfugié ougandais qui avait fui les geôles du régime de Museveni. Cette demande était en contradiction avec les déclarations de Museveni qui disait que les réfugiés pouvaient organiser leur retour comme ils l'entendaient. Par ailleurs cette requête s'appuyait sur une analyse erronée des services de sécurité qui localisait Bazira au Rwanda alors qu'il était au Kenya. Il fut d'ailleurs tué.

Le 10 octobre 1990, le Président Museveni, de retour de son long périple européen et américain, déclara au cours d'une conférence de presse à l'aéroport d'Entebbe, qu'il ne veut pas être gardien de prison, allusion aux appels de tous côtés pour que l'Ouganda arrête le flux de réfugiés qui partaient de l'Ouganda pour aller renforcer les rebelles au Rwanda. Cette déclaration sera le pivot de toute la logique de l'ingérence ougandaise. Elle était cependant en contradiction avec les engagements bilatéraux entre le Rwanda et l'Ouganda et tripartite entre les deux pays et le Zaïre, qui exigeaient l'Ouganda à réagir, en l'occurrence de rappeler ses déserteurs et de contenir les réfugiés. Plus fondamentalement, elle était en violation flagrante du droit international. Ainsi, rien qu'en vertu de la résolution 375 (IV) de l'Assemblée Générale des Nations Unies, « tout Etat a le devoir d'empêcher que des activités s'organisent sur son territoire en vue de fomenter la guerre civile sur le territoire d'un autre Etat ». En effet, la « Convention de l'Organisation de l'Unité Africaine du 10 septembre 1969 régissant les aspects propres aux problèmes des réfugiés » est sans équivoque. Le point 4 de son préambule fait une distinction nette entre un réfugié qui cherche à se faire une vie normale et celui qui fuit son pays à seule fin d'y fomenter la subversion à partir de l'extérieur. Le point 5 ajoute que les chefs d'Etat et de gouvernement sont décidés à faire en sorte que les activités de ces derniers éléments soient découragées. La défaillance de l'Ouganda est encore une fois mise en exergue par l'article III de la même Convention sur les obligations des pays d'asile.

Dès lors que les intentions des attaquants réelles étaient bien connues avant l'invasion ou à défaut le jour de celle-ci, tous les attaquants auraient dû être déchus de leur statut de réfugié et être traités en vertu des dispositions pertinentes prévues par le droit international. De quoi se demander d'ailleurs si l'OUA s'est révélée incapable. Cette incapacité est due au fait que Museveni était peut-être Président de cette organisation panafricaine.

Sur le plan régional, le refus du Président Museveni de faire respecter les conventions internationales constitue également un manquement à la parole donnée. En effet, pour ne citer qu'un exemple, durant le sommet tripartite Rwanda-Zaïre-Ouganda tenu à Kampala en Ouganda le 11 septembre 1990, soit seulement trois semaines avant l'attaque, les questions de sécurité réciproque avaient dominé les débats.

Selon des témoins présents dans cette réunion, les deux présidents s'étaient mis d'accord pour que tout soit mis en œuvre pour assurer la sécurité réciproque particulièrement le long des frontières communes et avaient même insisté sur la nécessité pour chaque Etat de mettre en place une législation interdisant des actes subversifs dirigés contre l'autre. En violant ce communiqué conjoint trois semaines seulement après sa publication, l'Ouganda aurait pu sérieusement demander au Zaïre d'empêcher les anciens militaires d'Idi Amin ou les rebelles de *Rwenzururu Movement* (mouvement indépendantiste du nord de l'Ouganda) de commettre une agression à son égard. Par ailleurs, le Rwanda était en droit d'exiger que l'Ouganda désarme les réfugiés. Le droit international contraignait ce pays à le faire.

Après ces déclarations cyniques, l'Ouganda joignit la parole aux actes et assura aux combattants du FPR un soutien sans faille sur tous les plans. Le Président Museveni justifia son refus de se conformer aux obligations internationales imposées à son pays, par la solidarité avec des réfugiés rwandais sous prétexte que leur désir de rentrer pacifiquement avait été déçu par les régimes successifs à Kigali et que dans ce cas, l'usage de la force en tant que dernier recours était justifié. Cet argument ne tenait pas debout puisque, comme nous avons montré plus haut, le problème des réfugiés était sur le point de trouver une solution avec l'aide du HCR.

Par ailleurs, cette justification ne résiste pas non plus à la rigueur du droit international. Les personnes qui ont participé à l'invasion n'étaient pas toutes des réfugiés rwandais en Ouganda, pas plus que ces derniers n'avaient manifesté le désir de rentrer. Il faut y ajouter certains agitateurs arrivés de fraîche date en Ouganda. Ainsi par exemple, Pasteur Bizimungu, était arrivé en septembre, juste pour rejoindre les attaquants. Il avait donc quitté délibérément le Rwanda pour pouvoir y fomenter des troubles. Il en est de même de Valens Kajeguhakwa, autre figure importante du FPR qui était arrivé avec lui. L'implication de l'Ouganda dans cette invasion était évidente puisque des soldats ougandais participaient à l'attaque. L'on peut également citer Fred Rwigema et Paul Kagame, les deux figures de proue du FPR. Ils ont exercé de hautes fonctions dans l'armée ougandaise et de ce fait ils n'avaient plus le statut de réfugié.

La mort de Fred Rwigema

Rwigema, alias Gisage ou Gisa, est né sur la colline Kiranzi, cellule Kidahwe, secteur Nyamiyaga dans la commune de Musambira, Préfecture de Gitarama. Fils de Kimonyo et de Mukandirima alias Nyirabwije, il est du clan des Abacyaba. Il avait deux ans lorsque ses parents ont quitté le pays vers l'Ouganda en 1959. Sa femme Jeanne est petite-fille de Bideri, ancien chef de la région d'Impala, du clan des Abahindiro, dans la préfecture actuelle de Cyangugu. Elle était réfugiée au Burundi.

Fred Rwigema a été recruté par Museveni dans la jeunesse désœuvrée des rues de Kampala. La facilité de communication (la langue de la région d'origine de Museveni est une variante du kinyarwanda) et la solidarité ethnique (les Hima du sud de l'Ouganda sont proches des Tutsi) permirent à Museveni de recruter un bon contingent d'hommes qui le rejoignirent dans le maquis (1981-1986). Fred Rwigema fut son chauffeur, son « coureur » (garçon à tout faire) et son garde de corps tout au long de ces années. Après la victoire, cette loyauté fut récompensée : il fut nommé Général-Major et Vice-Ministre ougandais de la Défense. Cette position lui permit de préparer la guerre contre le Rwanda.

L'attaque fut déclenchée le 01/10/1990 et Rwigema mourut mystérieusement le second jour de l'attaque. Au sujet de sa mort, plusieurs hypothèses circulent.

La première est qu'il serait mort « en sautant sur une mine rwandaise » (Rutaremara, 1990) ou qu'il « a été abattu par l'ennemi » selon Paul Kagame (Misser, 1995, p. 55). Ces deux versions désignant les Forces Armées Rwandaises ne sont pas crédibles car le 02/10/1990, celles-ci n'avaient pas encore atteint Kagitumba pour une confrontation. De même la pose des mines était inutile dans cette vaste savane du Parc National. Le piégeage des axes que devait emprunter le FPR ne pouvait être fait car les informations sur la façon dont allaient se déployer les combattants étaient encore lacunaires.

La deuxième hypothèse est que sa présence aux commandes de l'armée ougandaise commençait à trop peser sur Museveni et mettait ce dernier dans une situation inconfortable devant ses compatriotes. Un étranger à la tête de l'armée ougandaise était un leitmotiv pour les détracteurs du Président. Museveni aurait profité de la guerre pour envoyer des commandos aux trousses de Fred Rwigema afin de l'éliminer et ainsi éviter son retour. Au départ en effet, les analyses n'avaient jamais envisagé une victoire rapide du FPR. En guise d'exemple, dans un rapport confidentiel fait à son Président le 13/02/1992 par l'Ambassadeur ougandais au Rwanda, I.B. Kategirwe et intitulé « *Some observations of the political situation in Rwanda* » (Voir de larges extraits en annexe 4), on y lit :

> *It is quite evident that RPF cannot take power militarily. The rwandese army is getting stronger every day. Secondly, the french troops are around to see that just such a thing doesn't happen. And thirdly Habyarimana can still count on Mobutu to send in his troops should the situation become desperate. Rumour has it that at least 1.000 Zaïre troops are already here have been sent to Ruhengeri. The RPF cannot take power politically. It has been closely associated with the tutsi who are very small minority. They are concentrated in a few places making it impossible for them to win out-right in fair election. The Parti Liberale which has been accused of working closely with the RPF is now struggling, it is using every opportunity to distance itself from any link with the RPF.*

Une troisième hypothèse est liée aux raisons magico-mythologiques qui voulaient que pour gagner la guerre, un des grands chefs des armées ou un prince de sang devait d'abord s'immoler en versant son sang sur la terre du pays à conquérir. C'est le rite du héros libérateur *Umutabazi* : un des combattants devait se faire tuer dans le territoire ennemi ; cette mort devait assurer la victoire à son armée. Il en serait de même pour Rwigema qui, voulant que la victoire soit sûre, se serait donné la mort après sa traversée de la rivière *Umuvumba* qui sépare le Rwanda et l'Ouganda, et au bord de laquelle (du côté rwandais au poste frontalier de Kagitumba) le FPR avait dressé son campement au 1 octobre 1990. L'annonce tardive de sa mort tiendrait à ce dernier motif car on attendait d'abord que les combattants progressent après cette immolation dont on espérait des résultats immédiats. Dans l'histoire ancienne du Rwanda de tels sacrifices étaient légion.

Une quatrième hypothèse est que ce serait le tandem Bayingana-Bunyenyezi qui aurait organisé son assassinat suite à une divergence de vue sur la stratégie militaire. Ces derniers voulaient une guerre éclair jusqu'à Kigali, tandis que Fred Rwigema était pour une guérilla de longue durée. Bayingana, docteur en médecine de son état, avait été recruté par Rwigema mais il ne tarda pas à vouloir s'imposer comme tête pensante du FPR dans cette masse de quasi analphabètes. Dans cette hypothèse, Paul Kagame, de retour des USA, aurait à son tour organisé l'assassinat des deux autres officiers qui sont morts le même jour du 23/10/1990. Il est d'ailleurs important de signaler qu'à la mort de Rwigema, Bayingana l'avait remplacé (Ondoga Ori Amaza, 1998, p. 143), ce que Kagame ne pouvait pas non plus supporter car il briguait le même poste.

Une cinquième hypothèse avance que ce serait Paul Kagame qui, se sentant mis à l'écart du FPR, aurait fait assassiner Rwigema. Pour ce faire l'actuel président rwandais aurait utilisé ses anciens agents (du temps où il était responsable des services de renseignements militaires ougandais). Son adjoint d'alors, le Major Jackson Nziza, aurait participé au coup. Cette dernière hypothèse semble la plus plausible. De fait Kagame ne pouvait pas s'imposer au sein du FPR-Inkotanyi tant que son chef charismatique était encore vivant (Onana, 2001, p.31).

En effet, Fred Rwigema et Paul Kagame ont tous les deux participé activement à la préparation de la guerre : le premier dans la recherche des armes, le second dans la campagne médiatique (campagne qui a d'ailleurs bien fonctionné puisque le Rwanda naguère considéré comme un pays bien géré et bien administré fut subitement présenté par presque tous les médias du monde comme étant sous la coupe d'une dictature qui a dilapidé les fonds publics). Kagame considérait son éloignement comme injuste et soupçonnait Rwigema d'y avoir été pour quelque chose. Il serait donc parti aux Etats-Unis la haine au cœur. Pour son honneur, il devait à tout prix participer à la guerre de « libération ».

Pour saisir ce phénomène et cet état d'esprit, il faut se rappeler que dans tous les milieux des réfugiés, c'était l'effervescence. Les « libérateurs » de l'Ouganda avaient montré leur savoir-faire. La conquête du Rwanda n'était qu'une question de jours. Pour ce faire, bon nombre d'officiers rwandais de la NRA avaient lancé une sorte de publicité pour chercher des filles à épouser avant que la guerre ne commence. C'était pour celles-ci une fierté d'être la femme de celui qui était dans l'équipe des futurs « libérateurs ». Les filles accoururent de toutes parts. Fred Rwigema et Paul Kagame avaient rencontré tous les deux des anciennes réfugiées au Burundi, les prénommées Jeanne et Jeannette. Ils les ont épousées. C'était une frustration que l'un d'eux soit écarté de ce projet qui faisait la fierté familiale. L'opprobre était ainsi jeté sur Kagame considéré comme « celui ayant fui au moment où l'attaque allait être déclenchée »[3] (*yatinye gutabara*). L'épouse de Rwigema, Jeanne, ainsi que celles de Bayingana et de Bunyenyezi démentiront cette interprétation et confirmeront la thèse selon laquelle leurs maris avaient été tués par les FAR.

Après la mort de Rwigema, Kagame prit le contrôle de l'armée. Il nomma Kanyarengwe comme « Président » du FPR.

Kagame aux commandes du FPR

Paul Kagame reste un inconnu pour bon nombre de personnes, y compris pour ses compatriotes. L'homme est réservé sur sa vie. Même les entretiens qu'il a eus avec le journaliste François Misser et consignés dans le livre : « Vers un nouveau Rwanda. Entretiens avec Paul Kagame » (Editions Luc Pire et Karthala 1995) ne renseignent que très peu sur Paul Kagame.

Paul Kagame est né le 23 octobre 1957 sur la colline de Nyarutovu dans la commune Tambwe, Préfecture de Gitarama, près du centre de Ruhango. Il est fils de Rutagambwa, du clan des Bega[4]. Sa mère est la sœur de Rosalie Gicanda, épouse du

---

[3]. La couardise est dans l'histoire des armées traditionnelles le pire des malheurs qu'une famille puisse endurer. Non seulement celui qui se soustrayait à la guerre était dépouillé de tous ces biens et exilé, mais aussi sa femme l'abandonnait pour ne pas partager cet affront. L'homme était estimé par le nombre de ses victimes sur le champ de bataille. Il suffit de voir, pour s'en convaincre, les hauts faits déclamés à l'occasion des festivités (*ibitaramo*) et des veillées nocturnes (*imihigo*). Il est d'ailleurs significatif qu'avant l'attaque d'octobre 1990, une pièce de théâtre intitulé « *Rugari rwa Gasabo* » (le grand Rwanda de Gasabo), ait été jouée à Bujumbura et enregistrée sur cassette vidéo pour être projetée dans tous les milieux des réfugiés. Elle mettait en garde quiconque se soustrairait à la guerre sous des prétextes fallacieux y compris la maladie, si grave soit-elle. La pièce montrait un homme qui, prétextant la sortie des intestins, ne pouvait pas aller à la guerre. On le voit soumis à la risée de toutes les femmes qui lui reprochent sa lâcheté.

[4] Sa généalogie est la suivante : Kagame – Rutagambwa – Kampayana - Cyigenza (frère de la reine Kanjogera épouse du Roi Rwabugiri et mère du roi Musinga) – Rwakagara (père de la reine Kanjogera) – Gaga – Mutezintare

Roi Mutara Rudahigwa mort en 1959. De part cette double appartenance, Kagame est très proche de la lignée royale portée au pouvoir par le coup d'Etat sanglant de Rucunshu et au cours duquel les *Abanyiginya*, dont le roi Rutalindwa et sa famille, furent exterminés par les A*bega*.

L'opposition entre les *Abega* et les *Banyiginya*, depuis ces temps reculés, revient au grand jour avec le réveil de l'ex-roi Kigeri du clan *Abanyiginya* qui, de son exil aux Etats-Unis d'Amérique, revendique sa légitimité à la place de Kagame du clan des *Abega*.

Kagame partit avec ses parents en exil en 1961 en Ouganda, à Gahunge, dans le district de Toro. Son père y est mort quelques années après. Sa maman a fait appel à l'aide des amis et des parentés pour pouvoir élever ses enfants. Parmi ses bienfaiteurs, la plus importante fut Rosalie Gicanda, ex-Reine du Rwanda, morte dans le génocide rwandais de 1994 à Butare. Le nommé Benzinge Boniface, actuel secrétaire de Kigeli en Amérique, prit Kagame chez lui pour diminuer la charge familiale. De Chez Benzinge, Paul Kagame allait passer quelques jours chez Kigeri, le dernier roi du Rwanda, dans sa résidence de Kampala.

En Ouganda, Paul Kagame fit des études secondaires infructueuses successivement à la *Ntare School* de Mbarara au sud de l'Ouganda et à la *Old Kampala School* de Kampala de 1972 à 1976. A Kigali, en privé, on le surnomme *siniya fo* (*senior four*) pour dire qu'il a fait quatre ans post-primaires.

A l'école secondaire, Paul Kagame était connu pour son cynisme et son esprit revanchard qu'il avait le surnom de Kagome (le méchant). Renvoyé de l'école, Kagame est devenu un enfant de la rue (*street child*) comme on en rencontre dans bon nombre de villes africaines. Il se débrouillait en vendant des arachides grillées aux passants ou des œufs à la coque connus sous le nom d'*ebimeneka* (qui peut se casser). Il s'est livré par après à des opérations de change, en écoulant de faux shillings ougandais. Pour ce faire, il effectuait beaucoup de navettes entre Kampala et Naïrobi au Kenya.

– Buhura – Sesonga – Makara alias Rwangabami - Kiramira – Mucuzi - Nyantabana – Bugirande – Ngoga – Gihinira – Makara alias Muziwabega.

Quand Museveni prit le maquis en 1981 après avoir été battu dans des élections, il partit avec quelques jeunes rwandais dont Rwigema Fred. Le recrutement continua et Rwigema dut se souvenir de son ami d'enfance. C'est ainsi qu'il alla chercher Kagame. Dans le maquis, Kagame fut très maladif. Il avait notamment un ulcère d'estomac et une grande déficience visuelle. Rwigema plaida en sa faveur et Kagame fut affecté à la récolte des informations, pour lui éviter les dures campagnes militaires.

A la victoire de Museveni en janvier 1986, Paul Kagame est nommé chef des Services de Renseignements militaires de l'Armée ougandaise, la DMI (*Directorate Military Intelligence*), la même qu'on retrouve aujourd'hui au Rwanda, avec pour chef Jacques Nkurunziza, alias Jackson Nziza, ougandais de souche et ex-adjoint de Kagame à la DMI ougandaise. Nziza est de la province du Bufumbira, non loin de la frontière, du côté de la préfecture Ruhengeri. Son frère fut longtemps Directeur de l'Office des Cafés en Ouganda

A la tête des renseignements militaires, Paul Kagame a été caractérisé par une méchanceté indescriptible qui lui a valu le nom de *Pilato*, comparaison à Ponce Pilate qui a ordonné la mort de Jésus Christ. Ceux qui le connaissent rapportent qu'il enfermait ses prisonniers dans des containers et jetait les clés. Il aurait employé des militaires sous ses ordres pour piller et lui rapporter le butin. On rapporte qu'un jour, un de ses militaires est allé voler avec son arme dans Mulago Village à Kampala. Il fut attrapé et révéla qu'il était envoyé par Kagame. Celui-ci l'aurait convoqué et l'aurait fusillé.

Au sujet de cette méchanceté extrême, il est connu que ses interrogatoires étaient toujours musclés. E. Ndahayo (2000, p. 89), un des ses connaisseurs (il a été Directeur de cabinet du Ministre de l'information dans le Gouvernement du FPR, entre juillet 1994 et août 1995) souligne :

> les prouesses de délinquant du jeune Kagame et de ses pairs dans les milieux du vol et crime organisé de Kampala et de Naïrobi, et de son parcours de tortionnaire au sein des services de sécurité ougandais.

Mr N., un ex-militant du PSD (Parti Social Démocrate), m'a décrit Paul Kagame presque dans les mêmes termes. Leur rencontre à Kampala en 1991 lui a donné l'impression de quelqu'un qui a reçu une éducation de la rue. Il m'a dit : « Kagame s'embarrasse pas mal du savoir-vivre. *Ntabwo yarezwe* « il n'a pas reçu une bonne éducation ». (Entretien avec N. à Bruxelles en novembre 2001).

Un autre témoignage sur Paul Kagame soulignant son caractère « méchant » nous vient de *Uganda Democratic Coalition* (janvier 1993), un mouvement d'opposition au pouvoir de Yoweri Museveni ayant son siège aux Etats-Unis d'Amérique. Pour ce Mouvement, Kagame a été caractérisé, dans ses fonctions de Chef de Renseignements militaires ougandais, par des tortures atroces qu'il infligeait à ces victimes, comme par exemple : asphyxier la victime en couvrant sa tête d'un papier en plastique, serré autour du cou par une corde jusqu'à ce que mort s'en suive ; mettre des décharges électriques sur les organes génitaux de ses victimes ; attacher une grosse pierre sur des organes génitaux jusqu'à ce que la victime s'évanouisse, ce qui provoquait la mort ou de graves séquelles psychologiques ou physiologiques ; lier les bras et les jambes derrière le dos : la victime, devenue comme une boule, mourrait par éclatement. La torture est connue sous le terme ougandais de *akandooya*.

Kagame s'est marié en 1989 à Kampala à Jeannette Murefu, fille de Murefu, ex-tenancier du café « Eden Garden » à Kigali au Rwanda et appartenant à l'ex-Président du MRND, Matthieu Ngirumpatse. Murefu venait de rentrer de son exil du Burundi. Parti pour les cérémonies de mariage de sa fille à Kampala, il ne reviendra plus au Rwanda et s'installera à Jinja avec sa famille, prévenu probablement de l'attaque imminente du Rwanda.

Avant son mariage, Madame Kagame Jeannette avait vécu avec ses parents à Bujumbura. Elle est allée ensuite à Naïrobi au Kenya où ses études étaient financées par l'homme d'affaires H. M., un des grands frères de Robert Kajuga, Président de la milice *Interahamwe*. Jeannette Kagame a travaillé, pendant un petit temps, dans la société *Spie Batignolles* à Naïrobi pour rejoindre finalement Kampala où elle a travaillé avant de se marier.

Après son mariage, Paul Kagame fut envoyé, en juin 1990, aux Etats-Unis d'Amérique pour un stage de commandement militaire (*Command Staff*) à Fort Leaven Worth au Kansas. Après quelques 3 mois, Kagame interrompit son stage et arriva au front le 14/10/1990 pour remplacer Fred Gisa Rwigema à la tête du FPR-Inkotanyi.

De retour donc des USA, Paul Kagame réorganisa son armée qui avait été refoulée hors du territoire rwandais le 30/10/1990. Celle-ci gagna la guerre en juillet 1994 après avoir défait les Forces Armées Rwandaises (FAR). Le FPR s'empara du pouvoir et forma son Gouvernement le 19/07/1994 dans lequel Kagame fut Vice-Président et Ministre de la Défense Nationale. Il fut également élu chef du Parti FPR. A la démission du Président Pasteur Bizimungu, Kagame fut investi comme Président et Commandant Suprême (*High Commander*) de l'Armée Patriotique Rwandaise (APR).

Paul Kagame est un homme qui ne supporte pas la contradiction. Le capitaine Kayitare, à en croire des sources du FPR, serait mort pour cette raison. Commando hors du commun qui a dirigé avec succès des opérations sur les villes de Ruhengeri le 23/01/1991 et de Byumba le 5/06/1992, il était parvenu à se faire une renommée parmi les membres du FPR. Lors d'une des exhibitions qui avaient lieu à Mulindi pour un *fund raising*, la chanteuse Kamaliza venue de Bujumbura lui dédia une chanson, séance tenante. Il le magnifiait en le comparant au lion (la chanson est elle-même intitulée *Intare* c'est-à-dire le lion) qui, par son courage, fait peur à ses ennemis (*intare yaciye ibintu*), au bouclier qui remporte la victoire après avoir terrassé les ennemis (*ngabo itsinze, ihashya ababisha*). Kagame ne digéra pas ce militaire qui lui faisait ombrage. Car non seulement le lion est courageux mais aussi il est le roi de la forêt. Le message était clair. Kayitare pouvait même supplanter Kagame à la tête du FPR.

Un jour qu'il était au sommet de la colline de Murore en commune Cyumba où il supervisait une opération militaire fin 1992, Kayitare fut appelé par radio pour une urgence dans leur état-major à Mulindi. Il devait descendre la montagne de Murore, traverser la théiculture de la vallée de Ngondore et monter vers Mulindi. C'est dans la théiculture qu'il a été arrosé de balles et rendit l'âme. Sa mort provoqua la consternation dans les rangs du FPR mais également les FAR n'en revenaient pas de façon que lors de son inhumation, le Commandant des FAR à Byumba, le Colonel Juvénal Bahufite, se rendit à la cérémonie car il croyait en la paix avec les négociations d'Arusha.

Kagame ne cache jamais ses plans criminels car il sait que personne ne peut y croire tellement leur réalisation est inimaginable pour un homme normal. A Kibuye, en 1995, il a traité les réfugiés hutu de l'ex-Zaïre de « chiens » et a juré de les poursuivre là où ils sont. Il a mis cette idée en exécution en bombardant leurs camps en octobre 1996, en tuant au moins 200.000 d'entre eux et en achevant les rescapés arrivés à Tingi-Tingi et à Mbandaka. Le *Rapport Garreton*, dans ses différentes versions, est éloquente à ce sujet.

Après qu'il ait dit, en août 1996, dans un meeting à Nyamirambo, qu'avec une petite capsule ou une petite cuillère, on peut vider un tonneau, Paul Kagame est passé aux actes. Pour lui, le fait que les Hutu soient nombreux ne constitue pas un problème. Cette métaphore donne une idée de l'ampleur de sa méchanceté et de son ethnisme. Il suffit de tuer les Hutu, petit à petit, jusqu'à les exterminer. A la manière d'une goutte d'eau qui tombe du tonneau sans discontinuer. Le tonneau finira par se vider si le petit trou n'est pas colmaté. Les événements passés et récents confirment cette politique d'annihilation de l'ethnie hutu. En effet des tueries massives des Hutu ont eu lieu surtout depuis 1994 : les massacres de Kibeho, le nettoyage du Nord du pays, les camps de concentration et de crémation notamment dans le Parc National de l'Akagera.

Le 31 mars 2003, le Général Paul Kagame a prononcé un discours à Rebero, dans la commune de Bwisige dans la préfecture de Byumba. Il a menacé ses opposants politiques de « les blesser » (*kubakomeretsa*). Il a signalé à la même occasion que le résultat des élections prévues sont connus. Après quelques jours, certains de « ses opposants » ont disparu. Il s'agit entre autres du député Hitimana Léonard du parti d'opposition MDR ainsi que du Colonel Augustin Cyiza et du Major Félicien Ngirabatware. Human Rights Watch a parlé de cinq disparitions. Pour Alison Des Forges, Consultante de cette organisation, « il semble que les activités visant à «blesser» les dissidents supposés aient commencé (…). La victoire électorale va très probablement suivre. » (HRW, 8 mai 2003). De fait, dans un rapport fait par une commission de l'Assemblée nationale dominée par le FPR et examiné le 15 avril 2003, il a été proposé que le principal parti d'opposition, le MDR (Mouvement Démocratique Républicain), soit dissous et une liste de personnalités « divisionnistes » à été dressée. Amnesty International (Press Release, 22 avril 2003) a demandé à Kigali de respecter le droit d'association et d'opinion et s'est inquiétée de la sécurité des personnes listées. Il est clair qu'en éliminant le MDR de la compétition, le FPR reste seul maître sur le terrain électoral.

En calculateur avisé qu'il est, Paul Kagame aurait toujours le passeport diplomatique ougandais qu'il avait obtenu lorsqu'il était à la tête des services secrets de l'armée ougandaise. En effet, sous le titre : *Rwandese leaders still hold ugandan passports* (les dirigeants rwandais détiennent toujours des passeports ougandais), le journal *Sunday Vision* du 8 janvier 1995 l'a confirmé et a même ajouté que le président Museveni lui-même a déclaré que « son gouvernement ne s'est pas dérangé jusqu'ici pour demander à ces dirigeants de les restituer » (*government has up now not bothered to ask the rwandese leaders to surrender the passports*). Bien qu'il se soit investi Président rwandais, la détention de ce passeport laisse croire qu'il n'a pas abandonné son numéro de matricule dans l'armée ougandaise. Le journal ougandais *The Monitor* du 26 au 28 octobre 1994, parle lui aussi de 24,49 millions de shillings ougandais que Kagame devait à l'*Uganda Commercial Bank LTD* (UCB). C'est un crédit douteux que tous les officiers proches de Museveni ont pris après la victoire de la NRA en 1986. Fred Rwigema est mort sans rembourser 20,28 millions de shillings ougandais à cette banque.

Un ancien ministre ougandais de la justice, John Mulenga, auquel l'ambassadeur rwandais accrédité à Kampala faisait remarquer, après l'attaque du FPR en octobre 1990, la nationalité ougandaise des attaquants notamment par la détention de certains d'entre eux de passeports diplomatiques ougandais, faveur qui ne peut être accordée à un réfugié, a répondu que la loi ougandaise était si libérale qu'elle était muette sur la nationalité des personnes devant être incorporées dans l'armée ougandaise. Même le Président Museveni déclara un jour que l'un des membres de son cabinet, le Général Moses Ali était un soudanais qui n'a régularisé sa nationalité ougandaise que sous son régime alors qu'il était dans l'armée depuis les années 1960 (Bukeye, 1994).

Le soutien et la participation de l'Ouganda

Sur le plan diplomatique, l'Ouganda se fit ni plus ni moins l'avocat des rebelles. En effet, dès le 18 octobre 1990, le Premier ministre belge Wilfred Martens effectua une tournée dans la région des Grands Lacs africains pour négocier un cessez-le feu. C'est à peine si Museveni ne condamna pas ce qu'il appela l'ingérence belge dans les affaires internes du Rwanda, en référence à la présence pour des raisons humanitaires de soldats belges à Kigali. Du reste l'initiative belge se terminera en queue de poisson et le FPR, au départ foncièrement anti-belge (il accusait la Belgique d'avoir soutenu les insurgés de 1959 qui ont renversé la féodalité) parviendra à retourner les cartes et à gagner la sympathie d'une partie de la classe politique belge via l'opposition libérale. Après l'échec de l'initiative belge, les pays voisins du Rwanda prirent la relève pour trouver une issue pacifique à la guerre, mais c'était sans compter avec la détermination de Museveni.

Le 17 octobre 1990 eut lieu à Mwanza en Tanzanie un sommet régional regroupant les chefs d'Etat de tous les pays voisins du Rwanda. Comme le FPR et l'Ouganda justifiaient la guerre par la volonté des réfugiés rwandais de rentrer chez eux, le gouvernement rwandais saisit l'occasion pour réitérer sa ferme conviction que le rapatriement était un droit inaliénable des réfugiés et que ce problème des réfugiés rwandais était avant tout un problème du gouvernement rwandais. Beaucoup de gens pensent que cette déclaration avait été arrachée au Rwanda sous la pression de la guerre. En réalité, ce n'était là que le renouvellement de ce qui était contenu dans l'accord bilatéral rwando-ougandais sur le problème des réfugiés rwandais signé à Kigali le 31 juillet 1990 et qui avait d'ailleurs été paraphé par l'Organisation de l'Unité Africaine et le Haut Commissariat des Nations-Unies pour les Réfugiés.

Alors que tous les chefs d'Etat présents se félicitaient de ce pas franchi dans la bonne direction, le Président Museveni déclara immédiatement que le seul retour des réfugiés ne suffisait pas mais qu'il fallait un partage du pouvoir avec les rebelles. Du retour des réfugiés, on venait de passer au partage du pouvoir. Ceci montre que le Président ougandais était parfaitement au courant des véritables intentions des rebelles. Lors de ce sommet, Museveni menaça de renvoyer tous les Banyarwanda réfugiés et immigrants si les revendications des agresseurs n'étaient pas prises en considération. Il mit d'ailleurs cette menace à exécution puisque le mois suivant, il « chassa » tous les Banyarwanda qui étaient encore dans l'armée régulière ougandaise, la NRA, une façon de les envoyer renforcer les rangs des Inkotanyi qui attaquaient le territoire rwandais.

En octobre 1990, les Présidents Yoweri Museveni et Juvénal Habyarimana se rencontrèrent encore une fois à Cyanika à la frontière rwando-ougandaise. L'Ouganda, qui continuait à nier son implication aux côtés du FPR, proposa l'idée d'équipes d'observateurs devant vérifier si le FPR opérait à partir de l'Ouganda. Le Président Museveni révéla aussi à son homologue rwandais que s'il acceptait l'idée de l'intégration des rebelles dans les FAR (Forces Armées Rwandaises), ne fut-ce qu'un bataillon (l'idée de la présence d'un « bataillon » dans la capitale était née ; elle sera concrétisée dans l'Accord d'Arusha et se révélera être un « cheval de Troie »), il pouvait les convaincre d'abandonner la guerre. La déclaration de Mwanza ayant affirmé que les réfugiés rwandais qui rentreraient seraient intégrés dans tous les secteurs de la vie nationale, l'armée n'était en principe pas exclue. Mais le Rwanda ne voulait sans doute pas que les rebelles en fassent un préalable et voyait mal pourquoi Museveni insistait. Le 27 octobre 1990, fut signé à Kampala, entre l'Ouganda et le Rwanda, un accord sur la mise en place des équipes d'observateurs, le *Monitoring Team*. L'Ouganda insista et obtint que ces dernières soient mixtes (Rwanda-Ouganda).

Le 8 novembre 1990, quelques jours après l'attaque à partir de l'Ouganda du poste frontalier de Gatuna, les éléments rwandais devant faire partie des observateurs arrivèrent à Kabale en Ouganda via Kisoro. Première surprise, ils passèrent 4 jours à l'Hôtel *White Horse Inn* sans aucun contact avec leurs homologues ougandais. Et quand finalement leurs homologues ougandais arrivèrent, la mise en place des équipes se fera si lentement que la dernière équipe qui devait se déployer à Kisoro ne s'installera que le 20 février 1991. Etait-ce pour ne pas gêner l'attaque de la ville rwandaise voisine de Ruhengeri qui eut lieu le 23 janvier 1991 et qui partit de Kisoro en Ouganda ?

Entre temps le 30 octobre 1990, les FAR avaient réussi à chasser les rebelles du territoire rwandais. Ces derniers s'étaient repliés en Ouganda pour pouvoir se réorganiser parce que la mort de leur leader charismatique, le Général Major Fred Rwigema suivi de celui des Majors Bayingana et Bunyenyezi avait terriblement sapé le moral des combattants. Le 03 janvier 1991, les rebelles frappent à nouveau au poste de Gatuna à partir de l'Ouganda où la NRA avait récemment aménagé un camp militaire. Les premiers tirs partirent de l'Ouganda pour immobiliser les FAR au moment où les rebelles débordaient et attaquaient de derrière.

Tout naturellement l'Ouganda nia d'abord que les rebelles soient partis de son territoire mais plus tard, le commandant de la 7ème division militaire de la NRA, Benon Tumukunde, dont le quartier général s'était déplacé de Fort Portal à Mbarara (pour s'approcher de la frontière rwandaise) juste avant l'attaque, fit une concession de taille en reconnaissant que quelques éléments des attaquants auraient fait un crochet en Ouganda et qu'ils auraient même bénéficié de la complicité de quelques soldats ougandais. Il cita le capitaine Bishuba alors commandant du bataillon de Kamuganguzi et promit qu'il serait puni. A sa place sera puni un pauvre sous-lieutenant qui aurait, dit-on, fourni les bombes au FPR sans autorisation mais ce n'était qu'une affaire de règlement de compte. Quant à Bishuba, il sera plutôt promu et fera même partie des militaires ougandais qui rejoindront l'ECOMOG en 1994.

Le travail des équipes d'observateurs militaires rwandais débuta donc sur ce nouvel incident, et l'attaque de la ville de Ruhengeri le 23 janvier 1991 fut leur baptême du feu. Alors qu'après l'attaque de Gatuna du 3 janvier 1991 les assaillants s'étaient repliés en Ouganda et avaient convergé vers la forêt de bambous connue localement sous le vocable de *Echuya Forest*, l'Ouganda tenta d'accréditer la thèse que l'attaque de Ruhengeri s'était faite à partir du territoire rwandais. Cette assertion sera démentie par un expatrié qui travaillait en Ouganda dans le projet « Gorilles de Montagnes » dans la chaîne des volcans. Ce dernier déclara à une journaliste de la BBC qu'il avait vu de ses propres yeux les rebelles franchir la frontière rwando-ougandaise en provenance de Kisoro (en Ouganda), et la nouvelle fut diffusée sur les ondes de la BBC (Bukeye, 1994).

Echuya Forest resta pour un temps l'une des bases arrières importantes du FPR pour trois raisons stratégiques. Tout d'abord cette forêt était le seul point le long de la frontière avec une couverture végétale propice à des activités de guérilla dans la plus grande discrétion, surtout que la population ougandaise frontalière avait manifesté une hostilité à la présence du FPR avant d'être intimidée, et par le FPR et par les autorités ougandaises. Ensuite la proximité de la ferme de Kanaba et du Guest House voisin appartenant à Mgr Barnabas Harerimana, évêque catholique de Kabale, qui était un grand supporter des rebelles. Son soutien lui vaudra d'ailleurs, dans le diocèse, une rébellion irréductible qui forcera Rome, après des années d'hésitation, à lui imposer une retraite anticipée en 1994. Enfin, le relief est tel que de cette forêt, on domine toute la bordure Est de la préfecture rwandaise de Ruhengeri spécialement les communes de Kidaho, Butaro et une partie de Nkumba. Les rebelles se serviront de cette position pour harceler les positions des FAR dans cette région et, à un certain moment, ils contrôleront toute la commune de Butaro grâce aux pilonnages à distance.

Au fil des jours, les observateurs militaires rwandais se rendirent compte que leur présence ne servait qu'à rehausser l'image médiatique ougandaise, dans la mesure où l'Ouganda se servait de leur présence pour réfuter toute implication aux côtés des rebelles alors qu'eux n'avaient pas les mains libres pour exécuter convenablement leur mission. En effet, ils faisaient face à divers obstacles. Premièrement, alors que le texte de l'accord prévoyait une liberté totale de mouvement, la visite sur le terrain était soumise à une autorisation préalable du commandant militaire ougandais local. Ce qui pouvait parfois prendre trois jours avant d'obtenir l'autorisation. Ce délai était amplement suffisant pour faire disparaître toute trace des rebelles. Deuxièmement, à l'autorisation du commandant local de la NRA devait s'ajouter la bonne volonté de l'officier de liaison nommé par l'Ouganda. En aucun cas les observateurs ne pouvaient se déplacer sans lui, même pour une visite médicale. Troisièmement, les observateurs étaient interdits de contact avec la population locale de peur qu'elle ne révèle la présence des rebelles. Tout ougandais trouvé en contact avec les observateurs était arrêté immédiatement et emprisonné quand il ne disparaissait pas. Des cas sont connus à Kisoro où un suspect fut même pendu pour cette raison. Quatrièmement, il était interdit aux observateurs d'opérer pendant la nuit comme si les rebelles ne se déplaçaient pas à ces heures. Et de fait, ils manœuvraient surtout la nuit. Un observateur, en poste à Rubaale, tenta de contourner cette interdiction en prolongeant ses randonnées dans une buvette à côté de la route dite Kabale Road. Il faillit être fusillé, ironie du sort, par un militaire ougandais membre de son escorte. Après cela, on imposa à cet observateur des heures de couvre-feu avant de le forcer à déménager loin de la route.

Un autre observateur en poste à Kisoro sera obligé de changer de chambre à l'hôtel Traveller's Inn, pour la simple raison qu'elle donnait sur la route et lui permettait de voir ce qui se passait pendant la nuit. Il sera plus tard obligé de déménager à Mutolele à plus de 15 kilomètres de la route, à l'instar de son homologue de Rubaale. La pléthore d'escorte ougandaise avait des *talkies-walkies* avec une fréquence des rebelles pour communiquer tous leurs mouvements à l'avance. Le FPR gardera d'ailleurs une fréquence commune avec la NRA jusqu'à la prise de Kigali. Il était très difficile de distinguer les rebelles des militaires de l'armée ougandaise parce qu'ils portaient les mêmes uniformes et les ougandais utilisaient cette situation pour confondre les observateurs rwandais. Les observateurs étaient obligés de porter l'uniforme alors que la nature de leur travail exigeait la discrétion. Comme c'en était trop, cette décision sera combattue par les observateurs jusqu'à leur expulsion de l'Ouganda en juin 1991. Malgré cette frustration, le Président Museveni déclara au cours d'une conférence de presse, de retour du sommet de l'OUA d'Abuja de 1991, que l'Ouganda avait été si transparent que les observateurs rwandais étaient même logés dans des camps militaires ougandais.

Durant cette période, l'Ouganda accusa les soldats rwandais d'avoir fait incursion sur son territoire et d'y avoir kidnappé des civils. Le gouvernement rwandais, par le biais de son ambassadeur en Ouganda, réagit en ces termes :

> *The monitoring team accompanied by their Ugandans counterparts visited Mugali and Katuna on 31st December 1990. The R.C Chairman of the area declared to the teams that nobody was abducted from the area and stated that he was surprised to hear the news of abdiction on the radio.*

L'Ouganda ne désarma pas et dans une note verbale du 15/02/1991, il lança un avertissement dont la teneur suit :

> *The governement wishes do protest in the strongest possible terms this latest atrocity and warns that further incidents of this nature will not pass by without grave consequences both to Rwanda and to the relations between the two countries.*

Les dés étaient jetés car les officiers rwandais furent finalement renvoyés et les rebelles du FPR continuèrent d'attaquer le Rwanda impunément à partir du territoire ougandais.

Le sommet de Mwanza du 17 octobre 1990 n'ayant pas mis un terme aux combats, le 26 octobre 1990, eut lieu un autre sommet à Gbadolite, sous la présidence du Président zaïrois. Dans le communiqué, on peut lire que les chefs d'Etat présents y compris Museveni, ont décidé la mise en place d'une force panafricaine de maintien de la paix pour contrôler la frontière rwando-ougandaise. En attendant la constitution de cette force, les chefs d'Etat présents se mirent d'accord pour mettre en place un groupe d'observateurs militaires neutre (GOMN). C'est ce sommet qui a en outre reconnu le FPR comme une opposition armée, reconnaissance chère à ce front.

Le GOMN I était composé de 15 ougandais, 15 zaïrois, 15 burundais, 5 rwandais et 5 Inkotanyi. Hormis la neutralité du GOMN mise en cause, ce nombre ne suffisait pas pour contrôler toute la zone des combats, à savoir toute la frontière rwando-ougandaise longue de plus de 200 km. Leur mandat ne le spécifiait d'ailleurs pas expressément. Le Colonel Karake Karenzi du FPR fit partie de tous ces groupes et d'autres qui suivirent ainsi que les officiers des FAR actuellement dans l'armée du FPR, le Général Gatsinzi Marcel et le Colonel Munyakazi.

Le 08 février 1991, quand les mêmes Chefs d'Etat se rencontrèrent de nouveau à Gbadolite au Zaïre, le Président Museveni rejeta l'idée d'une force de maintien de la paix au profit de simples observateurs (passifs) d'un GOMN. Il parvint à vendre cette idée à son ami le secrétaire général de l'OUA, Monsieur Salim Ahmed Salim, et lors du sommet de Dar-Es-Salaam du 19 février 1991, l'OUA soutint aussi l'idée d'un GOMN, sous prétexte que le financement d'une force de maintien de la paix retarderait sa mise en marche. Pourtant, des pays amis du Rwanda tels que la France, la Belgique et les USA, avaient manifesté la volonté de financer cette force et le sommet de Gbadolite avait prévu une mesure transitoire en cas de retard de la force de maintien de la paix. En effet, le Zaïre, le Burundi et l'Ouganda s'étaient mis d'accord de mettre à disposition une dizaine de militaires chacun pour faire observer le respect des accords de N'selé. Ce groupe s'installa à Byumba dès le 10 avril 1991. Si donc Museveni s'opposait à l'idée d'une force de maintien de la paix au profit de simples observateurs, c'était parce qu'une force de maintien de la paix pouvait arrêter par la force les incursions du FPR en provenance de l'Ouganda alors qu'il était plus facile de tromper les observateurs qui du reste n'avaient pas dans leur mandat le contrôle de la frontière mais l'observation du cessez-le-feu. Le manque d'objectivité des observateurs, notamment les Ougandais et Burundais, finit par agacer le Rwanda. Il demanda leur relève par des éléments vraiment neutres.

Revenons sur le sommet de Dar-Es-Salaam pour mentionner que c'est lors de ce sommet que fut adoptée « la Déclaration de Dar-Es-Salaam » sur le problème des réfugiés rwandais dont leur droit inaliénable de retourner dans leur pays. C'est également au cours de ce sommet que Museveni dévoila ses vraies intentions de collusion avec les rebelles du FPR car il a réclamé pour eux le partage du pouvoir en dehors de tout processus électoral, sinon ils continueront la guerre, avait-il dit. Pour lui, il n'était pas question de les désarmer avant que ces revendications ne soient satisfaites. Signalons également que deux jours avant ce sommet, les présidents rwandais et ougandais s'étaient rencontrés dans l'île tanzanienne de Zanzibar. Dans leur communiqué conjoint rendu public, ils avaient renouvelé leur engagement à oeuvrer dans le cadre du communiqué de Mwanza du 17 octobre 1990 pour l'observation des combats à la frontière rwando-ougandaise. Le président rwandais avait promis d'observer un cessez-le-feu immédiat commençant le 18/02/1991. Le président ougandais avait lui aussi pris un engagement de « persuader » l'opposition armée de réciproquer et d'arrêter les hostilités.

Aussitôt après la réunion de Dar-Es-Salaam, le Général nigérian Opareye, désigné par l'OUA pour diriger le nouveau GOMN (appelé GOMN II) en remplacement du premier qui venait d'être démantelé, vint en mission de reconnaissance au Rwanda. Il fit le tour de la frontière pour voir les positions de chaque belligérant. Il ne put tout naturellement trouver aucune position tenue par les rebelles, parce que jusque là, ils opéraient une guérilla mobile à partir de l'Ouganda. De retour à Addis-Abeba, il avait fait part à l'OUA de ses conclusions préliminaires que le FPR n'a pas de positions fixes à l'intérieur du Rwanda et que le GOMN II pour être efficace, devait prendre position aux frontières internationales entre le Rwanda et l'Ouganda. Vraisemblablement, ce constat n'a pas plu à l'OUA et encore moins à son « chairman », le Président Museveni, qui n'avait cessé d'affirmer que depuis le 1 octobre 1990, les combattants du FPR n'avaient plus mis le pied en Ouganda. En conséquence, la mise en place du GOMN II sera retardée de près d'une année, jusqu'à ce que les combattants du FPR s'emparent d'une partie de la commune Muvumba et Ngarama en avril 1992. Ce n'est qu'alors que l'OUA s'empressa de mettre sur pied le GOMN II pour venir constater à nouveau les positions de chaque partie et observer le respect du cessez-le feu. Le retard dans la mise en place du GOMN II ayant permis au FPR de s'assurer des positions fixes sur le territoire rwandais, il y a lieu de se demander s'il n'a pas été délibéré. Dans tous les cas, la responsabilité est partagée entre l'OUA, son chairman, et le Nigeria qui devait piloter l'opération.

Il est important de préciser, à toutes fins utiles, que le Président nigérian de l'époque, le Général Babangida, était un grand ami du Président Museveni et que les deux pays avaient même initié une coopération militaire.

L'accord de cessez-le feu signé le 29 mars 1991 à N'selé au Zaïre, en présence du secrétaire général de l'OUA n'ayant pas été respecté, la communauté internationale commença à se manifester. Déjà le 14 mars 1991, le Parlement européen avait passé une résolution dont le paragraphe 3 demandait expressément à l'Ouganda de garantir le cessez-le-feu et d'empêcher que des opérations militaires contre le Rwanda puissent être menées à partir de son territoire.

Le 17 avril 1991, à l'issue d'une réunion des ambassadeurs américains de la sous-région de l'Afrique orientale et centrale dans la capitale burundaise, Bujumbura, l'adjoint du Secrétaire d'Etat américain chargé des affaires africaines, Herman Cohen, déclara que les USA « condamnaient tout usage de la force pour résoudre les problèmes des réfugiés et demandaient à tous les pays de la région d'empêcher l'usage de leur territoire pour des opérations militaires contre leurs voisins ». Pour quiconque connaît l'ordre du jour de cette réunion, le message s'adressait clairement à l'Ouganda. Le document sanctionnant cette réunion revint sur cette question en condamnant l'idée de ce qu'elle appelle tutsi homeland, une sorte de réserve pour les tutsi. L'idée de ce tutsi homeland avait été avancée par le président Museveni après la défaite du FPR en octobre 1990. Selon lui, puisque les

Tutsi ne font pas confiance aux Hutu pour assurer leur sécurité, le mieux serait de leur réserver une zone spécifique, dans laquelle ils pourraient organiser leur propre sécurité. Si tel était le cas, les Hutu feraient très attention et ne seraient plus tentés de s'en prendre aux Tutsi. Un journal ougandais proche du FPR, The Monitor, reviendra sur cette idée de façon plus détaillée en 1993 pour prouver qu'un tel tutsi homeland serait économiquement viable et que l'Ouganda tirerait grand profit de cette nouvelle entité politique. Le journal avait affirmé que la modicité spatiale de cette entité serait compensée par « l'ingéniosité légendaire » des tutsi. Le 5 juin 1991, Herman Cohen récidive. En effet, dans une lettre qu'il écrivit au Président Museveni très vraisemblablement sur pression de certains groupes du Sénat et du Congrès, il parla entre autres de l'état des droits de l'homme en Ouganda, ainsi que du problème rwandais.

Le 2 juillet 1991, le Président Museveni répondit à Herman Cohen. Dans sa lettre, il réfuta que l'Ouganda soit utilisée pour le passage des équipements militaires libyens destinés au FPR. L'armée Ooougandaise avait le même genre d'équipement et pouvait donc le lui fournir si elle le voulait ; réfutation tout aussi catégorique du soutien de l'Ouganda au FPR et prise à témoin de l'incapacité des observateurs militaires rwandais à désigner les bases arrières du FPR en Ouganda. Quant aux armes utilisées par le FPR, la lettre affirmait qu'elles avaient été volées. Museveni réaffirma que depuis le 1er octobre 1990, les rebelles n'ont plus mis le pied en Ouganda, « sauf quelques incursions pour chercher de la nourriture ». Il accusa le gouvernement rwandais d'être responsable de la violation des accords de cessez le feu de N'selé en plus d'être un gouvernement des « Bahutus » ; il rejeta le multipartisme comme solution à la crise rwandaise ; il réitéra la menace d'expulsion des Banyarwanda de l'Ouganda et enfin il offrit de financer une mission de vérification de l'OUA en Ouganda, conduite par un autre ami de longue date, le Général de Brigade tanzanien Hachim Mbita.

Cette lettre du Président Museveni à Herman Cohen avec copie pour information aux présidents des comités « Afrique » du Congrès et du Sénat américains appelle les commentaires suivants :

Tout d'abord, le Président Museveni affirma que son armée avait « les moyens de soutenir le FPR sans recourir à l'assistance étrangère », si elle le voulait. Cette position est en contradiction flagrante avec celle qu'il adopta dans une réunion avec les ambassadeurs américain, britannique, français, tanzanien et rwandais après l'assassinat de Juvénal Habyarimana le 6 avril 1994. En effet, il a dit : «Où est-ce que l'Ouganda qui ne peut même pas équilibrer son budget, peut tirer l'argent pour soutenir le FPR ? », avant d'ajouter « et pour quelle raison ? », à quoi l'ambassadeur français rétorqua, « pour exporter le problème des Banyarwanda qui devenait un grand fardeau pour votre gouvernement » (Bukeye, 1994). Que le Président Museveni prenne à témoin les équipes « d'observateurs » est un autre sujet de discussion. En effet, nous avons amplement vu les conditions dans lesquelles ils travaillaient et qui ne pouvaient en aucun cas leur permettre de s'acquitter de leur tâche efficacement. La façon dont ils ont été chassés comme des criminels ne fait que renforcer cette assertion. Qui plus est, le Président Museveni affirma dans sa lettre qu'il avait demandé aux attachés militaires accrédités à Kampala d'aller voir à Kabale les bases arrières du FPR, et qu'ils n'en avaient vu aucune. Effectivement cette visite eut lieu, et elle fut bien couverte par le journal gouvernemental ougandais The New Vision pour des raisons évidentes. Mais cette visite était guidée et les attachés militaires n'ont pu quitter la route macadamisée Kabale-Gatuna. Est-ce que les rebelles, de surcroît avertis d'avance de la visite, allaient se balader sur la route macadamisée pour que les attachés militaires les voient ?

Quant à l'incapacité des observateurs rwandais de désigner un point précis où se trouvaient les rebelles, elle ne signifie pas qu'ils étaient absents. Elle est plutôt le résultat des blocages opérés par les autorités ougandaises au niveau des conditions de leur travail. Cette idée de « bases arrières » est à voir sous un angle spécial. Toutes les installations de l'armée ougandaise le long de la frontière étaient des bases arrières et c'est pour cette raison que toute attaque du FPR était précédée toujours par un déploiement massif de l'armée ougandaise en face de l'objectif des rebelles. C'est ainsi que le commandant du 10ème bataillon de l'armée ougandaise de Rubaya, le Major Kamwerere, fut atteint d'un projectile au cours d'une attaque des rebelles en commune Kivuye vers avril 1992 et fut même hospitalisé. Les bases arrières propres au FPR étaient, à l'exception d'Echuya Forest, mobiles, ou en profondeur en territoire ougandais (districts de Mbarara, Rukunguri, etc.) en dehors du champ des observateurs. L'information a été communiquée au Président Museveni pour contre-vérification, mais il a préféré se taire.

Par ailleurs, il n'est pas exact que les observateurs rwandais n'aient relevé aucun indice durant leur séjour. Une fois, après des jours d'attente, ils furent autorisés à aller à Kafunjo, en face du Mutara au Rwanda qui était le théâtre des incursions du FPR. Contre l'avis de leurs homologues ougandais, ils foncèrent dans une bananeraie tout près de la frontière (au départ, ils n'étaient pas autorisés à faire des patrouilles à pied). Ils trouvèrent des boîtes de conserve vides, ainsi que des casseroles de nourriture sur un feu, sans personne dans les environs. Quand ils demandèrent si cet endroit ne pouvait pas être une position des rebelles, les guides ougandais répondirent qu'« il s'agissait probablement de la NRA ».

Le gouvernement ougandais avait déclaré que ses troupes étaient stationnées à une distance raisonnable de la frontière et puis, pourquoi s'enfuiraient-elles à l'approche des observateurs rwandais ? L'affirmation que depuis l'invasion, les rebelles n'avaient plus mis les pieds en Ouganda était du mensonge et de la pure propagande. Pas même le jour de l'enterrement du Général Major Rwigema ? Et que dire du capitaine Muvunanyambo du FPR, tué à Kahondo, en territoire ougandais ou du Lieutenant Colonel Adam Wasswa et sa suite qui ont trouvé la mort dans un accident de roulage à Lukaya dans le district de Masaka à une quarantaine de kilomètres à peine de Kampala ? Comment utilisaient-ils leurs comptes bancaires à Kampala ? Ce ne sont là que quelques exemples difficilement réfutables, parce que la presse ougandaise, habituellement favorable au FPR, a fini par les reconnaître.

Si le Président Museveni a reconnu que les rebelles s'approvisionnaient en toute impunité en vivres en Ouganda, comment savait-il que les vivres ne cachaient pas d'autres articles puisque les services de sécurité ougandais ne fouillaient jamais les chargements du FPR, même en douane ? C'était même un tabou d'en faire cas. Quant à répéter que les armes utilisées par les attaquants avaient été « volées », c'est encore une fois une explication qui ne tient pas debout. En effet, le 01/10/1990 jusqu'à 11h30 du matin, des convois de ces « voleurs » étaient toujours sur le sol ougandais. Puisque selon la version officielle, certains équipements ont été « volés » dans la nuit du 30 septembre dans des camps militaires, y compris celui de Mbarara, si l'armée ougandaise avait poursuivi ces voleurs, elle en aurait attrapé pas mal ! De surcroît, dans un pays où les commissions d'enquête sont légion, on comprend mal qu'il n'y en ait pas eu pour déterminer les circonstances dans lesquelles tous ces gens avaient pu déserter l'armée et emporter avec eux quantités de matériel militaire, sans soulever la moindre suspicion.

Que Museveni se soit personnellement opposé à cette enquête ne laisse subsister aucun doute. Si l'Ouganda pouvait instituer une commission d'enquête après une simple défaite de l'équipe nationale de football dans les éliminatoires « Sénégal 1993 », comment ne pouvait-elle pas en instituer une à la suite de l'attaque d'un pays voisin « ami » par les déserteurs de sa propre armée ? La lettre de Museveni à Herman Cohen lève le voile sur le véritable état d'esprit qui caractérisait les relations entre le Rwanda et l'Ouganda. En effet, alors que le Président Museveni jouissait de tous les égards au Rwanda, dans sa lettre, il déclare que le gouvernement de Kigali est un gouvernement des Bahutu, qui ne mérite aucune considération de la part du NRM (de son régime).

Le 25 avril 1993, le colonel Kahinda Otafiire, chef du service de renseignements extérieurs ougandais qui avait également de solides liens d'amitié au Rwanda où il entretenait même des comptes en banque durant le maquis, vanta sans ambages le soutien de l'Ouganda au FPR. C'était à l'Université de Makerere, après une marche de souvenir en mémoire du leader noir sud-africain Chris Henni assassiné. Après avoir longuement parlé du FPR, il se demanda si ce n'était pas de son devoir international d'aider ses amis qui étaient en train de se battre pour la liberté. Pour lui, s'il combattait pour le peuple d'Afrique du sud (l'Ouganda formait des éléments des rebelles de l'ANC), il devait aussi lutter pour ceux qui étaient près de lui et qui souffraient autant.

Ses deux déclarations, montrent qu'aux yeux de l'Ouganda, le régime de Kigali était un régime hutu à abattre, et le FPR était un mouvement de libération au diapason des idéaux du régime du NRM. C'est ici le nœud de tout le problème.

En mai-juin 1994, le journal ougandais, The Monitor, a écrit avec raison que les réfutations du soutien ougandais au FPR ne trompaient personne, et que la question à se poser était plutôt de savoir si le soutien était suffisant pour accélérer la victoire du FPR.

L'autre argument contenu dans la lettre à Herman Cohen et qu'il importe d'écarter est celui ayant trait au manque d'informations préalables sur l'invasion. Il est malhonnête de dire que l'Ouganda avait des informations non confirmées (unconfirmed reports) sur l'existence de ce mouvement armé en Ouganda. Depuis l'avènement du NRM en 1986, l'activisme des réfugiés rwandais en Ouganda se faisait en public. La publication régulière du journal subversif « Inkotanyi » et plus tard *The Vanguard* était bien connue des services de sécurité ougandais. L'emblème sur la couverture de ce journal était composé entre autres d'un fusil, ce qui trahissait clairement les intentions des auteurs. Or, l'organisation responsable de cette publication n'était rien d'autre que le *Rwandese Refugees Welfare Foundation* (RRWF), une organisation ayant reçu la personnalité juridique sous le régime du NRM, sous prétexte que c'était une organisation culturelle. La culture du fusil?

Malgré les protestations du gouvernement rwandais, le RRWF organisait régulièrement des activités pour collecter de fonds nécessaires au financement de la guerre, avec l'accord des autorités ougandaises. La dernière exhibition de grande envergure eut lieu au stade de Lugogo à Kampala le 20 juin 1990 sous prétexte de la célébration de la journée des réfugiés sous les yeux de l'invité d'honneur qui était le Major Amanya Mushega, Ministre ougandais de l'éducation et membre du bureau politique du NRM. La femme du ministre Mushega est une réfugiée rwandaise, qui a été très active au sein du FPR. Puisque les organisations culturelles, tout comme les ONG doivent déposer leurs bilans au ministère de tutelle pour vérification, pourquoi l'Ouganda n'a-t-il jamais demandé au RRWF de justifier l'utilisation des fonds qu'il collectait? Du reste, pour montrer que le RRWF n'était rien d'autre que la partie visible du FPR, il n'y a qu'à constater que l'un des membres de son exécutif et cosignataire de leur compte bancaire au Nile Bank, Spear House Branch Kampala, Inyumba Aloysie, a été ministre dans le gouvernement du FPR et actuellement responsable de la Commission de réconciliation nationale. Avant même qu'elle n'entre dans le gouvernement, Inyumba Aloysie était bien active au sein du FPR puisqu'en juillet 1994, elle eût entre autres le privilège d'accueillir à Kampala une délégation italienne venue s'enquérir sur la faisabilité d'une participation de l'Italie à la MINUAR.

En Juin 1991, la diplomatie secrète n'ayant pas réussi à désengager l'Ouganda du conflit rwandais, le Rwanda se décida de déposer officiellement une plainte contre l'Ouganda, lors du sommet de l'OUA d'Abuja au Nigeria. Malgré la clarté de la plainte, l'OUA ne prit aucune disposition concrète excepté de demander au nouveau chairman, le Président Babangida, d'essayer de ramener les Présidents Habyarimana et Museveni à une même table pour résoudre diplomatiquement ce différend. Le Président Babangida n'organisera jamais cette rencontre. Quant à l'accusé, le Président Museveni, il se contenta de demander une copie de la plainte, avant d'ordonner le départ immédiat des observateurs rwandais. C'était tout à fait superflu puisque le Rwanda n'attendait qu'une excuse pour les retirer, ayant constaté que l'Ouganda faisait tout pour rendre leur tâche impossible.

A la suite de cette plainte, l'Ouganda intensifia son assistance militaire au FPR, il s'en faillit de peu que les deux pays n'entrassent en guerre ouverte. C'est à ce moment que l'ex-Premier ministre ougandais, Monsieur Cosmos Adyebo, déclara devant le NRC, qu'un « seul bataillon de l'armée ougandaise suffisait pour prendre Kigali ».

Depuis le début de l'attaque, les conseillers du Président Habyarimana étaient d'avis que le Rwanda devrait accuser officiellement l'Ouganda d'avoir envahi le Rwanda. Mais Habyarimana ne voulait pas le faire « pour ne pas effaroucher Museveni ». Car Museveni avait dit littéralement à un émissaire du Président rwandais : « Dis à Habyarimana que s'il tente de dire que c'est l'Ouganda qui attaque le Rwanda, alors je vais me mettre dans la danse. Je suis à même de mobiliser 100.000 hommes qui ne feraient du Rwanda qu'une bouchée. Ils prendraient Kigali, au plus, en une semaine ». Suite notamment à cette intimidation, la dénonciation de Museveni comme initiateur de la guerre qui ravageait le Rwanda vint tardivement.

Pour calmer les esprits, la France entreprit une médiation qui aboutit à la mise sur pied d'une mission chargée de faire un rapport sur la violation de la frontière rwando-ougandaise. La « Mission d'Observateurs Français » (MOF) effectua une descente sur le terrain du 26/11/1991 au 10/03/1992. Elle présenta son rapport à Paris le 20/06/1992. Etaient invités à la séance de présentation du rapport les Ministres des Affaires Etrangères du Rwanda et de l'Ouganda respectivement Boniface Ngulinzira et Paul Kawanga Semogerere ainsi que le représentant des Etats-Unis d'Amérique, Herman Cohen, Sous-Secrétaire d'Etat aux Affaires africaines. La France était représentée par le Directeur des Affaires africaines et malgaches au Quai d'Orsay, Paul Dijoud. A cette occasion, la responsabilité de l'Ouganda dans l'agression contre le Rwanda fut reconnue. Herman Cohen a entre autres déclaré, devant la Mission Française d'Information, que le Gouvernement des Etats-Unis d'Amérique était très affligé par la situation des malheurs dans lesquels la population rwandaise était plongée et a déploré les effets délétères de la guerre sur l'économie du Rwanda. Pour Herman Cohen, l'Ouganda avait une responsabilité dans la recherche de solution du conflit pour trois raisons : l'Ouganda était un pays voisin du Rwanda, la guerre se déroulait à sa frontière, les éléments faisant partie du FPR étaient issus de l'armée ougandaise comme l'avait reconnu le chef de l'Etat ougandais lui-même. Le Rwanda et l'Ouganda bénéficiaient tous les deux de l'aide américaine au développement, il n'était pas normal que ce dernier pays continue de mettre en péril le potentiel de développement et freiner la croissance économique du Rwanda en favorisant la guerre en toute impunité. Herman Cohen avait dit la même chose, dans des termes diplomatiques, le 17/04/1991 lors de la réunion des ambassadeurs américains accrédités dans la région des Grands Lacs, tenue à Bujumbura. Il avait condamné tout usage de la force pour régler les problèmes des réfugiés et avait demandé à tous les Gouvernements dans la région, de prévenir toute utilisation de leur territoire pour les actions militaires contre leurs voisins (Musabyimana, 1994).

Interprétant le rapport de ses compatriotes de la MOF, Paul Dijoud (Directeur des Affaires africaines et malgaches au ministère français des Affaires Etrangères de mars 1991 à août 1992) avait, au nom de son pays, exprimé clairement sa conviction que le ravitaillement en munitions nécessitait une logistique qui ne pouvait être assurée qu'en Ouganda, le passage par le Rwanda étant impossible compte tenu du contrôle serré des axes routiers et des zones de combat. De plus, avait-il poursuivi, la France restait convaincue et l'avait déclaré sans ambages, que les sites d'entraînement et les centres de soin pour les blessés ne pouvaient se situer qu'en Ouganda, la présence du FPR à l'époque étant insignifiante au Rwanda. Il a ajouté que pour la France certaines hauteurs (montagnes) de la frontière ougandaise surplombant le territoire rwandais étaient utilisées par le FPR pour pilonner la partie rwandaise frontalière avec l'Ouganda. La France, par la voix de Dijoud, avait demandé avec insistance à l'Ouganda de faire preuve d'une réelle volonté de contribuer efficacement à la recherche de moyens de faire comprendre au FPR qu'il devait cesser les hostilités et s'engager résolument dans la voie des négociations de paix et tirer le meilleur parti de l'ouverture politique du Gouvernement de transition.

Les deux pays occidentaux avaient fait savoir à Museveni que la communauté internationale savait le degré de l'implication de l'Ouganda dans le conflit qui sévissait à la frontière rwando-ougandaise. Ils avaient insisté sur la responsabilité de l'Ouganda dans la recherche d'une solution au conflit. Ils avaient demandé à cette occasion à l'Ouganda d'exercer son influence sur le FPR pour qu'il s'engage dans les négociations et abandonne l'espoir d'une victoire militaire, laquelle ne contribuerait qu'à une déstabilisation du pays et de toute la région. Ils avaient dit vrai car aujourd'hui, le tandem Kagame-Museveni a semé la terreur dans toute la région et la guerre qu'ils mènent en République Démocratique du Congo est devenue presque interafricaine avec l'intervention du Zimbabwé, de la Namibie et de l'Angola venus à la rescousse de la RDC.

Mais comment la position des USA, réconciliatrice au début, a-t-elle basculée en faveur du FPR, lui permettant de continuer la guerre et prendre le pouvoir par la force. La réponse est donnée par Helmut Strizek (Dialogue n°194, Novembre-Décembre 1996):

> A Washington, Herman Cohen (...) a pu freiner pendant un certain temps les pro-musevenistes. C'est seulement son successeur sous Clinton qui a dû laisser la priorité au groupe des gens autour de John Deutch, d'abord secrétaire d'Etat au Pentagon (sic) et ensuite chef de la CIA. Contre une faible opposition de Madeleine Albright, ambassadeur des Etats-Unis auprès des Nations Unies, le groupe Deutch a réussi à tout faire pour que le Conseil de sécurité n'empêche pas la victoire du FPR.

Quant à la France, sous un régime de cohabitation, elle ne pouvait pas, elle aussi faire grand chose car le groupe Balladur-Léotard a agi « pour neutraliser le souhait de Mitterand de freiner le FPR. Le Chef de l'Etat français était en faveur d'un armistice » (Helmut Strizek, op.cit., p.10).

L'aide que l'Ouganda a donné au FPR a été ainsi rendue possible grâce notamment au silence complaisant des Américains à l'égard de Museveni. Le contrat entre l'Ouganda et les USA était clair : « *Let the SPLA get its military assistance without interruption, we also let RPF get its military assistance without interruption* ». (The Exposure n°59, august 1994). Pour lutter contre l'intégrisme musulman, les armes étaient ainsi acheminées par le territoire ougandais à destination du Sud-Soudan occupé par John Garang.

Les bailleurs de fonds de l'Ouganda commencèrent à s'impatienter et le lui firent savoir entre autres lors de la réunion du club de Paris sur l'Ouganda fin 1991. Depuis, la machine diplomatique et médiatique ougandaise se mit en marche pour renverser la vapeur. Les lobbies du Président Museveni en Amérique et en Europe (surtout la Grande Bretagne) se mirent à pied d'œuvre et dès le début de l'année 1992, les rebelles du FPR avaient une certaine légitimité internationale ainsi le soutien du Président Museveni à ces derniers pouvait être toléré.

La campagne médiatique du Président Museveni reçut un soutien inattendu, lorsqu'une partie de l'opposition interne rwandaise, à peine légalisée, soucieuse d'affaiblir l'image du Président Habyarimana et de son régime, déclara que la guerre était un problème entre Rwandais, et que l'ingérence de Museveni n'était qu'un alibi de l'ancien régime du parti unique pour justifier son incompétence. Fort de ces révolutions sur la scène politique rwandaise, Museveni put tranquillement organiser et appuyer une action militaire des rebelles qui leur permit d'occuper définitivement une partie de la commune Muvumba et plus tard toute la région frontalière de la préfecture de Byumba.

C'est dans ce nouveau climat bien défavorable au Rwanda que s'ouvrirent les négociations d'Arusha en Tanzanie en juin 1992. La délégation ougandaise, forte de ses succès diplomatiques, put ainsi faire écho, tout au long des négociations, des revendications du FPR. Maintenant que la diplomatie rwandaise était en complet désarroi suite au bras de fer entre la Présidence d'une part, la Primature et le Ministère des Affaires Etrangères d'autre part, Museveni put se tirer aisément d'embarras. Il parviendra de surcroît à convaincre une partie de l'opinion publique internationale, que c'était l'Ouganda qui faisait les frais d'une agression rwandaise. De l'agresseur qu'il était, l'Ouganda passa au statut d'agressé en partie à cause de la désintégration de la diplomatie rwandaise. Ainsi, à tour de rôle, le Parlement européen et l'Assemblée Paritaire CEE-ACP, finirent même par approuver des plans de reconstruction en faveur de l'Ouganda « victime d'une agression rwandaise ».

L'Assemblée Paritaire CEE-ACP tenue en 1991 à Kampala en Ouganda s'était saisie indirectement de la question sur la situation au Rwanda. Les tentatives de voter une résolution sur le Rwanda n'aboutirent pas. A la réunion suivante tenue à Saint-Domingue en République Domicaine en 1992, une résolution fut adoptée sur le Rwanda demandant entre autres à l'assemblée Paritaire CEE-ACP d'accepter l'invitation de l'Ouganda en vue d'établir le bien fondé des allégations formulées à son encontre par le gouvernement rwandais selon lesquelles ce pays appuie le FPR. La délégation visita l'Ouganda du 12 au 22/09/1992 et son rapport intitulé : « Conséquence pour l'Ouganda de la situation de la guerre existant au Rwanda » fut présenté à l'assemblée CEE-ACP tenue du 29 mars au 02 avril 1993. Suite à ce rapport, une résolution condamnant le Rwanda fut adoptée sous le n°849/93. Elle stipule entre autres que l'Assemblée Paritaire :

> Prend acte du fait que selon toutes les informations recueillies et toutes les constations faites sur le terrain par la délégation, le Gouvernement de l'Ouganda n'est pas impliqué dans le conflit qui oppose le FPR et le Gouvernement du Rwanda; que depuis octobre 1990, les troupes du FPR agissent à partir du territoire rwandais, sans possibilité de repli en Ouganda ni d'approvisionnement à partir de l'Ouganda.

En moins de trois ans, les rôles avaient donc été inversés. Comment dès lors ne pas comprendre la frustration du Rwanda agressé en plein jour et auquel on demandait d'indemniser l'agresseur ? La victoire militaire du FPR doit donc être vue comme une victoire diplomatique de Museveni et de ses amis. Ce n'est pas un hasard qu'en moins de trois semaines après la prise de Kigali en juillet 1994, le ministre britannique du développement d'outre-mer, Lynda Chalker, dont on dit qu'elle est le principal soutien extérieur et intime du Président Museveni, profitant d'une visite en Ouganda, fit un crochet discret à Byumba au Rwanda pour donner un soutien moral aux nouveaux maîtres du pays. Elle fut le tout premier ministre britannique à fouler le sol rwandais depuis l'indépendance. Ceux qui voient dans la crise rwandaise une volonté d'étendre la zone anglophone ont peut-être raison !

Dès la prise de Kigali en juillet 1994, ce que les Rwandais avaient clamé tout haut sur les toits depuis octobre 1990 et que la communauté internationale avait toujours banalisé à savoir l'élément ougandais dans la guerre, a éclaté au grand jour. En effet, le Premier ministre ougandais George Cosmas Adyebo fut la seule et plus haute autorité étrangère à participer à la cérémonie de prestation de serment du nouveau gouvernement. Il était accompagné pour la circonstance par le ministre d'état à la défense Amama Mbabazi et le vice-ministre aux affaires étrangères Didi Agard. Par la composition de cette délégation de haut rang, des observateurs ont vu la preuve que ce gouvernement du FPR était en quelque sorte « installé » par l'Ouganda. A ce sujet, le journal ougandais *The Shariat* du 20 août 1994, dans un article intitulé : « *Genocide in Rwanda : Museveni should be charged* », va loin et dit :

> *In a way, this was testimony that the RPF government was 'installed' by Uganda. It is a violation of international law for one country or government to interfere in the affairs of another country without the authorization of the United Nations Security Council. It is on this basis that the United Nations must investigate what role dictator Museveni has played in Rwanda that might have directly or indirectly provoked and or incited the genocide.*

Dans son discours de circonstance, le Premier Ministre ougandais déclara que l'Ouganda n'avait d'excuses à présenter à personne, allusion claire au rôle de son pays dans la guerre. Aussi dans le même temps des commerçants ougandais, que la guerre a habitués aux pillages, ont littéralement pris d'assaut le quartier résidentiel et les magasins à Kigali. Pratiquement tous les ougandais qui avaient fait le moindre geste de soutien au FPR durant la guerre ont eu droit au libre pillage. Ils ont occupé les meilleures maisons de la capitale et certains ne les ont libérées qu'après plus de 5 ans suite à la pression de la communauté internationale sur le pouvoir du FPR. L'anglais a pris la place du français, langue officielle du Rwanda et une ligne directe d'autobus assure la liaison Kampala-Kigali pour faciliter ce fait accompli ougandais sur le Rwanda.

Des Tutsi authentiquement ougandais ont profité de la prise de Kigali par le FPR pour venir réclamer leur part. C'est ainsi qu'un ancien diplomate ougandais à Bruxelles, Kayinamura a été nommé ambassadeur du Rwanda à Londres, qu'un ancien agent des services de renseignements militaires ougandais (jusqu'à la prise de Kigali), Jacques Nkurunziza alias Jackson Nziza, a été nommé en 1994, Chargé d'affaires du Rwanda au Kenya, et qu'un autre ancien haut fonctionnaire ougandais au secrétariat de la CEE-ACP à Bruxelles, Kabanda est au cabinet du nouveau président du Rwanda.

Quand on sait que tous les membres du haut commandement de la nouvelle armée dite rwandaise sont des anciens membres de l'armée ougandaise, on a de la peine à distinguer Kigali d'aujourd'hui d'un faubourg de Kampala. Il est vrai qu'il y eut aussi un afflux de personnes en provenance du Burundi, et qu'elles sont même, de l'avis de tous, les plus impitoyables.

Une politique réussie d'infiltration

Dès avant l'invasion, le FPR profita de la déliquescence du régime Habyarimana et mit à contribution ses adeptes à l'intérieur du pays. Ces derniers se sont infiltrés pratiquement dans tous les rouages de la politique, de l'administration, de la finance et de l'économie. Ils se sont livrés à des magouilles de toutes sortes, souvent grâce à la corruption et à leurs relations avec les plus hautes autorités civiles et militaires. Avec l'avènement du multipartisme, les dirigeants des partis politiques et leurs milices furent manipulés. Bref aucun secteur de la vie nationale n'a été épargné par cette politique de sape menée de main de maître.

L'entourage de Habyarimana

L'entourage immédiat, familial et professionnel du Président Habyarimana est connu dans la littérature récente sur le Rwanda sous le terme d'*akazu*. Il fut accusé, à tort ou à raison, de tous les maux.

Juvénal Habyarimana avait trois frères. L'aîné de la famille s'appelait Nzabakirana. Il était policier communal en retraite puis conseiller communal. Le petit frère de Habyarimana est Séraphin Barararengana. Il est docteur en médecine. Il exerçait sa profession à l'hôpital universitaire de Butare. Le cadet de la famille était Télésphore Uwayezu. Il était chauffeur de sa camionnette. Il est mort dans un accident de circulation routière. Habyarimana avait également deux sœurs. Elles étaient toutes deux religieuses. Personne parmi les membres de la famille Habyarimana n'a exercé une fonction politique. Ils menaient une vie simple.

Quant à ses « beaux-frères », Protais Zigiranyirazo fut Préfet de Ruhengeri jusqu'en 1989 ; Elie Sagatwa était Secrétaire particulier du Président Juvénal Habyarimana et Séraphin Rwabukumba, ex-cadre de la Banque Nationale du Rwanda reconverti dans les affaires. Ils n'étaient pas en charge des renseignements et de la sûreté comme l'écrit B. Lugan (1997, p. 449). De même, il est inexact de dire qu'il n'y aurait aucun lien familial entre le Colonel Sagatwa et Madame Habyarimana (Prunier, Assemblée Nationale française, 1998, p. 201). Dans la tradition africaine, le terme frère est large. En réalité, Zigiranyirazo Protais est le véritable frère d'Agathe Kanziga. Quant aux deux autres, ils sont des cousins germains d'Agathe Kanziga (Kajeguhakwa, 2001). En effet, Magera, le père d'Agathe Kanziga , et Semapfa, le père d'Elie Sagatwa et de Séraphin Rwabukumba, sont des frères.

Toujours au sujet de l'Akazu, la journaliste Colette Braeckman (1994, p.170), avance que le Colonel Bagosora serait un cousin de Juvénal Habyarimana et de son épouse. Si Habyarimana et son épouse sont de clans différents, comment quelqu'un peut-il être à la fois cousin des deux ? Pour cette journaliste, même le capitaine Simbikangwa serait un frère de l'épouse de Habyarimana et il aurait été responsable du redoutable service de renseignements (p.105). La vérité est qu'il était un simple fonctionnaire au sein de ce service où il a certes travaillé après son éviction de l'armée pour invalidité.

Le mot *akazu* a plusieurs acceptions. Il est le diminutif de *inzu* « maison ». Dans ce cas, sa signification serait « la maisonnette » comme bon nombre d'auteurs l'ont traduit. Ce terme fait aussi référence à un ensemble de personnes apparentées atteintes de maladies endémiques et congénitales qui sévissaient dans l'ancien Rwanda, dont la peste. Il évoque l'idée de mise en quarantaine. On parle par exemple de *akazu k'ibinyoro* « lignée des gens atteints de pian ». C'est dans ce sens que les partis politiques d'opposition qualifiaient, d'une façon insultante, tout l'entourage du Président Habyarimana.

A y voir de très près, l'on se rend compte que l'*Akazu* comprenait également une sorte de constellation placée par le FPR autour de Juvénal Habyarimana. Elle était tellement puissante que ses affaires ne pouvaient souffrir d'aucune entrave, d'où qu'elle vienne. Elle était prépondérante notamment dans la vie économique et financière, ce qui a permis au FPR de récolter une information de premier ordre et de se faire beaucoup d'argent pour le financement de la guerre.

Les membres de ce cercle étaient nombreux. L'on y trouvait à l'avant-plan les hommes d'affaires comme Valens Kajeguhakwa, Majyambere Silas, Katabarwa André et leurs ramifications. Disons un mot sur les figures les plus marquantes de ce groupe.

Enseignant au Groupe Scolaire de Byumba puis au Collège Inyemeramihigo de Gisenyi, Kajeguhakwa Valens est de la région du Bugoyi, dans les faubourgs de la ville de Gisenyi qui fait frontière avec la ville congolaise de Goma. Sa famille est partagée entre le Rwanda et l'ex-Zaïre. Son frère Makala Lugugula était par exemple zaïrois et haut cadre de la Gécamines avant de venir gérer l'immense fortune de son frère au Rwanda. En effet lorsqu'en 1976, la société Texaco voulut vendre ses stations d'essence et quitter le Rwanda, Birara Jean Berchmans, Gouverneur de la Banque Nationale du Rwanda, donna un coup de pouce à un « enfant de chez lui », Valens Kajeguhakwa, pour son acquisition. Celui-ci abandonna l'enseignement et se reconvertit dans les affaires. Sa société, « Entreprise Rwandaise des Pétroles » (ERP) avait le quasi-monopole dans la fourniture des produits pétroliers sur tout le territoire national. Ses grands marchés étaient l'armée et la police. Il tissa ainsi des relations privilégiées avec des officiers supérieurs, dont ceux de l'entourage immédiat du Président Habyarimana. Kajeguhakwa (2001) n'affirme-t-il pas lui-même aujourd'hui « que ses relations étroites avec la famille du Président Habyarimana lui ont permis de placer ses protégés, comme domestiques au palais présidentiel, qui ont continué à lui rapporter les faits et gestes de l'Akazu tout au long de la guerre ».

Milliardaire, Valens Kajeguhakwa pratiqua le trafic d'influence et se rendit pratiquement intouchable. Ses relations avec les hautes autorités civiles et militaires, développées au cours des années, lui permirent de faire la pluie et le beau temps. Dans les affaires, il a fait des victimes innocentes parmi des fonctionnaires zélés et même parmi ses collègues rwandais et étrangers. L'exemple suivant est illustratif à ce sujet.

Un certain P., de nationalité française, m'a raconté une histoire à faire dormir debout.

P. était un ancien haut cadre de la société française COLAS. Après des travaux de la route Butare-Cyangugu, COLAS déménagea mais P. resta au Rwanda. Il cohabita avec Jeanne, une proche de Kajeguhakwa. Ils avaient ensemble un enfant. P. se lança dans les affaires. Il fonda une société de services. Après les démêlés de la société SPIE-BATIGNOLLES avec le Gouvernement Rwandais au sujet de la construction de la route Kigali-Butare, COLAS gagna ce marché et prit la relève. Elle devait acheminer son matériel de l'Europe jusqu'à Kigali. Le marché était juteux. Il fut accordé à P.

Kajeguhakwa, qui suivait tout grâce peut-être à Jeanne, demanda à P. de lui donner une part de ce marché. Celui-ci fut hésitant mais Kajeguhakwa devint menaçant. P. lui donna le transport du matériel sur le tronçon Mombasa-Kigali. L'autre refusa estimant que ça ne peut pas lui rapporter beaucoup. Il voulait le transport sur le tronçon Anvers-Mombasa. P. ne céda pas et Kajeguhakwa le menaça de le faire expulser du pays. Une semaine plus tard, P. était déclaré persona non grata sur le territoire rwandais.

Pour occuper le terrain, Kajeguhakwa diversifia ses activités. Il mit sur pied une société des services, la SODEVI. Il créa également la CORWACO, une société qui s'occupait du transport international. Pour un pays comme le Rwanda situé à plus de 1500 km de la mer et qui ne vivait presque que de l'importation, le marché était très rentable. Mais pour être sûr d'accaparer tout le marché, il commença par détruire la Société des Transports Internationaux du Rwanda, la STIR, société paraétatique, seule dans le domaine. La tâche était facile. D'abord sa protégée, Séraphine était secrétaire à la STIR. Pire encore, la STIR faisait faire ses audits par une société étrangère qui envoyait un réviseur d'entreprise, Ndinda Mahina, pour ce travail. Ce tutsi congolais connaissait les points forts et les points faibles de la société. Après 6 mois d'audit de la STIR, Kajeguhakwa le nomma Directeur Général de la CORWACO. La STIR protesta contre « cette concurrence déloyale », mais sans succès. Bon nombre de clients de la STIR se ruèrent vers la CORWACO. Des camions se bousculaient à sa porte. Kajeguhakwa avait bien préparé son coup car avant de quitter le Rwanda en septembre 1990, il avait déclaré la faillite de la CORWACO au grand dam des propriétaires des camions.

Kajeguhakwa ne payait pas non plus régulièrement ses impôts. C'est à la naissance de la « Société Rwandaise des Pétroles » (PETRORWANDA), société parapublique et concurrente de l'ERP, que l'affaire fut ébruitée. En effet, le nouveau ministre des finances n'était autre que l'ancien patron de PETRORWANDA. Il connaissait toutes les malversations dont se rendait coupable Kajeguhakwa pour ne pas payer de taxes sur les produits pétroliers importés. Le ministre profita d'une nouvelle génération d'agents du fisc formés notamment à l'Institut Supérieur des Finances Publiques nouvellement créé à Kigali pour recouvrer l'argent du Trésor Public. Kajeguhakwa fut sommé de payer plusieurs millions pour désintéresser l'Etat. Le ministre s'y brûla les doigts, fut limogé et emprisonné. Mais les jeunes cadres du fisc ne reculaient devant rien. Le dossier suivit son cours et le Tribunal ordonna la vente aux enchères de ses biens, ou plutôt de ce qu'il en restait. Le Président du Tribunal de Première Instance de Kigali, Jean Hategekimana, qui a prononcé la liquidation ainsi que le Président du Comité des Curateurs, Daniel Rwananiye, seront tués avec leurs familles, à leurs domiciles respectifs à Kigali par un commando entre le 07 et le 09 avril 1994. De fortes présomptions sur l'assassinat de ces cadres pèsent sur Kajeguhakwa (SOS Rwanda-Burundi, juin 1998).

Toujours dans le cadre de la préparation de la guerre, Kajeguhakwa de connivence avec le FPR, fonda le journal *Kanguka*. Il employait deux journalistes : Vincent Rwabukwisi et Hassan Ngeze. Celui-ci fut vite détaché et fonda le journal *Kangura* également avec les fonds du FPR. D'autres journaux furent fondés sur le même modèle comme nous le verrons au point traitant de l'infiltration des journaux. Kajeguhakwa envenima très vite la vie nationale par des articles de journaux et par des mises en scène de son propre assassinat. Il prit le large à la veille de l'attaque du FPR le 01 octobre 1990.

Dans une note qu'il a rendue publique après sa fuite (Kajeguhakwa, 1990), il révèle que Juvénal Habyarimana et son beau-frère Séraphin Rwabukumba lui devaient huit cent millions de franc rwandais (+/-8 millions de dollars américains) qu'il leur avait prêtés entre 1979 et 1980. Malgré ce « crédit douteux », ses affaires n'ont pas souffert, au contraire ! En effet, sûr de cette protection, il avait cessé de payer des impôts depuis des années et n'honorait plus ses engagements envers les banques. Milliardaire, il a, presque à lui seul, financé la plus grande partie de la guerre du FPR du moins à ses débuts. Cet argent, il l'avait placé à l'extérieur. Ses transferts illicites de devises, il les justifie dans la même note :

> Les Tutsi et autres personnes persécutées et marginalisées au Rwanda peuvent raisonnablement se livrer à de telles opérations. En effet :- ils sont toujours menacés de perdre leurs vies ou leurs biens du fait de leur ethnie ou de leur appartenance régionale ; - parce que leurs proches, souvent démunis, vivent exilés à l'étranger et attendent d'eux leur concours matériel.

Cet effort de guerre a été récompensé. Après la victoire du FPR en juillet 1994, son poulain, Pasteur Bizimungu, a été nommé Président de la République, tandis que Valens Kajeguhakwa a été nommé Préfet d'Umutara puis Député du FPR. Mentor du « Président de la République » et grand financier de « l'homme fort de Kigali », Kajeguhakwa put encore se faire plus d'argent. Comme butin de guerre, il avait non seulement récupéré tous ses biens vendus aux enchères mais également, il était à la tête de plusieurs sociétés, couvrant les domaines de la banque et de l'immobilier. Il a, en outre, squatté l'hôtel PALM BEACH, à Gisenyi, appartenant au commerçant André Singaye. Celui-ci avait essayé de s'installer à Gisenyi après la prise du pouvoir par le FPR. Il a été, selon le Centre de Lutte contre l'Impunité et l'Injustice au Rwanda (CLIIR), « menacé par des éléments de l'armée obéissant probablement aux ordres de ceux qui souhaitaient lui spolier ses biens ». Ces commandos l'ont poursuivi jusque dans son exil à Naïrobi où des menaces de mort pesaient sur lui. Le CLIIR note également que Valens Kajeguhakwa « ainsi que son beau-frère appelé Cyetu, furent les chefs des milices tutsi qui ont exterminé, avec l'aide de l'Armée Patriotique Rwandaise (APR), la population civile de Gisenyi, en particulier des communes Rubavu, Rwerere, Mutura (CLIIR, Communiqué n° 37/98 du 24 juin 1998, p. 2). Ce sont les fameux membres de l'« Oeil du peuple » organisation criminelle fondée par cet homme d'affaires en 1995 (Kajeguhakwa, 2001, pp. 303-306).

Kajeguhakwa n'a pas oublié son bienfaiteur Jean Berchmans Birara, qui a, lui aussi, milité pour le FPR et qui a été successivement ministre du Plan puis ministre du Plan et des Finances dans le gouvernement du FPR. Kajeguhakwa a également contribué à soigner l'image du FPR quand, après le bombardement des camps de réfugiés de l'ex-Zaïre, il a introduit, auprès de Kagame, Béatrice Sebatware, une Hutu rescapée de cette boucherie. Elle fut nommée Secrétaire d'Etat à l'Intérieur. Les médias faisant habituellement la propagande du FPR furent activés pour souligner la bonne volonté de réconciliation manifestée par l'homme fort de Kigali, par cette nomination. Béatrice Sebatware ne tardera pas à être déçue. Les crimes commis par l'armée du FPR la poussèrent à s'exiler.

Valens Kajeguhakwa n'a pas tardé à être en désaccord avec Paul Kagame. Ce premier avance qu'avec la publication de son livre en mars 2002, Kagame aurait pensé que cet événement était destiné à amorcer les préparatifs d'une campagne pour les présidentielles de l'an 2003 (Kajeguhakwa, août 2001). Kajeguhakwa a « contribué substantiellement à la lutte et à la victoire du FPR » (idem), comme il le dit lui-même. Kagame et sa clique ne devraient donc pas seuls profiter des retombées matérielles et financières de cette victoire. Voilà en filigrane l'une des raisons de cette rupture, laquelle a été renforcée depuis que des millions de dollars en provenance des zones occupées par l'APR en RDC n'atterrissent que dans des poches de quelques barons du FPR.

Chauffeur de profession, Majyambere Silas profita des relations de son père Buzana avec Magera, père d'Agathe Kanziga, pour s'insérer dans la famille Habyarimana.

Pour la petite histoire les deux hommes étaient des marchands ambulants et se rencontraient notamment au marché de Ruhango, région natale de Silas Majyambere. Magera descendait dans cette région pour y commercialiser notamment les feuilles de tabac du Bugoyi très célèbres pour ses bonnes qualités aromatiques. Signalons également que Magera fut représentant du parti UNAR dans la région de Gisenyi et qu'à ce titre, il fréquentait régulièrement cette région proche de Nyanza, bastion de ce parti.

Voilà donc Majyambere subitement devenu un homme d'affaires avec une richesse colossale. Il s'associa avec le Colonel Sagatwa dans la Société de Fabrication de Treillis (SOFAT). Grâce à ces relations, il était, lui aussi, un mauvais payeur d'impôts. Il avait des difficultés avec le fisc qui vendit aux enchères ses biens meubles et immeubles. Il devint un mécontent du régime Habyarimana. Le FPR le repéra et le recruta. Il fuit la veille du déclenchement de la guerre en octobre 1990. A Bruxelles, il fonda un parti, l'Union du Peuple Rwandais (UPR) et signa, avec le FPR, un pacte de collaboration, connu sous le nom de l'« Accord de Muvumba ». Malgré la dénonciation de cette collaboration par ses membres qui considéraient que l'UPR n'a jamais envisagé la lutte armée dans ses moyens comme le fait le FPR, et considéraient en conséquence l'accord comme nul et non avenu, Majyambere ira de l'avant. Tout au long de la guerre, il ne cessa d'être utilisé par le FPR en brandissant sa qualité de hutu et en s'en prenant particulièrement à Habyarimana et à ses proches.

Quand ses relations étaient encore bonnes avec le Colonel Sagatwa, Majyambere avait introduit un riche homme d'affaires dans l'entourage du Président Habyarimana, un certain Mutangana, réfugié venu du Burundi où il avait des sociétés prospères comme *Burundi Battries* (BB). Prétextant avoir des démêlés avec les plus hautes autorités burundaises, celui-ci vint se réinstaller au Rwanda. Il fit miroiter aux autorités des projets d'investissement dont celui de créer notamment une société de piles sèches comme celle qu'il avait au Burundi. A coup de facilités de crédits bancaires et d'exonérations fiscales prévues dans le Code des Investissements et grâce à ses relations, Mutangana mit sur pied la Société Rwandaise de Batteries (SRB). Mais il en tira un avantage certain car sa société fut installée dans les anciens bâtiments de la Société des Mines du Rwanda (SOMIRWA) à Gikondo qu'il a achetés à un prix intéressant avec toutes les annexes constituées notamment de villas des anciens cadres expatriés de la société. Cet achat fut réalisé après maintes tractations pour le moins irrégulières. Les bâtiments avaient été vendus à un certain Gashonga moyennant un crédit bancaire. Sur intervention des hautes autorités, les banques se ravisèrent. Gashonga ne pouvant pas payer, il fut pénalisé selon la loi en matière de ventes publiques. Mutangana fut désigné comme un acquéreur solvable et obtint ces bâtiments à un prix inférieur.

Pour mettre sur pied sa société de piles sèches de marque *Volta Super,* il a obtenu un crédit de 350.000.000 de francs rwandais (+/-3.500.000 USD),

> le plus gros crédit jamais octroyé par le Conseil d'administration de la Banque Rwandaise de Développement sous la deuxième République (Ndahayo, 2000, p. 107).

A la veille de l'assassinat du Président Habyarimana, Mutangana déménagea, avec toute sa famille, de Kigali à Bujumbura où il reprit ses affaires qui étaient toujours restées prospères. Il était tellement au courant du plan du FPR qu'il avait même pris soin de ramener son fils qui était dans une école secondaire à Nyagatare au Mutara, interrompant ainsi ses études.

Mutangana était non seulement une taupe du FPR soigneusement introduite dans l'entourage de Habyarimana, mais également, il a amassé des sommes colossales en un temps relativement court, par le biais du code des investissements qui octroyait des avantages financiers importants dans le cas d'espèce.

Une autre grande figure de cette mafia est André Katabarwa. Ingénieur de formation, il était un ami particulier du président Habyarimana qui le nomma plusieurs fois ministre avant de passer plusieurs années à la tête de la société de commercialisation d'Eau, de Gaz et d'Electricité (ELECTROGAZ). Il fut ''officiellement'' membre du FPR dès sa fondation, introduit par le Docteur Muderevu, tout en restant au MRND. Il était membre du Comité préfectoral de ce parti à Byumba jusqu'au 6 avril 1994.

Nommé ambassadeur du Rwanda en Italie, André Katabarwa déclara le vol des passeports nationaux rwandais en sa possession, sans qu'aucune porte du bâtiment de l'ambassade ne fut forcée. Revenu au pays vers fin 1993, il se reconvertit dans les affaires. Il fonda une société momentanée de construction avec Charles Shamukiga, chargée de construire entre autres les bureaux du siège du Programme National de Lutte contre le SIDA (PNLS), projet financé par le Grand-Duché du Luxembourg. Le marché lui fut accordé de gré à gré. Début janvier 1994, Katabarwa revint d'Europe avec des centaines de milliers de dollars dans son sac à main. Il voulait passer la douane sans rien déclarer mais par malheur la somme fut découverte et saisie. Grâce à ses « relations », l'argent lui fut rendu car il était destiné à la construction du bâtiment cité plus haut. Une façon de transfert de devises pour le moins suspect.

Le cas de K. se situe aussi dans ce cadre. Importateur et propriétaire d'une imprimerie et d'un magasin de papeterie, il s'était lié d'amitié avec le tout puissant Colonel Aloys Nsekalije alors Ministre de l'Enseignement Primaire et Secondaire. K. lui demanda d'importer, pour le compte du ministère, du matériel scolaire. Le marché fut conclu moyennant quelques ''arrangements''. Pourtant le ministère avait son imprimerie et avait la possibilité d'importer le matériel dont il avait besoin. Mais Nsekalije était l'un des hommes les plus forts du régime. Il faisait la pluie et le beau temps. Il donna ce marché à K.

L'exemple suivant montre les retombées financières de ce marché. Il s'agit du monopole sur l'importation des cahiers et des ardoises scolaires. K. en importait par des quantités colossales pour pouvoir satisfaire la demande de toutes les écoles primaires et secondaires du pays. Arrivés à Kigali, ces cahiers et ces ardoises étaient revendus à l'Imprimerie Scolaire qui en faisait la commercialisation. Cette vente était approuvée par le ministre qui était complice dans la surfacturation. Ainsi pour une ardoise rendue à Kigali par exemple pour 10 francs rwandais, elle était revendue à 16 francs à l'Imprimerie Scolaire. Les sommes gagnées étaient colossales quand on sait que les ardoises, les cahiers, les touches,…, étaient importés par centaines de millions. K. versait les dividendes au FPR.

Un autre homme d'affaires ayant fait sa fortune aux côtés de Aloys Nsekalije est Callixte Kalimwabo. La réforme scolaire de l'enseignement rwandais avait prévu de construire des ateliers scolaires dans tout le pays pour des enfants terminant l'école primaire. C'était une affaire de millions. Le marché fut accordé à Kalimwabo Callixte qui était un des grands financiers du FPR.

D'autres relations du genre existaient entre le Colonel Rwagafirita, alors chef d'Etat-Major de la Gendarmerie Nationale et l'homme d'affaires Assinapol Rwigara, propriétaire d'une usine de cigarettes. Il a fui en octobre 1990 quand le FPR a déclenché la guerre. Dans un écrit rendu public à Bujumbura, il a déclaré que le Colonel Rwagafirita lui devait plusieurs millions de francs. Pour quels motifs les lui avait-il prêtés ? Je laisse le lecteur deviner les en-dessous de cette « générosité ».

Le Chef d'Etat-Major de l'armée, Laurent Serubuga, n'avait pas échappé à ce réseau du FPR. Il était associé à Bertin Makuza dans la société de fabrication de matelas en mousse (*Rwanda-Foam*). Quand le FPR a attaqué en 1990, la société avait confié une mission à Serubuga à l'étranger. Ce voyage a failli être fatal pour un chef d'Etat-major dont le pays a été attaqué alors qu'il n'était pas au pays.

Un autre cas à signaler est celui de R., activiste du FPR. Il s'était lié d'amitié avec Gashumba, Directeur du Change à la Banque Nationale du Rwanda et proche parent du Président Habyarimana. Par ce truchement, R. alimenta ses comptes ouverts dans des banques européennes, notamment par le truchement des frais médicaux de son frère qui se faisait soigner en Europe. Ce transfert était une grande affaire quand on sait la pénurie des devises qui existait au Rwanda. Gashumba avait demandé à son ami (ils étaient associés dans le commerce des produits pétroliers) de lui ouvrir un compte bancaire en Europe équivalent à 20 millions de francs rwandais (plus ou moins 200.000 dollars). La guerre de 1994 reprendra avant que Gashumba ne prit possession de ce compte, R. lui ayant demandé d'attendre que les transactions se terminent. Il savait ce qui allait arriver. Gashumba, sûr de ses amitiés avec un grand financier du FPR, revint au Rwanda après la prise du pouvoir par le FPR. Après plusieurs mois de prison, on le fit disparaître, probablement pour l'empêcher à jamais de récupérer son argent. R. mène ses affaires à Kigali. Il s'est acheté une très jolie villa à Waterloo, un quartier huppé de Bruxelles où vivent sa femme et ses enfants.

Bref, l'*Akazu* définie comme « une mafia politico-financière », a servi entre autres au FPR à se constituer un trésor de guerre.

Parallèlement à ces réseaux politico-financiers, le FPR infiltra des brigades clandestines à l'intérieur du pays et organisa une sorte de terrorisme sur tout le territoire rwandais. Son action d'infiltration s'étendit également aux partis politiques et à leurs jeunesses ainsi que dans la presse locale et internationale.

Les brigades clandestines

Les premières brigades ont été constituées après la prise du pouvoir par Museveni en janvier 1986. Tout a commencé au Mutara (Byumba) dans la région frontalière avec l'Ouganda. Des attaques nocturnes étaient régulièrement commises par des personnes se présentant à la population comme des travailleurs saisonniers ou des marchands ambulants (Musabyimana, 1993, pp. 39-47). L'insécurité étant devenue grande dans cette région, le gouvernement rwandais dut y installer des détachements militaires pour le contrôle de la frontière.

Plus à l'intérieur du pays, une vraie organisation parallèle au pouvoir existant prit forme. A côté des structures administratives officielles des cellules, des secteurs, des communes et des préfectures, le FPR mit sur pied une autre organisation secrète où il était question de districts (*Intara*), de cellules (*Akagari*), une organisation qui a été reproduite aujourd'hui avec notamment le regroupement des communes.

Selon les révélations de Tito Rutaremara, un des dirigeants du FPR, la structure des brigades clandestines était formée de 36 cellules disséminées à l'intérieur du Rwanda depuis fin 1987. Leurs membres n'ont pas pu être débusqués par « les mouchards de la sûreté », a-t-il dit au journaliste François Misser (1995, p. 155), confirmant ainsi le caractère secret de l'organisation. En 1993, ces cellules clandestines s'élevaient à 146 dans la seule ville de Kigali (Philpot, 2003, p., 39). Pourquoi leurs membres devaient-ils opérer clandestinement s'ils n'avaient pas un agenda dangereux ? Rutaremara a confirmé encore une fois l'existence des brigades clandestines en mars 1996 à l'Hôtel Pamozi de Lusaka en Zambie dans une conférence qu'il a donnée pour sensibiliser les réfugiés hutu à rentrer. Le 02 mai 1997 lors d'une conférence-débat organisée à Bruxelles par le Parti du Travail Belge (PTB), Rutaremara est revenu sur le rôle joué par les brigades clandestines du FPR. Voici comment le rapporte Joseph Matata, un activiste des droits de l'Homme :

> Le chiffre de plus de 3.500 brigades clandestines du Front Patriotique Rwandais (FPR), dispersés sur tout le territoire rwandais a été cité le 2 mai 1997 par un membre très important du FPR, le Député au Parlement Rwandais Tite Rutaremara. (...). La création de cette sorte « d'armée secrète tutsi » constitue l'un des éléments qui ont rendu possible le génocide rwandais et qui ont exposé les tutsi à la vindicte des extrémistes hutu et à une mort certaine (CLIIR, 1999).

La plupart des membres des brigades clandestines recevaient régulièrement des entraînements militaires en Ouganda dans des structures de l'armée ougandaise. A titre illustratif : en août 1988, un certain Alfred Mbaraga fils d'un pasteur de Butare rejoignit le FPR en Ouganda pour des entraînements militaires. En octobre, ce fut le tour de Antoine Rwagishomwa de la commune Rukara dans la préfecture de Kibungo. Dans la même période, Jean Baptiste Kalinijabo et Bayingana, ex-officiers réformés des FAR ainsi que Ntakiyimana, ex-sous officier lui aussi chassé des FAR partirent faire des entraînements en Ouganda. Ils vivaient dans la ville de Kigali. François Uwimana, cadre de la Banque de Kigali à Ruhango (Gitarama) et Florent Kabagema agronome de la commune Tambwe (Gitarama) profitaient de leurs congés statutaires pour aller dans des entraînements militaires en Ouganda. En février 1990, ils désertèrent leur service et partirent définitivement rejoindre le FPR en Ouganda.

Des infiltrations dans des services clés de l'administration publique et parastatale furent également opérées. Deus Kagiraneza, haut fonctionnaire rwandais depuis 1980 dans la direction du Trésor, au Ministère des Finances, fut recruté au FPR en 1988. En mai 1991, il partit pour le FPR. Après la victoire du FPR, il fut nommé Préfet de Ruhengeri de juillet 1994 à novembre 1994, puis député du FPR. En avril 1999, il fut affecté à Kisangani, République Démocratique du Congo, dans le cadre de *Congo Desk*. Il finit par s'exiler en août 2000. Il avait le grade de lieutenant (Déclarations aux Assises de Bruxelles comme témoin dans le procès Ntezimana Vincent le 24/04/2001).

Alors que son père était un haut magistrat du pays, Gérard Ntashamaje a été recruté lui aussi, par le FPR, en 1988. Il était juriste de la société BRALIRWA (Brasserie et Limonaderie du Rwanda) qui alimentait, par des impôts qu'elle payait, une grande partie du budget rwandais. Ntashamaje a rejoint le FPR en octobre 1990. Il a actuellement le grade de Major et vient de s'exiler pour protester contre la violation des droits de l'homme par le clan Kagame. Ainsi par exemple, lors d'une conférence du Mouvement des Monarchistes Rwandais-Nation à Bruxelles le 18 mars 2001, le Major Ntashamaje, a expliqué comment il a été violemment pris à partie par le Général Kagame lui-même car il refusait de cautionner la condamnation du Major Ngirabatware (un Hutu des ex- FAR), sur base des fausses accusations. Ntashamaje était juge dans une juridiction militaire de l'APR.

L'Abbé Privat Rutazibwa, actuellement un des idéologues du FPR, a rejoint le FPR directement après que le Pape Jean Paul II l'ait ordonné prêtre, lors de sa visite au Rwanda en septembre 1990.

Certains de ces recrutements étaient opérés par Paul Kagame lui-même lors de ses nombreuses visites secrètes au Rwanda, « dans l'objectif d'y mener un jour une lutte armée » (Onana, 2001, pp. 23-24). Aussi s'est-il intéressé particulièrement au campus universitaire de Butare lors de ces missions. De même, d'autres éminents membres du FPR dont Patrick Mazimpaka, ont toujours visité le Rwanda dans le même objectif.

Avant le déclenchement de la guerre en octobre 1990, un réseau dense de brigades clandestines couvrait tout le pays (Kabagema, 2001, p. 32 ; p. 70) et des commandos bien entraînés revenaient dans leurs villages, certains avec des missions importantes dont celle de trouver de l'argent pour faire la guerre. Ils sensibilisaient leurs proches dans ce cadre. Ainsi en décembre 1989, Dévota Mukamana, adepte du FPR, subtilisa plus de huit cents mille francs du Projet Agricole de Gitarama (PAG) dans lequel elle travaillait. Elle partit en Ouganda. En janvier 1990, Jean Marie Vianney Udahemuka, fonctionnaire du Ministère de l'Agriculture en disponibilité, fit irruption dans la Banque Commerciale du Rwanda (BCR) à Gitarama pistolet à la main. Il s'empara d'une grosse somme d'argent et parvint à s'enfuir après avoir blessé l'agent de sécurité. Il fut poursuivi par des militaires dont un fut victime de ses tirs. Son chargeur épuisé, il fut neutralisé. Une perquisition opérée à son domicile établit qu'il avait été dans des entraînements militaires en Ouganda entre octobre 1988 et mars 1989. Il avait encore chez lui une fiche médicale de l'armée ougandaise. Il fut également établi que le pistolet lui avait été donné par le FPR.

En mai 1990, un commando conduit par Mbanzendore alias Bidede tendit une embuscade à l'Inspecteur scolaire de Mwendo à Kibuye et lui prit 800 mille francs destinés aux salaires des enseignants. Certaines de ces personnes furent appréhendées. Ils étaient dans le réseau du FPR.

En juin 1990, Artémon Rurangwa alors agent de la société EUROPCAR à Kigali, braqua un convoi de fonds de la Banque de Kigali et s'empara d'une bagatelle de plus de 42 millions de francs rwandais. L'attaque eut lieu à une vingtaine de kilomètres de la capitale et l'argent était destiné à la succursale de la Banque de Kigali à Butare. Rurangwa parvint à s'enfuir après ce forfait et rejoignit le FPR en Ouganda.

C'est parmi ces commandos que Kajeguhakwa choisit des miliciens à son service au début de 1990. Quelques-uns venaient de rentrer d'Ouganda après la victoire de Museveni en 1986. Kajeguhakwa acheta pour eux des armes à feu. Les guérilleros les firent traverser la frontière jusqu'à son domicile par pièces détachées. Ces miliciens étaient une trentaine, avec un code de discipline prévoyant des châtiments corporels et la prison. L'entraînement était journalier, le soir entre 19 et 21 heures. L'armement à la disposition de ces commandos se composait entre autres de 15 kalachnikov, 4 fal, 3 uzzi, des pistolets et une cinquantaine de grenades (Kajeguhakwa, 2001, pp. 256-257).

Quelques années auparavant, Kajeguhakwa avait créé à Kigali la société CORWACO dont l'objet principal était le transport international. Elle avait des bureaux sur tous les postes frontières des pays du corridor Mombasa (Kenya)-Naïrobi (Kenya)-Kampala (Ouganda)-Kigali (Rwanda)-Bujumbura (Burundi) et Dar-Es-Salaam (Tanzanie).

A Bujumbura, il y fonda l'équivalent de la CORWACO sous le nom de COBUCO avec le même objet et la même mission qu'il s'était fixée quand il est entré dans le monde des affaires, à savoir « préparer la réussite d'une cause dépassant le simple objectif de faire de l'argent ». Dans bon nombre de villes des pays ci-dessus, il y installa ses représentants. « Ce vaste réseau au cœur de l'Afrique orientale allait servir grandement dans les événements qui étaient en gestation et menaçaient de se produire plus tard », c'est-à-dire la guerre déclenchée en octobre 1990. Pour ce faire, Kajeguhakwa avait rencontré à Kampala, en 1987, les leaders du FPR dont Bayingana Peter. Cette rencontre ne pouvait être que celle de mise au point et de coordination des actions. Les informations glanées par ce réseau d'informateurs devaient être exploitées utilement par des spécialistes. Plus tard, soit le 30 mars 1990, Kajeguhakwa rencontra Paul Kagame à Frankfort en Allemagne.

Se considérant comme un « combattant infiltré dans la forteresse de l'ennemi » (Kajeguhakwa, 2001, p. 219), Kajeguhakwa avait organisé un service de renseignements dont les tentacules couvraient également tous les secteurs de la vie nationale rwandaise. Il le raconte triomphalement et à juste titre, car, grâce à ce système, le FPR a pu gagner la guerre. Kajeguhakwa (2001, p.201) écrit :

> J'avais veillé à disposer d'un réseau d'informateurs civils et militaires efficaces, dont un commandant employé à l'Etat-Major de l'armée. Il me faisait une analyse extraordinaire de la haute direction de l'armée et de la gendarmerie, ses programmes immédiats et lointains. Il me renseignait sur le comportement de ses supérieurs, leurs alliances, leurs querelles (…), l'impact politico-militaire de l'assistance militaire étrangère etc. Les civils me rapportaient l'état d'esprit des fonctionnaires, des étudiants, des commerçants, des événements importants dans les communes.

Ces informateurs étaient payés par les revenus de ses stations service, sur un budget séparé, arrêté au commencement de chaque exercice. Ils étaient placés à l'armée et à la gendarmerie, aux ministères, dans les principales entreprises publiques et privées, à la Banque nationale du Rwanda, dans les paroisses, aux marchés de Kigali, de Butare, de Ruhengeli (Kajeguhakwa, 2001, p. 202).

Dans le clergé rwandais, Kajeguhakwa chargea l'abbé Augustin Ntagara de la paroisse de Gisenyi de la mission « de recruter des partisans parmi ses confrères » (Kajeguhakwa, 2001, p. 218). Un budget lui fut alloué pour ses déplacements. Au bout de quelques mois, « il avait des candidats dans tous les diocèses » (Kajeguhakwa, 2001, p. 218) à l'exception de Cyangugu qu'il n'avait pas pu encore visiter.

Les commandos préparés furent très actifs après le 6 avril 1994 quand le FPR reprit la guerre après l'assassinat du Président Habyarimana. Des jeunes revenus des entraînements en Ouganda et éparpillés dans les villages furent mis en branle. Ils préparèrent le terrain à l'avancée du FPR. Signalons quelques cas : en avril 1994, dans la commune Runda, préfecture de Gitarama, les commandos du FPR infiltrés ont attaqué les policiers communaux. Ils finirent par être maîtrisés par les forces de l'ordre (Nyetera, 1998). Des fouilles faites dans les habitations des concernés ont permis de saisir des listes des personnes à liquider avec en bonne place, le Bourgmestre, les conseillers et les fonctionnaires de la commune. Dans la même période, des gendarmes envoyés à Cyahinda pour la sécurité de la population ont essuyé des tirs d'armes automatiques alors que la guerre n'avait pas encore atteint cette région (Solidaire-Rwanda, 1994, p.11). A l'hôpital psychiatrique de Ndera, des infiltrés du FPR prirent les malades en otage. De la salle d'hospitalisation, ils tiraient à travers des fenêtres et se recouchaient parmi les malades. Ils ont tué un gendarme. Toujours en avril 1994, des armes ont été saisies à l'évêché de Kibungo. Le procès verbal fait à cette occasion est plus parlant (voir annexe 5). L'ONG *African Rights*, basée à Londres, qui défend bec et ongles le régime actuel de Kigali a révélé la présence des infiltrés du FPR à Rukumberi (Kibungo). Ceux-ci ont fait usage des armes à feu et des grenades (*African Rights*, 1994, p. 624).

L'organisation des brigades clandestines a été décrite d'une façon détaillée par l'Association « Solidaire–Rwanda » (1994). Celle-ci a eu accès aux documents saisis sur les commandos de certaines communes de la préfecture de Gitarama. Il ressort de ces archives que « chaque membre d'une brigade porte un nom panégyrique (*icyivugo*) qui le lie à son animateur ou cadre appelé *intore* en Kinyarwanda, terme emprunté à l'organisation guerrière des Banyiginya du Rwanda féodal et qui se rapporte aux jeunes tutsi qui étaient recrutés spécialement pour recevoir la formation des chefs guerriers ».

De même les structures administratives des brigades clandestines étaient calquées sur « l'organisation des armées royales, qui étaient levées, non pas en fonction d'une aire géographique donnée, mais constituaient des groupes identifiables à leur chef et portant un nom propre qui permettait de les identifier ».

« Solidaire-Rwanda » nous donne un exemple de cette organisation. La commune Ntongwe de la préfecture de Gitarama était divisée en six secteurs qui n'étaient pas des lieux géographiques mais correspondaient à des groupes des membres des brigades. Le secteur était lui-même divisé en sept cellules correspondant à de petits groupes de personnes (5 à 6 membres). Ce sont ce genre de groupes connus sous le nom de brigades. Celles-ci sont formées pour être des combattants. L'ex-Frère joséphite Fidèle Murekezi, alors Directeur d'une école secondaire à Kabgayi, est cité comme le coordinateur des brigades clandestines de Gitarama. Il est mentionné dans un bloc-note saisi chez lui que le FPR lui a envoyé des cadres pour l'aider dans l'encadrement dès la fin de l'année 1992.

Dans l'armée, l'infiltration des éléments du FPR a eu également lieu. Le lieutenant pilote Munyurangabo a été envoyé en mission en hélicoptère à Butare le 17 avril 1994, région dont il est originaire. Il prit sa mère, sa femme et son enfant et atterrit avec l'avion à Mulindi dans le fief du FPR. Cet acte ne pouvait en aucun cas être improvisé. Munyurangabo était sans aucun doute depuis longtemps en contact avec le FPR.

Un certain Kanamugire, un jeune du clan des *Bagogwe* élevé par le père de Bagosora Théoneste, a rejoint le FPR en 1990. Il était lieutenant dans les FAR. Aujourd'hui, il est capitaine de l'APR et officier à la DMI. Sother Abitonda, un militaire des FAR originaire de Kibuye, se trouvait déjà à Mubuga en avril 1994. Il relayait l'information de Radio Muhabura invitant les Tutsi à aller dans les galeries des montagnes de Bisesero.

Ce travail remarquable d'infiltration opéré par le FPR a été étendu aux partis politiques et aux médias.

Les partis politiques et les milices

Le FPR mit sur pied une stratégie d'infiltrer tous les partis politiques. Les leaders des partis qui voyaient loin et ne voulaient pas marcher, furent mystérieusement éliminés. Ainsi s'explique entre autres les évènements de mars 1992 au Bugesera et la mort de Félicien Gatabazi.

Selon Antoine Nyetera, les événements du Bugesera furent planifiés et provoqués par le FPR et le Parti Libéral, pour trouver une accusation solide contre le gouvernement Nsanzimana. L'implication de certains diplomates est également prouvée. En effet, Joyce Leader, Conseiller à l'ambassade des

Etats-Unis à Kigali et numéro deux de cette mission, se rendait très fréquemment au Bugesera où elle rencontrait clandestinement des Tutsi déplacés de leurs propriétés. Elle est parmi les personnes qui empêchaient les Tutsi de rentrer chez-eux sous prétexte qu'il n'y avait pas de sécurité. Toute la scène était montée entre autres par André Katabarwa, alors Ministre dans le gouvernement Nsanzimana (Nyetera, 2002).

Quant au Secrétaire Général du Parti Social Démocrate et Ministre des Travaux Publics et de l'énergie, Gatabazi Félicien, il fut assassiné à l'entrée de sa résidence le 21 février 1994. Sa mort fut l'objet de nombreuses spéculations. Dans une lettre du 20 mai 1997 adressée au Ministre rwandais de la Justice, l'ex-Procureur du Parquet de Kigali, François-Xavier Nsanzuwera désigne comme commanditaire de cet assassinat Alphonse Ntilivamunda, gendre du président Habyarimana et Emile Nyungura, ingénieur, ami et collaborateur du Ministre Gatabazi. Il implique également entre autres le Colonel Rutayisire, beau-frère de Gatabazi et le Général Ndindiliyimana. Toutes ces personnes ont démenti formellement les faits. Le Général Ndindiliyimana a assigné Nsanzuwera en justice pour ce qu'il considère comme une calomnie. Il a également réagi en adressant une lettre au Ministre de la Justice en date du 07 juillet 1997. Pierre Basabose, qui est accusé d'avoir dirigé le commando, a également réagi le 14 juillet 1997 et a précisé que Nsanzuwera lui doit une grosse somme d'argent, raison pour laquelle il ne voudrait pas le voir s'établir près de lui en Belgique.

Pourtant, une autre piste plus crédible existe et n'a jamais été exploitée : celle du FPR. En effet, Gatabazi avait commencé à prendre des distances vis-à-vis de ce Front. Il avait perçu ses intentions de prendre le pouvoir par la force. Il avait dénoncé cette attitude anti-démocratique et ce machiavélisme dans un des meetings du parti PSD à Butare ainsi que lors du discours d'inauguration de la ligne électrique haute tension Kabarondo (Kibungo). Il avait eu en outre des entretiens directs avec Habyarimana (Nshimiyimana, 1995, p. 92) sur la façon de mener à bien la transition. Il s'était toujours opposé à la proposition du FPR de former militairement les jeunes du PSD (*abakombozi*) pour faire le contre-poids des Forces Armées Rwandaises (Ndindiliyimana, 1997).

Par ailleurs, le scénario de son assassinat ne peut ignorer que le jour fatidique, il avait été en réunion toute la journée avec ses alliés politiques. La réunion se serait terminée sur un désaccord et Gatabazi aurait claqué la porte car il refusait un projet « criminel » qu'on voulait lui faire avaliser. Arrivé à la maison vers 21 heures, un coup de fil le prie de revenir à la réunion pour trouver un compromis. Il se décide enfin à y retourner et y arrive vers 21h30. Quinze minutes après, il retourne chez lui car le compromis était, semble-t-il, impossible. Il trouve les assassins à l'entrée de son enclos et fut fusillé avec son escorte. Les seules personnes qui connaissaient ses va-et-vient étaient celles qui avaient été en réunion avec lui.

Les amis de la famille Gatabazi ne cachent pas aujourd'hui qu'il leur avait confié ses inquiétudes que le FPR voulait le tuer. Mais il avait dit qu'il ne savait pas comment y échapper. Le jour de son enterrement, un membre du FPR drapé dans les couleurs du parti PSD est venu chez la famille Gatabazi. Il se mit à filtrer les entrées des personnes venues pour un dernier adieu à cet homme politique. Les gens qui n'étaient pas d'obédience politique proche du PSD étaient systématiquement refoulés. Il a fallu l'intervention des membres de la famille Gatabazi pour faire cesser cet excès de zèle qui cachait mal l'hypocrisie. Aujourd'hui, il est connu que Gatabazi Félicien a été tué par les escadrons de la mort de Paul Kagame « pour avoir refusé de soutenir tout complot contre le président Habyarimana » (Onana, 2001, p.52).

L'ancien Directeur de l'Office Rwandais d'Information (ORINFOR), Jean Marie Vianney Higiro, et qui était dans l'opposition au Président Habyarimana, donne un témoignage dans lequel le FPR est désigné comme l'assassin de Gatabazi. Cette information lui a été communiquée par un membre du comité exécutif du Parti Social Démocrate (PSD). La raison de cet assassinat est que Gatabazi « virait le parti vers le MRND ». Ce cadre du PSD avait d'« excellents rapports avec Patrick Mazimpaka, vice-Président du FPR ». Dans la semaine qui a précédé le 6 avril 1994, il a informé Higiro que la guerre était imminente et lui a dit que quelqu'un allait lui « téléphoner au moment opportun pour lui indiquer le lieu où il devait se rendre pour sa protection » (Higiro, 1999).

Comme pour se dédouaner, le FPR après avoir pris le pouvoir, a proposé à l'épouse de Gatabazi un poste d'ambassadeur à Rome. Celle-ci a décliné l'offre et a préféré se réfugier en Belgique. De même le beau-frère de l'intéressé aurait été sollicité pour faire partie de l'armée du FPR et aurait refusé. Le FPR était conscient qu'on touchait du doigt les indices pouvant l'impliquer dans cet assassinat. Après la prise de Kigali, il s'est précipité pour prendre le dossier de Gatabazi ainsi que ceux d'Emmanuel Gapyisi, de Martin Bucyana et du Colonel Mayuya assassiné en 1988. C'est ce qu'a confié à des amis l'ancien Ministre de la Justice, Alphonse-Marie Nkubito, lors de son dernier séjour à Bruxelles en décembre 1996 (Ndindiliyimana, 1997). Serait-ce cette confidence qui aurait filtré et entraîné sa mort mystérieuse ? L'énigme persiste.

La façon d'opérer dans l'assassinat de Gatabazi garde le sceau du FPR. Des tueurs embusqués attendent la victime devant son enclos. C'est pendant le laps de temps où la voiture s'arrête en attendant l'ouverture du portail que des tirs fusent vers la cible. De cette façon fut tué Emmanuel Gapyisi qui mettait dos à dos la dictature de Habyarimana et celle du FPR qui voulait prendre le pouvoir par les armes. Rappelons que le FPR avait essayé de recruter Gapyisi lors de son séjour à Naïrobi (il travaillait pour l'Organisation *Shelter Africa*) mais que celui-ci avait refusé parce qu'il considérait que la prise du pouvoir par les armes était anti-démocratique.

Justin Mugenzi, qui venait d'adhérer à la faction du PL non inféodée au FPR, fut mitraillé la nuit devant son enclos. Il a pu s'en tirer sans beaucoup de dégâts grâce à l'opiniâtreté de ses gardes du corps. La même méthode a été appliquée sur Silas Majyambere à Kampala après son divorce avec le FPR, mais il l'a échappé belle.

Le principe du FPR est simple. Où on est avec lui ou on est contre lui. Et dans ce dernier cas, il faut être puni par la mort ou la prison. Les cas cités ci-avant sont assez illustratifs de ce phénomène. L'on peut en ajouter d'autres, comme ceux des intellectuels rwandais qui avaient formé à Kigali, en 1993, un cercle de réflexion appelé « Forum Paix et Démocratie ». Son Président, Emmanuel Gapyisi, fut le premier à être assassiné. Un autre membre, Stanislas Mbonampeka, échappa à un attentat. Les assassinats à Nairobi de l'ancien ministre Seth Sendashonga et du Colonel Théoneste Lizinde, deux ex-membres du FPR ayant fui pour dénoncer les massacres des populations civiles par le FPR, sont éloquents à ce sujet. Mais le cas le plus parlant est celui de Frodouard Karamira. Homme d'affaires prospère, Karamira fut approché par le FPR dès sa fondation. Il l'attira dans une sorte de secte basée dans les faubourgs de Kampala, en Ouganda. Le phénomène était connu au Rwanda sous les noms de *Metreya* ou *Bambi-Baba* et autre *Selulanda-Nsulu y'obulamu* (*Selulanda,* puissance de la vie*).* Dans cette secte, on priait mais aussi on y parlait gros sous. On faisait des offrandes en monnaie bien réelle pour espérer en retour avoir des millions. C'était une rencontre pour faire le troc et le commerce des pierres précieuses sous le manteau. Karamira y attira d'autres hommes d'affaires rwandais dont le jeune entrepreneur Jean de Dieu Munyambabazi qui finit par y emmener sa femme. Il élira résidence en Ouganda. Mais sa femme voyant son mari hébété au fil des jours et appauvri, perçut le danger de cette secte. Elle se révolta et quitta son mari qui n'avait plus la force de se retirer. Karamira fut sauvé par le fait que son passeport lui avait été retiré momentanément pour des raisons de sécurité, la secte ayant été identifiée comme une des façons du FPR de chercher de l'argent pour l'effort de guerre. Mais il garda ses bonnes relations avec le FPR. En 1991, le multipartisme aidant, Karamira fut l'un des leaders du MDR. Il travailla pour le rapprochement de son parti et du FPR qui accepta de financer certaines activités de ce parti. Ainsi fut fondé une organisation secrète dénommée O.D.I, Organisation de Déstabilisation des Interahamwe. Les fonds donnés par le FPR étaient gérés par Karamira en personne (Gasana, 1998). Il prit la tangente, comme bon nombre d'autres leaders politiques alliés du FPR, quand celui-ci montra, souvent avec arrogance, son désir de prendre le pouvoir par la force. En 1994, Karamira a fui et s'est installé en Inde. Mais il en savait trop et le FPR usa des lobbies pour le faire arrêter et le faire extrader au Rwanda. Karamira sera fusillé pour génocide après un simulacre de procès.

Eugène Ndahayo (2000, p. 184) pense que c'est par Karamira que le FPR a introduit le terme de *Hutu Power* dont se sert aujourd'hui ce Front pour exclure les Hutu des rouages de la vie nationale. Effectivement des observateurs sont d'avis que le terme *Hutu Power* est une invention du FPR. Selon l'asbl « SOS Rwanda-Burundi » (mars 2000), le terme a vu le jour dans les années 1980 avec les *Tutsi International Power* (TIP). Son ancêtre est l'*Internationale tutsi*, née dans les années 1950 en vue de s'opposer aux revendications socio-politiques légitimes des populations hutu. Elle s'est consolidée et renforcée dans les années 1980 dans les préparatifs de l'attaque contre le Rwanda. Les lobbies du FPR ont par la suite camouflé le projet du "TIP" en créant et en médiatisant avec succès le mythe du *Hutu Power*.

Par contre ceux qui ont accepté d'être au service du FPR et de lui rester loyaux ont été récompensés. L'on peut citer le cas du ministre Augustin Iyamuremye. Ce médecin vétérinaire fut nommé à la tête des services de renseignements rwandais par le Premier Ministre Dismas Nsengiyaremye. Il était un des hauts cadres politiques du PSD. Alors que le FPR était soupçonné de la pose des mines anti-personnelles sur le territoire national, Iyamuremye voulait à tout prix prouver que ces actes criminels étaient le fait du MRND.

Lorsqu'un autobus a sauté sur une mine dans la préfecture de Cyangugu en 1992, Augustin Iyamuremye a envoyé un de ses adjoints, D.A., pour aller faire une enquête. Contre une forte somme d'argent, il avait la mission de prouver dans son rapport que les poseurs des mines étaient des militants du parti MRND. Mais il arriva un peu tard sur le terrain. La gendarmerie, avec l'aide des experts français, avait déjà appréhendé les suspects qui ont vite avoué qu'ils étaient des membres du FPR. L'envoyé d'Iyamuremye est rentré bredouille. A Nairobi où il était en exil, Iyamuremye l'avait mis en contact avec les agents de *l'External Service Organisation* (ESO), un service d'espionnage et de contre-espionnage du FPR. Celui-ci chargea D.A. d'identifier tous les réfugiés hutu au Kenya avec leur résidence pour une élimination éventuelle. Ses rapports furent par mégarde découverts et il rentra à Kigali car il était « grillé ». Iyamuremye a été gratifié de postes ministériels par le FPR. Il a été successivement ministre de l'Agriculture, de l'information et des Affaires étrangères. Curieusement, il est le gendre de Théodore Sindikubwabo, ancien Président du CND nommé Président de la République en remplacement de Juvénal Habyarimana. Le Service de Renseignements ayant pour mission d'informer le Gouvernement pour une bonne prise de décision sur la vie nationale, l'on voit que le système était complètement démonté par cette « taupe » du FPR à la tête d'un des services les plus sensibles du pays.

Eugène Ndahayo (2000, p. 137) ancien Directeur de cabinet au Ministère de l'information dans le gouvernement de Faustin Twagiramungu, en sait plus sur Augustin Iyamuremye. Il décrit son action à son retour des camps de l'ex-Zaïre :

> Pour se dédouaner dès son retour des camps du Zaïre, il a élaboré à l'intention de Kagame une note de 150 pages où il était question de concentrer tous les pouvoirs au sein de la présidence de la république et de retirer le bureau de renseignements civils (dont il avait pris la direction sous le gouvernement Nsengiyaremye et Uwilingiyimana) des services du Premier ministre tel que le prévoit l'Accord de paix d'Arusha. Inquiet de découvrir les notes qu'il faisait à son beau-père tout au long du génocide, il n'a cessé de défendre la destruction des camps du Zaïre au napalm...

Certains leaders politiques de l'opposition, conscients que l'Armée Rwandaise était solidaire de son Chef Suprême, le Président Habyarimana, avaient proposé que les combattants du FPR soient une armée de l'opposition démocratique. Des divergences étaient apparues car ce serait aller contre des principes même de la démocratie. Le FPR, qui ne voulait pas non plus inféoder son armée à qui que ce soit, saisit l'occasion au bond et proposa des formations militaires de courte durée aux jeunesses de certains partis politiques de l'opposition dont celles du PSD. Le FPR fut donc l'un des initiateurs de la création des milices à l'intérieur du pays. Le Ministre Gatabazi s'y était opposé fermement. Mais le Président du Parti, Frédéric Nzamurambaho, lui-même Ministre de l'agriculture, cautionna l'idée. Ainsi ce parti inaugura-t-il des rencontres sportives avec des jeunes maquisards du FPR. Les *Abakombozi* se rendaient à Mulindi pour des matches de football. Sur le contingent des footballeurs et supporters, une partie restait, pour une formation militaire.

Parallèlement, le FPR renforça la jeunesse *Inkuba* du MDR qui devait affronter, à longueur de journée et sur tout le territoire, la jeunesse *Interahamwe* du MRND, naguère la plus nombreuse et la plus organisée. Des deux côtés, le FPR tirait les ficelles. Les *Inkuba* renforcés par les subsides du FPR furent associés aux *Abakombozi* et à la « Jeunesse Libérale » (J.L) dont une partie était également acquise au FPR.

Les *Interahamwe* du MRND étaient truffés des membres du FPR. Précisons tout d'abord que le terme *interahamwe* ne signifie pas « ceux qui attaquent ensemble ». Le mot est composé du terme *intera* qui signifie « un pas », et de l'adverbe *hamwe* qui signifie : « ensemble, en un seul endroit ». *Interahamwe* signifie donc : « Un pas à réaliser ensemble ». L'appellation *Interahamwe* a été utilisée pour la première fois en 1962 dans un couplet de la chanson composée par Michel Habarurema de Gitarama, en louange au parti MDR, que celui-ci est soutenu par un ensemble de jeunes ayant le même idéal. Il est aussi important de rappeler ici que le parti Union Nationale Rwandaise (UNaR) avait choisi d'appeler ses membres *Abashyirahamwe* ! Même signification exacte que *Interahamwe*.

Réagissant à l'article de Jean Musy du journal suisse « L'objectif » du 13 au 26 février 1998 qui avait publié un article diffamatoire contre l'ancien ministre de la défense James Gasana, Nkiko Nsengimana (1998), un des leaders de la société civile rwandaise, écrit :

> des données fiables montrent que parmi les militants les plus virulents du parti CDR et des Interahamwe figuraient les éléments placés par le FPR, dont la mission était de provoquer des affrontements civils. Un parfait exemple est le responsable national des Interahamwe, Robert Kajuga, que le FPR avait infiltré au MRND.

Outre Robert Kajuga, mort à Kinshasa en 1995, son adjoint, Phénéas Ruhumuliza avait pris pour épouse une certaine Mary, fraîchement rentrée d'Ouganda où elle était membre active du

FPR. Dieudonné Niyitegeka était Trésorier national des *Interahamwe*. Il fut manipulé par le FPR qui le mit en contact avec les enquêteurs du TPIR. Ceux-ci l'exploitèrent pour des témoignages à charge. Pour des services rendus, il reçut un asile politique au Canada.

L'activiste des Droits de l'Homme, Monique Mujawamariya, dans sa visite effectuée au Rwanda en octobre 1994 de retour de son exil du Canada, a signalé, dans son rapport, qu'elle a vu des anciens *Interahamwe* que le FPR avait recrutés dans son armée après sa victoire en juillet 1994 (Mujawamariya, 1994, p.12). N'est-on pas en droit d'affirmer que ces nouvelles recrues étaient des membres du FPR infiltrés dans les *Interahamwe* ?

Dans son audition du 30 mai 1997 devant la Commission d'Enquête du Sénat belge sur le Rwanda (document COM-R, 1-64, p. 602), l'ex-premier ministre Faustin Twagiramungu, qui a introduit l'informateur « Jean Pierre » chez les autorités de la MINUAR, a déclaré : « On dit que Jean Pierre est un Tutsi membres des milices ». Or « Jean Pierre » est considéré comme un des leaders des *Interahamwe*.

Lors de mes enquêtes, j'ai pu recueillir un témoignage d'un ex-officier gendarme rwandais (entretien avec N.J. à Paris en octobre 2002). Celui-ci assurait la sécurité dans la ville de Kigali entre 1992 et 1993. Il a échappé à plusieurs reprises aux embuscades des *Interahamwe*. Ceux-ci voulaient le tuer car il sévissait contre leurs forfaits. Mais il est affirmatif, lui aussi, et avec force détails, qu'il y avait des membres du FPR au sein des *Interahamwe*.

Dans son témoignage devant le TPIR, Antoine Nyetera, rescapé du génocide, a montré que les *Interahamwe* étaient composés des Hutu et des Tutsi et a dévoilé qu'en 1994, certains d'entre eux tenaient les barrages la journée et regagnaient les rangs du FPR le soir venu (Nyetera, 2002). Cette présence des Hutu et des Tutsi sur des barrières en avril 1994 est par ailleurs corroborée par le rapport de Joseph Matata du Centre de Lutte contre l'Impunité et l'Injustice au Rwanda (CLIIR, mars 2001).

Les affrontements des jeunesses des partis politiques étaient souvent meurtriers. Ces jeunes se lançaient des grenades en plein soleil au centre de Kigali, la capitale. Des gens étaient molestés pour leur appartenance à tel ou tel parti. Par ce biais le FPR sema une insécurité généralisée dans la capitale et dans différentes communes du pays.

La désagrégation des partis d'opposition toucha également leur jeunesse qui se scinda en anti et pro-FPR. Cette scission a commencé après l'assassinat par l'armée burundaise à majorité tutsi du Président démocratiquement élu Melchior Ndadaye, et se confirma avec l'attaque du FPR de février 1993, qui fit de nombreux morts et poussa plus d'un million de personnes jusqu'aux portes de la capitale Kigali. Les gens les plus sceptiques sur les agissements criminels du FPR étaient cette fois-ci convaincus par des témoignages des déplacés. Ceux-ci quittaient chaque matin, en colonne, leurs camps de fortune de Nyacyonga (à dix kilomètres de Kigali) pour venir mendier dans la capitale. Des visages hâves, des habits en haillons (ceux des communes frontalières avec l'Ouganda vivaient dans cet état d'errance forcé depuis octobre 1990), bref leur état piteux donnait à penser à plus d'un. L'idée par exemple que la guerre ne concernait que les *Bakiga* (car elle a commencé dans les régions du Nord de Byumba et de Ruhengeri) disparut. Cette prise de conscience aura des effets catastrophiques en 1994, après l'assassinat du Président Habyarimana.

Le FPR, qui ne rate aucune occasion, profita de ce chaos pour former des brigades qu'il renvoyait ensuite sur les collines. Ainsi vers février-mars 1994, les FAR ont arrêté en commune de Nyarutovu en préfecture de Ruhengeri, des jeunes gens qui se sont révélés plus tard être des recrues du FPR. Celui-ci confirma en fait ces soupçons puisqu'il réclama immédiatement leur mise en liberté sous peine de suspendre toute négociation avec le côté gouvernemental. Il déclara que ces jeunes gens n'étaient que des cadres, des *mobilisers* dans leur jargon. Sur pression de la MINUAR, le chantage paya et le gouvernement les libéra sans inculpation.

Le 5 février 1994, un minibus Toyota BB.29.42, appartenant à Athanase Mutanguha, résidant à Kicukiro et conduit par Innocent Rurangangabo fut intercepté par les services de sécurité. Il transportait des jeunes gens qui ont reconnu qu'ils se rendaient à Mulindi pour des entraînements. Le jour suivant, un minibus CB.22.96, appartenant à Senzoga de Ruhango et loué par Ngirinshuti transportait 18 jeunes gens à Mulindi, dont deux filles. Le groupe a avoué se rendre aux entraînements dans la zone du FPR. Toujours en date du 6 février 1994, un minibus DB.07.27 conduit par Jean-Pierre Rukizangabo avec Hussein Banguka comme convoyeur et résidant à Kicukiro, fut arrêté. La destination était Mulindi, pour une formation militaire (Nyetera, 2002).

Quelques jours plus tard, des éléments de la MINUAR qui contrôlaient un barrage routier dans la vallée de la Nyabugogo à Kigali signalèrent aux FAR qu'un véhicule non autrement identifié venait de brûler leur signalisation et se dirigeait vers Byumba. Les éléments des FAR basés à Shyorongi interceptèrent des minibus en provenance de la zone du FPR avec à bord seulement les chauffeurs et les boys chauffeurs. Les minibus furent immobilisés en attendant de mener des enquêtes sur leur mission. Encore une fois, le FPR qui ne manquait aucune occasion pour faire du chantage sur le gouvernement, menaça de rompre les négociations si ces minibus n'étaient pas libérés sans « condition ». Il ne souffla aucun mot sur leur mission se contentant de dire que ce n'était pas un crime d'aller dans sa zone puisque « la guerre était terminée ». Le gouvernement ne résista pas longtemps aux pressions de la MINUAR et les libéra.

Le trafic entre le quartier général du FPR à Kigali et son quartier général de Mulindi était devenu incontrôlable. En effet, la MINUAR qui était censée faire ce contrôle ne faisait qu'escorter les convois sans en vérifier les passagers. Le FPR pouvait quitter Kigali avec des recrues, les déposer à Mulindi et revenir avec de vrais militaires renforcer son bataillon de Kigali. Ainsi, l'effectif du bataillon du FPR au CND à Kigali s'était « peu à peu accru au point d'être finalement multiplié par huit » (Twagiramungu, 1997). Encore une fois la MINUAR a failli à sa mission. Cela a été possible du fait que, une fois à Mulindi, la liberté de mouvement des Casques Bleus escortant le FPR était limitée, « de telle sorte que le camion ne pouvait être maintenu sous une surveillance permanente » (Marchal, 2001, p. 107).

C'est donc après cette volonté manifeste du FPR de reprendre la guerre et de prendre le pouvoir par la force que le Premier Ministre Dismas Nsengiyaremye, dans son discours à Kibuye le 21/03/1992, a envisagé l'idée de défense civile. Il avait accusé le FPR de duplicité et se demandait si les négociations devaient se poursuivre dans l'hypocrisie. Il avait menacé d'appeler sous les drapeaux un million de jeunes rwandais.

Les médias rwandais

Avant le développement spectaculaire de la presse avec le multipartisme, Kajeguhakwa et le FPR avaient fondé *Kanguka* (réveille-toi) avec Vincent Rwabukwisi et Hassan Ngeze comme journalistes. Avec l'apparition du multipartisme, ils ont créé *Kangura* (réveille-les) et en ont confié la rédaction à Hassan Ngeze. Ils ont donné à ce journal une orientation extrémiste.

Ce phénomène est souligné par l'ex-journaliste Paul Mbaraga de la « Deutsche Welle » à Cologne en Allemagne. Dans une lettre ouverte qu'il a adressée à Hassan Ngeze en mars 1998, il lui dit :

> Je suis personnellement convaincu que depuis votre collaboration au journal Kanguka que vous avez laissé par la suite à votre ami Rwabukwisi Vincent pour développer votre journal propre au nom de Kangura, vous n'avez servi tous les deux d'ailleurs qu'un seul maître : le Front Patriotique Rwandais (...). Vous vous êtes partagé les rôles. Kangura et Kanguka : deux slogans très proches tant dans leur signification que dans leur graphique. Comme des jumeaux complices et solidaires, Rwabukwisi devait défendre la cause de la minorité tutsi exclue du pouvoir (...) tandis que vous, vous deviez vous charger de la « majorité » hutu (...) non pour défendre ses intérêts comme vous le prétendiez (...), mais pour la diaboliser devant le monde en le présentant comme une tribu barbare, intolérant, dont le seul sens de la vie serait d'éliminer les tutsi de son entourage. Le ton a été donné par la publication des dix commandements que tout hutu devait observer. C'est bien le rôle que vous avez (...) et ce faisant, vous avez énormément servi les intérêts des promoteurs de la guerre au Rwanda. Quand vous étiez encore dans Kanguka, vous aviez le soutien financier reconnu de l'homme d'affaires et éminence grise du

Front Patriotique Rwandais, Valence Kajeguhakwa. Quand vous êtes passé à Kangura, le soutien financier s'est fait plus discrètement. Naturellement, vous aviez aussi l'apport financier des Hutu naïfs qui croyaient que vous étiez bien de leur côté.

Mbaraga donne des exemples notamment en s'étonnant de comment Ngeze a continué à recevoir des visas pour aller dans n'importe quel pays au moment où un embargo total avait été pris dans ce cadre pour les notables de l'ancien régime. Lors de l'attaque des camps des réfugiés, sa maman a été également protégée à Goma par les militaires du FPR, ajoute Paul Mbaraga.

Un autre observateur averti, Nkiko Nsengimana (1988), est d'avis que Hassan Ngeze et son journal étaient à la solde du FPR. Celui-ci lui avait donné le nom-code de « journaliste de deuxième ville ».

L'utilisation de *Kangura* par le FPR lui réussit. En effet, vu ses articles aux allures sectaires manifestes, ce journal fut perçu par des observateurs non avertis qu'il appartenait aux « extrémistes hutu ». Les penseurs du FPR ont bien joué car les articles qu'ils ont faits publier par le biais de *Kangura* sont aujourd'hui brandis comme preuve de la préparation du génocide. Pour l'opinion occidentale, une preuve écrite a une grande valeur. Ainsi les médias internationaux, même les plus sérieux, sont tombés dans le panneau.

Les fondateurs de *Kanguka* ont fait de ce journal une pépinière de futurs responsables des journaux propagandistes du FPR. Ainsi Mudatsikira, après *Kanguka* ira donner un coup de main à Kameya dans *Rwanda Rushya*. Il est le premier à aller faire des reportages dans la zone occupée par le FPR. Un autre journaliste de *Kanguka*, Marcellin Kayiranga, a rejoint « Le Soleil », un journal du parti PSD, puis retourna chez *Kanguka*. Mutsinzi écrivait lui aussi des articles dans *Kanguka* avant de fonder « Le messager » qui a fait lui aussi des reportages dans les zones conquises par le FPR (Après la prise du pouvoir par le FPR, Mutsinzi a démérité suite à ses articles critiques envers Paul Kagame. Battu à mort à coups de marteau, il est devenu physiquement et mentalement infirme). La carte d'accès dans le territoire du FPR était délivrée par le Colonel Karake Karenzi

(Le Flambeau, octobre 1994), installé à Kigali dans le cadre de l'observation du cessez-le-feu par le GOMN.

D'autres journaux du FPR suivront comme « Le Flambeau » qui était financé en sous-main par les membres du FPR vivant à Kigali, « Le Tribun du Peuple » dont le responsable, Jean Pierre Mugabe, rejoindra le maquis du FPR en laissant le journal à son petit frère. Après la prise du pouvoir par le FPR en juillet 1994, ce sont les seuls journaux qui seront dans les kiosques (Reyntjens, 1994).

La politique du *talk and fight*

La guerre faisait rage quand le multipartisme fut légalisé en juin 1991. Le gouvernement de coalition entreprit des négociations avec le FPR dans la ville tanzanienne d'Arusha. Les Accords signés, leur application se fit attendre. Entre-temps le Président Habyarimana fut tué dans un attentat. Il s'en suivit des massacres sans nom. Le FPR prit le pouvoir par les armes en juillet 1994. Comment se sont déroulées les négociations et qui a saboté l'application des accords d'Arusha ? Qui a tué le Président Habyarimana ? Certaines de ces questions restent jusqu'aujourd'hui sans réponse.

Préparatifs des négociations

Depuis le déclenchement de la guerre par le tandem FPR-NRA, des efforts ont été déployés par le gouvernement rwandais pour résoudre le conflit par la voie des négociations. Ainsi il y eut des sommets des Chefs d'Etat de la région visant à faire rencontrer Habyarimana et Museveni. Ils eurent lieu à Mwanza en République unie de Tanzanie le 17/10/1990, à Gbadolite en République du Zaïre (actuelle République Démocratique du Congo) le 26/10/1990, à Goma en République du Zaïre le 20/11/1990, à Zanzibar en République unie de Tanzanie le 17/02/1991 et à Dar-Es-Salaam en Tanzanie le 19/02/1991. C'est ce sommet régional qui adopta la « Déclaration de Dar-Es-Salaam » sur le problème des réfugiés rwandais. Lors de ce sommet également, le FPR arracha l'une de ses revendications les plus chères, à savoir se faire accepter comme une opposition politique armée. En effet, quelques jours avant ce sommet, Bizimungu Pasteur avait déclaré au journal « Le Peuple » du 12/12/1990 :

> La guerre au Rwanda n'est pas finie. Toute solution pacifique est exclue tant que le FPR ne sera pas reconnu comme l'opposition politique à l'actuel gouvernement de Kigali, et non comme une organisation des réfugiés.

Ces rencontres au sommet étaient doublées par de médiations d'autres Gouvernements étrangers, par l'OUA et l'ONU. Mais la paix ne put être sauvée. L'accord de paix d'Arusha qui avait couronné tous ces efforts, est mort-né. Il a été élaboré sur base de l'accord de N'selé et précédé par une rencontre préparatoire à Paris.

L'accord de N'selé est le résultat des négociations indirectes du Gouvernement rwandais et du FPR sous la médiation du Président Mobutu Sese Seko du Zaïre. Elles eurent notamment lieu le 22 novembre 1990 à Goma au Zaïre entre une délégation des deux belligérants, à Bruxelles le 14/12/1990 : la délégation du gouvernement rwandais était composée des Tutsi Shamukiga Charles, Consul du Luxembourg au Rwanda, André Katabarwa, ambassadeur du Rwanda à Rome, le Père Chrysologue Mahame, Supérieur des Jésuites au Rwanda et du Hutu Pasteur Musabe, Directeur-Adjoint à la BACAR. Elles seront suivies par une autre au début de 1991 à Bruxelles entre une délégation rwandaise comprenant entre autres André Katabarwa, Célestin Kabanda (alors ambassadeur en Egypte) et le Major Augustin Cyiza et celle du FPR composée de Jacques Bihozagara, Patrick Mazimpaka, Pasteur Bizimungu et Jean Barahinyura.

Signé le 29 mars 1991, l'Accord de N'sélé instaurait le cessez-le-feu entre le Gouvernement Rwandais et le Front Patriotique Rwandais. Du côté rwandais, il fut négocié par l'ambassadeur du Rwanda à Kampala, Claver Kanyarushoki et signé par le Docteur Casimir Bizimungu alors Ministre des affaires Etrangères. Du côté du FPR, la délégation aux négociations était dirigée par Pasteur Bizimungu, alors Commissaire à la Documentation du FPR. Il fut signé par le Général Major Paul Kagame, alors Chef militaire du Front. L'accord de N'selé fut rompu le lendemain par la reprise des hostilités par le FPR. Les deux belligérants furent de nouveau invités à la table de négociations et l'Accord fut amendé à Gbadolite (Zaïre) le 16/09/1991 et à Arusha en Tanzanie le 12/07/1992.

Les négociations d'Arusha

Avant d'aller en Tanzanie, les deux délégations s'étaient rencontrées à Paris en France au Centre de Conférence International Kléber, du 6 au 8 juin 1992. C'était une réunion préparatoire aux négociations directes entre les belligérants. La rencontre a eu lieu en présence des représentants de la France et des Etats-Unis. Les deux parties ont réaffirmé à cette occasion la médiation du Maréchal Mobutu Sese Seko, président de la République du Zaïre et ont accepté comme facilitateur le président de Tanzanie Ali Hassan Mwinyi pour les négociations qui étaient envisagées. Les deux interlocuteurs demandèrent à la France, aux Etats-Unis et à la Belgique de participer aux négociations en qualité d'observateurs. Elles ont également fixé les thèmes devant faire l'objet des discussions lors des négociations pour la paix. Le gouvernement rwandais d'alors proposa l'ordre du jour suivant : la question de l'unité nationale et le processus de démocratisation. Quant au FPR, il avança trois points à savoir : la fusion des deux armées en conflit, le Gouvernement de Transition à Base Elargie ainsi que les garanties politiques. Cet ordre du jour ne fut pas respecté. Les points proposés par le FPR dominèrent, et furent consignés comme tels lors du dernier amendement de l'accord de N'selé qui fixait les points devant figurer à l'ordre du jour des négociations de paix. La question importante de l'unité nationale fut éludée.

En effet, tel que cela se lit dans l'accord de N'selé, version finale signée à Arusha le 12/07/1992 et qui a été le texte de base des négociations, l'ordre du jour devait comprendre trois points à savoir : l'instauration d'un Etat de droit, la formation d'une armée nationale composée des forces des deux belligérants et le partage de pouvoir dans le cadre d'un gouvernement de transition à base élargie. Quant au calendrier, les négociations devaient débuter à Arusha le 10/08/1992 pour se terminer au plus tard le 10/10/1992 par la signature d'un accord de paix. Ce calendrier ne fut pas respecté non plus et les négociations se terminèrent à Arusha le 24/06/1993; la toute dernière main fut mise à Kinihira, Préfecture de Byumba en République Rwandaise du 19 au 25/07/1993 et l'Accord fut signé le 04/08/1993.

Il importe de relever que l'accord de N'selé fut obtenu après plusieurs balbutiements et tergiversations qui à un certain moment faillirent provoquer l'interruption des négociations n'eût été la ténacité du Facilitateur et des observateurs. En effet, les négociations d'Arusha ont débuté juste après la « Rencontre de Bruxelles » entre les FDC (Forces Démocratiques pour le Changement) et le FPR. Les participants à cette rencontre s'étaient convenus à cette occasion de coopérer entre autres dans le domaine de l'information et de la diplomatie. Les FDC, qui faisaient partie du Gouvernement qui allait négocier la paix, s'étaient embarquées dans la logique du FPR selon laquelle le mal du Rwanda était Habyarimana et le MRND. Ceux-ci seront alors les cibles privilégiées des négociations d'Arusha. Cette alliance avec le FPR qui continuait à attaquer le pays fut dénoncée par plus d'un militant de ces partis. La « Lettre des Représentants des Sections du MDR en Allemagne et au BENELUX » adressée le 17/07/1992 au Comité National du MDR et signée respectivement par Nsekuye Bizimana et Alexis Nsabimana est très éloquent à ce sujet. Ce fut d'ailleurs un des signes avant coureurs des scissions des partis politiques en deux tendances : celle connue sous le nom de *Power* qui désirait garder l'indépendance des partis, et celle qui voulait collaborer avec le FPR à n'importe quel prix, connue sous le nom de « modérés ».

Un autre fait concomitant et qui présageait de ce qu'allait devenir les négociations d'Arusha est le discours de Boniface Ngulinzira prononcé le 10/07/1992 à l'occasion de l'amendement final de l'accord de N'selé. Ce discours-fleuve fut une manne pour le FPR. Ngulinzira lui fit des concessions gratuites probablement dans l'objectif de ne pas s'écarter de ce qui avait été convenu dans la « Rencontre de Bruxelles ».

Les débuts des négociations n'étaient donc pas prometteurs mais il était permis d'espérer. En effet, les Américains et les Britanniques poussaient Museveni à réduire son soutien au FPR, afin que ce dernier soit contraint à la négociation tandis que les Français jouaient de leur influence sur le Président Habyarimana pour démocratiser les institutions et discuter avec ses adversaires (Le Soir du 14/07/1992).

Le premier round des vraies négociations se déroula du 10 au 18/08/1992. La délégation du FPR était composée entre autres de Patrick Mazimpaka, Jacques Bihozagara, Connie Bwiza, Bagambage, Rurangirwa, et Musare ; du côté rwandais, il y avait Boniface Ngulinzira, Major Ephrem Rwabarinda, Major Cyiza, Justin Munyemana, Thomas Mulisa ; les ambassadeurs Nsengiyumva, Célestin Kabanda, Thomas Munyaneza et Claver Kanyarushoki. Dans le cadre du point sur « l'Etat de Droit », les questions de l'unité nationale et du processus démocratique furent abordées dans un débat général (car l'ordre du jour fixé par l'accord de N'selé ne les mentionnait pas spécifiquement) comme le précise le « communiqué de presse » publié à l'issue de cette phase de négociations.

Ces deux points, qui n'ont pas été discutés à fond, étaient pourtant essentiels pour résoudre la crise que traversait le Rwanda. En effet, le point relatif à l'unité nationale était une occasion propice pour discuter de la question Hutu-Tutsi et de la lutte séculaire entre ces deux groupes pour le contrôle du pouvoir. Les tenants et les aboutissants de la guerre menée par le FPR auraient dû être mis en exergue. La question relative au processus de démocratisation a été passée sous silence. Lors de cette phase des négociations, 16 partis politiques étaient enregistrés et participaient activement à la vie politique du pays. Cinq d'entre eux étaient au gouvernement mis en place le 16 avril 1992 et géraient la transition. La reconversion du FPR en parti politique aurait dû être un préalable à ces négociations politiques.

En ne saisissant pas cette occasion pour demander au FPR d'abandonner la lutte armée et s'intégrer dans le processus démocratique, la délégation rwandaise a encore une fois ignoré la logique qui doit guider toute négociation à savoir que les deux parties doivent être à peu près dans les mêmes conditions. Sinon il aurait fallu que ce soient les forces armées en conflit qui mènent des négociations. Pourtant cette condition d'amener le FPR à se constituer en parti politique avait été relevée dans tous les documents préparés par la partie gouvernementale et mis à la disposition du chef de la délégation rwandaise à Arusha. N'est-il pas connu qu'« empêcher la démocratisation c'est, pour un mouvement minoritaire dont l'objectif est la conquête du pouvoir, une condition préalable à son action politique » (André Louis, 1993).

Effectivement, en négociant en tant que Front armé, le FPR visait haut. Il était déjà à l'aise vu que le Gouvernement rwandais avait accepté explicitement le principe du partage du pouvoir et de l'intégration de ses combattants dans les FAR par le discours de Ngurinzira. De là il envisageait faire monter les enchères en demandant non seulement d'entrer au gouvernement mais également dans d'autres structures du pouvoir dont le législatif, (sans passer par la voie des urnes) et le judiciaire, ainsi que par la fusion des deux armées au lieu d'une simple intégration. Il allait pousser trop loin en demandant que la transition soit la plus longue possible, échappant ainsi au jeu démocratique d'accession au pouvoir par des élections démocratiques. L'objectif étant, une fois bien implanté à l'intérieur du pays, d'en prendre le contrôle par des mécanismes divers bien maîtrisés par tous les guérilleros. En cas d'échec, le FPR avait une autre carte à jouer, à savoir le spectre de la guerre, qui, brandi à tout moment, mettait la délégation rwandaise dans une position de faiblesse. D'où le préalable d'amener le FPR à se constituer en parti politique était fondamental pour des négociations ultérieures.

Les négociations sur l'Etat de droit ne provoquèrent pas beaucoup de controverses car elles reprenaient les principes généraux du droit. Le texte fut signé le 18/08/1992.

Le protocole relatif au partage du pouvoir se négocia en deux temps. Il fut l'un de ceux qui ont défrayé la chronique, tellement les enjeux étaient importants.

> A l'intérieur et à l'extérieur une grande partie des démocrates a accepté la version selon laquelle le FPR se contenterait d'une

participation minoritaire à la gestion de l'Etat. Le mouvement du *Prayer Breakfast* des Etats Unis représenté par David Rawson (le futur ambassadeur) et sa branche allemande (représentée par Rudolf Decker) ont réussi à présenter, en collaboration avec le US Committee for Refugees, le FPR dans ce sens. Le *spiritus rector* fut le protestant Yoweri Museveni qui entretenait dès son arrivée au pouvoir de liens étroits avec les milieux protestants aux Etats-Unis et en Grande Bretagne. Le *network* a toujours pu défendre le FPR quand il est apparu que son objectif n'était pas son insertion dans un mouvement démocratique mais bien au contraire son affaiblissement (Strizek, mai 2003).

Fort de ce réseau de soutien, le FPR va réclamer une trop grande partie du gâteau quitte à faire durer les négociations.

Le premier round est allé du 05 au 30/10/1992 et le second du 23/11/1992 au 09/01/1993. Ce protocole définit notamment le partage des postes ministériels entre les partis politiques intérieurs et le FPR. Celui-ci ayant négocié en tant que Front armé, c'est avec ce statut qu'il reçut des postes au Gouvernement.

Le protocole sur la fusion des deux armées fut signé à Arusha le 03/08/1993. Comme le principe avait été acquis avant les négociations, il ne restait qu'au FPR de pousser très loin pour obtenir le maximum dans ses exigences. De fait, il obtint la fusion des deux armées dans les proportions de 40 et de 60% respectivement pour le FPR et le Gouvernement rwandais. Il obtint même 50% au niveau des officiers et des postes les plus importants de commandement dont le renseignement militaire.

L'accord de paix d'Arusha fut signé le 04/08/1993 par le Président rwandais Juvénal Habyarimana et par le Président du FPR Alexis Kanyarengwe. Cet accord ne sauvera malheureusement pas la paix.

Appliquant la politique de Museveni du *talk and fight* (les guérilleros de Museveni se sont emparés de Kampala alors qu'il y avait des négociations à Nairobi au Kenya sur la résolution pacifique du conflit ougandais), le FPR profita de l'accalmie qui régnait durant les négociations et de son avantage sur le terrain suite aux zones occupées par l'offensive de février 1993 pour s'armer et préparer une offensive finale qui lui permettra de prendre le pouvoir à Kigali.

Des signes qui ne trompent pas montrent que Paul Kagame reléguait au dernier plan la solution négociée et privilégiait la guerre. En août 1992, alors Major, haranguant ses troupes, il avait dit que ce ne sont pas les négociations qui allaient trancher mais plutôt la kalachnikov. Il l'a dit en brandissant son fusil. Pendant la même période, le capitaine Innocent Bisangwa, membre du secrétariat particulier de Museveni et beau-frère de feu Major Bayingana Peter fut arrêté à l'aéroport d'Orlando en Floride (USA), en compagnie de deux officiers supérieurs égyptiens, d'un américain et d'un ougandais. Ils allaient embarquer une cargaison d'armes constituée de missiles anti-tank et de lance-missiles, d'une valeur de dix-huit millions de dollars américains. Ces armes avaient été achetées d'une façon illicite. Selon l'avis des observateurs, l'Ouganda, en tant que pays souverain, n'avait pas besoin de passer par des voies frauduleuses pour s'approvisionner en armes. C'est parce que ces armes étaient destinées au FPR. Et curieusement celui-ci était en train de négocier la paix à Arusha. Le projet d'assassinat du Président Habyarimana avait probablement été mis au point et l'achat de ces missiles correspondait à ce plan.

Le 8 février 1993, en pleines négociations d'Arusha, Kagame lança une offensive meurtrière et faillit même atteindre Kigali. Cette attaque fit des dizaines de milliers de morts et provoqua le déplacement d'un million de population civile. Cette attaque, combinée avec l'assassinat au Burundi du Président démocratiquement élu (Melchior Ndadaye) par l'armée tutsi de Bujumbura, finit par convaincre plus d'un que Kagame ne voulait ni la solution négociée ni la démocratie. Une divergence de vues commença à apparaître parmi les FDC alors alliées inconditionnelles du FPR. La bipolarisation ethnique se fit jour surtout à cause de centaines de milliers de déplacés réduits à mendier à travers la capitale. Dans les camps, des gens vivaient dans des conditions précaires et mouraient comme des mouches. Les témoignages suivants sont éloquents. L'ambassadeur belge Swinnen qui était accrédité au Rwanda à cette époque, a déclaré devant la Commission spéciale Rwanda du Sénat belge au mois de mars 1997:

Il y a eu des incidents pour lesquels le FPR fut considéré comme responsable. Je pense à une attaque contre un hôpital ou à l'offensive de mars 1993 (sic). Le FPR a provoqué le malheur car, en pleine négociation d'Arusha, des dizaines de milliers de personnes se sont déplacées. Elles vivaient dans des conditions misérables.

Ces camps étaient de vrais mouroirs. Un témoin européen a signalé que dans les camps de déplacés, dont celui de Nyacyonga, (aux portes de la Ville de Kigali), on enterrait toutes les deux heures une personne (Desouter et Reyntjens, 1995, p. 31).

Le 16/04/1993, le président du FPR, Alexis Kanyarengwe, adressa une lettre au Secrétaire Général des Nations Unies, Boutros Boutros Ghali, dans laquelle il s'opposait à la présence de la Mission des Nations-Unies pour l'Observation de la frontière Ouganda-Rwanda, la MONUOR. En substance, Kanyarengwe écrit entre autres :

> *RPF cannot therefore accept the request for a such force because it is done in bad faith. The request for an Intervention Force and a border monitoring and supervision force is clear attempt by the said Government to militarily neutralize RPF by cutting off its supplies.*

Le 28/12/1993, la MINUAR achemina des militaires du FPR de leur quartier de Mulindi proche de la frontière rwando-ougandaise à la capitale Kigali comme le prévoyait l'accord d'Arusha. Ils ont campé dans les bâtiments du Parlement rwandais et se sont refusé à toute identification. Ils devaient être six cents. La MINUAR chargée de les contrôler, dira, par le biais de son officier de renseignements, le Lieutenant Nees (1997), que le FPR avait fait passer beaucoup plus d'armes et de personnes dans la capitale Kigali que ne le prévoyait l'accord d'Arusha. Cette infiltration des hommes dans la capitale a été également confirmée par un autre officier de la MINUAR, le Major Bodart (1997), qui reconnaît qu'à côté du bataillon du FPR, il y avait des individus infiltrés.

La société civile rwandaise, elle aussi, avait perçu des signes manifestes de la reprise de la guerre par le FPR. Le 12 février 1994, ses membres, conduits par Nkiko Nsengimana, sont allés exprimer leurs inquiétudes aux représentants du FPR qui logeaient dans les bâtiments du Parlement rwandais. La délégation a été reçue par Patrick Mazimpaka, en compagnie de Christine Umutoni et Abdul-Karim Harelimana.

Les préparatifs de guerre se sont poursuivis comme le fait remarquer D. Nsengiyaremye (1997), ex-Premier Ministre du Rwanda :

> Au mois de février, j'ai discuté avec des responsables du FPR qui m'ont fait comprendre que si les accords de paix n'étaient pas appliqués, il y aurait reprise des hostilités et que la guerre serait portée à Kigali même. Quand le lieu de la guerre est connu, je pense qu'on peut conclure à des préparatifs.

Quant à l'Ambassadeur Swinnen (1997), il a déclaré à ce sujet :

> Dans un entretien de quatre heures, que nous avons eu en mars avec le président du FPR et Kagamé, nous avons exprimé notre préoccupation quant aux infiltrations et à l'occupation de maisons délaissées, par des sympathisants du FPR venant de l'Ouganda.

Par ces infiltrations le FPR avait réussi à établir une poche de quelques kilomètres de profondeur, qui lui permettait, vers le 20 juin 1992, de créer une zone continue entre Butare, au Sud-ouest, et Mutara au Nord-Est (Colonel Cussac, 1998).

Boycott de l'accord d'Arusha

Tout au long des négociations d'Arusha, le FPR n'a cessé d'affiner son plan de prendre le pouvoir par la force. L'un des scénarios consistait à destituer Habyarimana, à prendre le pouvoir par la force et à organiser des élections au moment le plus opportun pour lui (FPR, s.d.). Des informations persistantes confirmèrent le recours du FPR à la force pour s'emparer du pouvoir. Selon l'Ambassade du Rwanda à Kampala dans une lettre du 18 février 1993, adressée au Ministère des Affaires Etrangères à Kigali, expliquait que le FPR n'était pas intéressé par un partage quelconque du pouvoir. Ses bailleurs de fonds y compris l'Ouganda, « risqueraient une perte sèche de leurs investissements en cas de simple partage du pouvoir parce que le FPR n'aurait pas les mains libres pour payer ses dettes ». L'ambassadeur du Rwanda au Burundi après une réunion présidée par un envoyé du FPR à Bujumbura, Privat Rutazibwa, écrivait dans une lettre datée du 30 novembre 1993 que les responsables du FPR auraient « opté pour la reprise des hostilités dans le but de conquérir le pays et le gérer comme ils l'entendent ».

Pour ce faire, le FPR chercha des prétextes pour provoquer des blocages. Profitant des scissions apparues dans les partis politiques de l'opposition, il voulut par exemple imposer sa tendance pour avoir au Parlement et au Gouvernement une minorité de blocage. En effet, dans les deux institutions, les décisions devaient être prises par vote. C'est pour cela qu'il refusa que le parti CDR entre dans les institutions de transition alors que pour sauver la paix, tous les observateurs, y compris les ambassadeurs occidentaux, étaient d'avis qu'une seule place ne pouvait pas bloquer tout le processus. Un connaisseur du Rwanda, l'Abbé Gabriel Maindron (1994), écrit :

> Le FPR refusait à la CDR son droit à siéger à l'assemblée des députés. Un seul député sur les 70 qui étaient prévus (…). Pourquoi cette intransigeance du FPR, pour un seul siège et cela contre l'avis des représentants des Eglises et des ambassadeurs accrédités dans le pays.

De fait les ambassadeurs européens et américain avaient, dans leur communiqué conjoint du 28 mars 1994, fustigé l'intransigeance du FPR et plaidé entre autres en faveur de l'admission de la CDR au sein de l'Assemblée Nationale de Transition où il obtiendrait un siège sur un total de soixante-dix députés (Swinnen, 1997). Mais le FPR

> ne voulait rien entendre et ses représentants parlaient ouvertement d'engager une procédure de destitution à l'encontre du Président Habyarimana dès l'installation de la nouvelle assemblée » (Delaye, 1998).

Le FPR refusa ainsi de participer aux prestations de serment des députés. Des tractations furent nombreuses pour le ramener à la raison, mais il se montra intraitable. L'Ambassadeur Swinnen (1997) est clair sur la mauvaise foi du FPR de faire la paix : « Nous pensions que le FPR essayait d'empêcher la mise en place des organes de transition. Le 25 mars par exemple, le FPR a refusé d'être présent ». Le Ministre belge Willy Claes

(1997) alors en charge des Affaires Etrangères en est également témoin :

> J'ai eu moi-même un contact désagréable avec le fpr à l'aéroport d'Ouganda (ndlr : aéroport d'Entebbe). C'était le jour où je quittais le Rwanda pour aller insister auprès du président ougandais afin qu'il exerce des pressions sur le fpr de manière à obtenir sa collaboration. Le fpr m'a informé lors de ce contact qu'il ne participerait pas au Parlement de transition. J'ai désapprouvé brutalement cette attitude.

L'ancien Premier Ministre Nsengiyaremye (1997) est également de cet avis :

> Le FPR n'est pas innocent dans la mesure où il a contribué à l'échec de la mise en application des accords d'Arusha. Les derniers échecs ont été imputés aux députés de la CDR par le FPR. Pourtant, la CDR avait accepté de reconnaître les accords, un peu tardivement il est vrai, mais le refus du FPR a favorisé les extrémistes et renforcé les massacres.

Tout observateur avisé voyait que l'accord de paix d'Arusha avait fait la part belle au FPR (Colonel Dewez, 1997). Si ce mouvement a refusé son application, c'est qu'il s'agissait toujours d'un partage du pouvoir, ce qui ne l'arrangeait pas.

En effet :

> Les alliances qu'il avait passées avec l'opposition hutue devenaient moins solides, ce qui changeait, à son détriment l'équilibre des accords, et, comme l'avaient montré les élections libres de juillet/septembre 1993 dans la zone tampon, il savait que la voie électorale lui offrait peu de perspectives. Lors de cette consultation, tous les partis avaient pu faire campagne, y compris le FPR, et le MRND avait conquis tous les sièges. La tentation militaire s'est alors renforcée dans les rangs du FPR. Non seulement, il n'a pas démobilisé mais il a recruté les éléments que l'armée ougandaise démobilisait dans le cadre du programme d'assainissement économique de la Banque Mondiale » (Delaye, 1998).

En outre qui dit partage du pouvoir et élections, dit contrôle de légalité des dépenses publiques. Or, le FPR avait contracté des dettes tout au long de la guerre pour acheter des armes et des munitions. Il avait promis de payer après la victoire. Tant que cette victoire n'était pas obtenue, il devait forcer et l'acquérir à n'importe quel prix. En participant à l'assassinat du président

Habyarimana, il savait, dans ses calculs machiavéliques, qu'il déclencherait des massacres dont il entendait profiter pour arriver au pouvoir. A. Des Forges (1997) est, elle aussi, du même avis :

> Il ne faut pas confondre un peuple et un mouvement politique. Le FPR pouvait profiter du génocide. Il ne faut pas être naïf. Certains croient d'ailleurs qu'il aurait pu agir plus vite et plus efficacement qu'une intervention internationale. Il ne faut pas sous-estimer l'intérêt politique que peut avoir un mouvement de ce genre, par rapport aux massacres

C'est pour cette raison qu'il a, au départ, refusé l'intervention des forces internationales qui étaient nombreuses dans la région. Pour Matata, « ce comportement est criminel. Ils pensaient prendre rapidement le pouvoir et craignaient que la force étrangère ne les bloque » (Matata, 1997).

En fait, quel que soit le discours démocratique tenu par le FPR, il faut écarter toute idée d'angélisme dans sa stratégie politique. En 1990, c'est par la force qu'il a tenté de prendre le contrôle du pays. Depuis, il n'a jamais renoncé à l'usage de la menace militaire et ne s'est jamais privé de violer le cessez-le-feu sous des prétextes fallacieux. Dans le témoignage qu'il a remis à la Mission Française d'Information sur le Rwanda, James Gasana note que

> paradoxalement, la mise en vigueur du cessez-le-feu fait accélérer le recrutement sans précédent des jeunes Tutsis pour la formation militaire dans les rangs du FPR en Ouganda. Ce recrutement, qui est une violation grossière de l'accord de cessez-le-feu, est facilité par des réseaux supervisés par Karenzi Karake, commandant de l'équipe des officiers du FPR au sein du GOMN (Groupe d'observateurs militaires neutres) (Gasana, 1998).

Malgré cette opposition manifeste du FPR à l'application de l'accord d'Arusha, presque toute la littérature y relative donne tort à Habyarimana.

Certains pays occidentaux ont forcé jusqu'à la dernière minute pour faire appliquer l'accord d'Arusha. Ainsi après le sommet de l'OUA à Tunis (Tunisie) en 1994, le Président Sindikubwabo, qui ne devait faire que l'intérim pendant 90 jours selon la Constitution, a reçu un émissaire envoyé par un pays occidental pour faire appliquer les accords d'Arusha à la fin de cette période. L'opération Turquoise est arrivée 11 jours avant l'expiration de cette période et le FPR, qui ne voulait pas entendre parler de ces accords mit le paquet pour prendre la capitale avant l'expiration de ce délai. Il avait déjà pris des dispositions à ce sujet car des bataillons entiers étaient déjà dans Kigali ou dans ses environs. Un des sympathisants du FPR, Jacques Collet révèle à ce sujet (Misser, 1995, p. 18). :

> Ils [les combattants du FPR] ont infiltré Kigali comme un microbe qui investit un corps humain par petits groupes de cinq. Ils faisaient ça de nuit. Et au matin les parachutistes belges témoins de cette pénétration discrète évaluaient qu'une ou deux compagnies étaient ainsi infiltrées

L'assaut fut donné après la mort du Président Habyarimana et la victoire fut obtenue après trois mois de combat.

L'assassinat du Président Habyarimana

Les hypothèses les plus plausibles pointent du doigt le FPR comme ayant assassiné le Président Habyarimana.

Selon le professeur Bernard Debré, ancien Ministre français de la coopération, l'assassinat du Président Habyarimana est l'œuvre du FPR, l'Ouganda et les USA interposés. En effet, d'après B. Debré, « les deux missiles ont en réalité été saisis par l'armée américaine qui les aurait ensuite fournis à leurs alliés ougandais » (*Télémoustique* n°18/3769 du 22/04/1998).

François-Xavier Nsanzuwera, ancien Procureur de la République au Parquet de Kigali, privilégie lui aussi l'hypothèse « d'une action conjuguée des extrémistes du FPR et des hutu modérés » ayant obtenu le bénéfice d'une « aide technique extérieure nécessaire » (Nsanzuwera, 1997). L'ancien ministre de la Défense Nationale du Rwanda, James Gasana, a expliqué lors de son audition devant la Mission Française d'Information sur le Rwanda, que les FAR n'avaient les capacités ni techniques ni matérielles de manipuler des missiles. Il a ajouté que par contre le FPR avait ce genre de missiles et qu'il les a utilisés pour abattre les hélicoptères des FAR.

Le professeur Reyntjens, dans une de ses hypothèses sur l'assassinat de Habyarimana, désigne les officiers du FPR

Kayumba Nyamwasa et Rose Kabuye (Reyntjens, 1995, p. 44). Cette implication du FPR a été confirmée par deux sources indépendantes. En août 1999, le Colonel Christophe Hakizabera, officier du FPR en exil a écrit ce qui suit :
> La première réunion de planification de l'assassinat s'est tenue à Kabale dans les locaux de l'Evêque Harerimana. Plus tard, des réunions de ce genre se tiendront à Mbarara dans la résidence du Général Major Salim Saleh, demi-Frère du Président ougandais Yoweri Kaguta Museveni, puis on sait pertinemment que la décision de tuer le Président Habyarimana a été prise à Bobo-Dioulasso au Burkina Faso en mars 1994 et que le Major Paul Kagame a participé à cette réunion.

Au mois de mars 2000, un journaliste canadien du quotidien *National Post*, Steven Edwards, a pu obtenir un rapport tenu secret par les Nations Unies et qui désigne Kagame comme le commanditaire de l'assassinant de l'ex-président Habyarimana. Cette enquête a été réalisée par des enquêteurs du Tribunal Pénal International sur le Rwanda, qui ont recueilli des témoignages de trois informateurs ayant participé à l'attentat. Jean Pierre Mugabe, ancien officier de renseignement de l'Armée du FPR, est plus précis dans son témoignage du 21 avril 2000. Selon ce transfuge, deux semaines avant l'attentat contre l'avion du Président Habyarimana, Kagame a instruit son aide de camp, le Colonel James Kabarebe, pour acheminer les missiles, dans le campement du bataillon du FPR à Kigali. Les tireurs, quatre militaires du FPR, avaient été entraînés en Ouganda au maniement des missiles sol-air *SAM-7 Strela*, de type russe, déjà en service dans l'armée ougandaise (Mugabe, 2000).

Le journaliste Charles Onana a, dans son livre[5], mis en cause Paul Kagame et l'a désigné comme le commanditaire de l'assassinat du Président Habyarimana. Kagame et l'Etat rwandais ont déposé plainte contre le journaliste pour diffamation devant la $17^è$ Chambre du Tribunal de Grande Instance de Paris. Devant des preuves accablantes rassemblées

---

5 « Les secrets du génocide rwandais. Enquête sur les mystères d'un président », Paris, Editions Duboiris 2002.

par Onana pour sa défense, la plainte a été retirée. Onana est d'avis qu'en retirant sa plainte, Paul Kagame a fait l'aveu qu'il est l'auteur de crimes contre l'humanité et l'auteur de l'attentat du 6 avril qui a déclenché l'apocalypse dans son pays (Afrique Education n° 122/2002, p. 6).

La réunion fatidique de Dar-Es-Salaam à laquelle venait de participer le Président le 6 avril 1994 avait été convoquée sur l'initiative du Président ougandais. Tout le monde s'attendait à ce qu'il mette sur table une nouvelle initiative de paix pour le Rwanda (et le Burundi), d'où l'enthousiasme du Président Habyarimana d'y participer. Mais quelle fut sa surprise de voir le Président ougandais venir non seulement dans l'après-midi alors que la réunion était prévue pour la matinée, mais aussi sans aucune nouvelle proposition pour débloquer la situation. Pourtant Museveni avait dit à maintes reprises qu'il était le seul à détenir la clé du problème rwandais. C'est ainsi que la réunion se prolongea tard dans l'après-midi au milieu des protestations de la délégation rwandaise. Le Président Mwinyi en ajouta et improvisa un dîner. La suite des événements montra que tout le monde était au courant du complot et pour que celui-ci réussisse, Habyarimana devait survoler Kigali la nuit. De fait, même quand il a décidé, contre l'avis de ses collègues, de rentrer sur Kigali, Mwinyi le pria d'attendre et de signer le communiqué sanctionnant la réunion. Le communiqué se fit attendre et c'est à la nuit tombante que Habyarimana se rendit à l'aéroport.

Habyarimana avait été averti qu'il serait tué. Il avait prévenu toutes les grandes puissances de ce danger imminent. Le 27/01/1994, il a reçu un émissaire du gouvernement français. Celui-ci était venu au Rwanda à la tête d'une délégation pour visiter le « Projet SIDA ». Habyarimana lui fit part du projet macabre de Paul Kagame de le tuer. Le Français lui proposa de chercher des juristes internationaux pour élaborer « un code d'éthique et de sécurité mutuelle ». L'idée ne sera jamais concrétisée. Le 02/02/1994, ce fut le tour de l'envoyée américaine. Elle aussi avait la visite du « Projet SIDA » dans son agenda. Habyarimana lui répéta ses inquiétudes dans une audience qu'il lui a accordée.

D'autres détails désignent le FPR comme commanditaire plausible de l'assassinat de Habyarimana. Quelques heures après la chute de l'avion présidentiel, le FPR a envoyé un message au State House à Kampala pour demander le feu vert de passer à l'offensive. D'après les sources bien informées (écoutes téléphoniques), l'ordre de mouvement des troupes du FPR a été donné dès le 6 avril au matin (Debré, 1998, p. 119).

La préparation était donc en route depuis longtemps. Tous les militaires vous diront qu'il est quasiment impossible de préparer une grande offensive en quelques heures. Ainsi, les éléments du FPR stationnés au Palais du CND dans le cadre de l' Accord d'Arusha ont attaqué la même nuit à trois reprises le camp militaire de la Garde Présidentielle à Kimihurura. Pourtant certains médias ont dit que le FPR a été surpris par les événements et n'a réagi que le 9 avril en légitime défense. Dans certaines capitales des pays limitrophes comme Kampala, certains milieux rwandais ont veillé toute la nuit pour avoir la primeur de la nouvelle sur les ondes des radios internationales. Et cette veillée avait été bien préparée, tous étaient au courant.

Par ailleurs, quelques jours avant l'attentat, le Président du FPR avait reçu une salve d'applaudissements quand il avait dit que Habyarimana serait « descendu » (en langue nationale) s'il n'acceptait pas ce que le FPR lui demandait. C'était à l'occasion de l'inauguration d'un projet de réhabilitation des handicapés de guerre en commune Muvumba et la nouvelle est même passée sur les ondes de Radio Muhabura, radio des rebelles du FPR. Kagame avait donné le même message à Roger Booh Booh, Représentant Spécial du Secrétaire Général des Nations Unies au Rwanda. Celui-ci l'a transmis à Habyarimana le 02/04/1994 dans sa résidence à Gisenyi en ces termes : « M. Paul Kagame m'a chargé de vous informer qu'il va faire tout ce qui est en son pouvoir pour vous tuer » (Nshimiyimana, 1995, p. 95).

Certains diraient que ce serait imprudent de la part du FPR de divulguer de telles informations s'il avait vraiment l'intention d'assassiner le Président. Mais c'est sans compter avec les ruses du FPR. Il était parfaitement capable d'organiser des fuites délibérées d'informations sur ses futurs forfaits pour les banaliser, les rendre invraisemblables. Ainsi, n'avait-t-il pas appelé plusieurs fois au meurtre de l'ancien bourgmestre de Kanzenze, feu Fidèle Rwambuka avant de le liquider ? Combien de fois n'avait-il pas mis en garde les populations de la fameuse zone neutre contre la collaboration avec le régime de Habyarimana au risque de s'exposer à des conséquences fâcheuses? N'a-t-il pas finalement frappé et fort en sous-préfecture de Kirambo (Préfecture Ruhengeri) qui s'était révélée récalcitrante en demeurant majoritairement dans le parti MRND ? L'attaque de la ville de Ruhengeri le 23 janvier 1991 n'avait-elle pas été précédée par des tracts appelant à la destruction de la Bastille en référence à la prison de Ruhengeri qui abritait les prisonniers politiques?

Enfin, pour ne citer que ces quelques exemples, le FPR n'avait-il pas donné son feu vert pour la poursuite des activités à l'usine à thé de Cyohoha-Rukeri dans la zone neutre pour finalement passer outre à sa promesse et massacrer dans une embuscade à la grenade des hauts fonctionnaires de l'usine qui rentraient d'une visite sur le terrain. Le directeur de cette usine qui a péri dans cette attaque étant un beau-frère d'Enoch Ruhigira, chef de cabinet de Habyarimana. Le crime de ces employés était apparemment de ne s'être pas désolidarisés du MRND durant les élections dans la zone neutre ou tampon qui avaient vu tous les candidats pro-FPR perdre. Dans un discours à Kibuye, Paul Kagame n'a-t-il pas annoncé l'attaque des camps de réfugiés de l'ex-Zaïre quelques mois avant de les bombarder?

Cette fuite en avant du FPR est une réaction à la situation qui lui était de plus en plus défavorable. En effet, il venait d'essuyer un échec diplomatique, sans doute le plus cuisant depuis le début des négociations. Les ambassadeurs de tous les pays ayant participé en tant qu'observateurs aux négociations d'Arusha venaient de rendre public un communiqué commun dans lequel ils condamnaient l'intransigeance du FPR à refuser la participation du parti CDR au Parlement de transition qui restait la seule pierre d'achoppement dans la mise en place du gouvernement. Il est très vraisemblable que le FPR n'ait pas voulu digérer cette défaite et a provoqué un désastre qui ouvrirait la voie à une solution militaire en sa faveur.

Il est permis de se poser la question de savoir si le FPR, en tant qu'initiateur de la guerre en 1990 et assassin présumé du président Habyarimana, ne porte pas une très lourde responsabilité dans le génocide rwandais. Ce fait n'a pas été souligné suffisamment par les spécialistes des Grands Lacs ou ne l'a été que très timidement.

La conquête du pays

A la date fatidique du 6 avril 1994, le FPR disposait « officiellement » d'un bataillon de 600 hommes stationnés dans les bâtiments du Parlement rwandais (Conseil National de Développement, CND en sigle). Composé par une force spéciale formée à la guérilla urbaine pendant 6 mois, il était dirigé par le Colonel Charles Kayonga. Après l'attentat contre l'avion de Habyarimana, ce bataillon est entré en action et n'a pas tardé à s'emparer des divers quartiers de la capitale dont Kimihurura, Kacyiru et Remera. Cette force spéciale était épaulée par d'autres militaires du FPR emmenés de Mulindi et éparpillés dans la capitale et ses environs. Cette 5ème colonne était composée de milliers d'hommes (Gasana, 1998, p. 19).

C'est très tôt le matin du 6 avril que Kagame a mis son plan en branle. Il a donné ordre de mouvement à ses troupes. Elles devaient faire une jonction avec d'autres éléments qui avaient pris position quelques jours avant dans les galeries des mines de Rutongo à une vingtaine de kilomètres de la capitale. La colonne était conduite par le Colonel Twahirwa Dodo. Arrivée dans les collines entre Tumba (Byumba) et Tare (Kigali), elle fut arrêtée par les FAR et subit de grandes pertes. Dodo fit marche arrière et partit appeler au secours. Kagame envoya deux autres colonnes conduites respectivement par les colonels Sam Kaka et William Bagire. Elles arrivèrent dans les parages de la capitale vers le 12 avril. Entre-temps, Twahirwa Dodo fut rappelé et mis aux arrêts pour les pertes subies. Une autre colonne renforcée par la NRA fonça sur le Mutara et bouscula les FAR. Elle se divisa en deux : l'une prit la direction de Kigali, la seconde alla vers Kibungo. Celle-ci atteignit vite la frontière tanzanienne de Rusumo. Elle massacra des milliers de gens qu'elle rencontrait sur sa route. La rivière Akagera charia les cadavres jusqu'au lac Victoria. La colonne qui s'était dirigée vers Kigali fit jonction avec la colonne venue du Nord. Du côté du sud, le Bugesera fut lui aussi occupé très tôt probablement avec l'aide de l'armée burundaise. Kigali la capitale fut encerclée. Une brèche vers Gitarama permit à ceux qui le pouvaient de sauver leur peau. Kigali tomba le 04 juillet 1994 après de rudes combats.

La victoire militaire du FPR avait été mise en doute et redoutée en même temps, depuis le début des hostilités, par bon nombre d'observateurs (voir notamment les analyses de l'ambassadeur ougandais Katetegirwe en annexe 5). Déjà en 1991, la journaliste Marie France Cros écrivait :

> Une victoire militaire du FPR est extrêmement difficile et ne peut sans doute être obtenue que dans la mesure où le pays tout entier sombre dans la guerre civile -perspective effrayante. De plus une telle victoire serait un échec car elle rendrait la réconciliation impossible. Et l'on aborde pas, ici, le coût économique de telles perspectives... (La Libre Belgique du 20/02/1991).

Cette prophétie s'est réalisée, mot pour mot. Le FPR et ses sponsors croyaient que la mort de Habyarimana entraînerait la reddition d'une grande partie de l'armée. Il n'en fut rien. Celle-ci résista jusqu'en juillet. Ce fut trois mois d'une boucherie dont les images font frémir. Le FPR prit le pouvoir dans un pays complètement exsangue qui est en train d'être reconstruit à grands frais par des bailleurs de fonds internationaux. Socialement, le Hutu est devenu un citoyen de seconde zone. La prison, les camps de concentration, les brimades, les disparitions, les assassinats, sont devenus son lot quotidien. Le FPR a affiché son vrai visage, qui contraste incroyablement avec le discours mielleux de démocratie et des droits de l'homme qu'il n'a cessé de mettre au devant de la scène publique dès le début de la guerre en octobre 1990.

3
La vraie nature du FPR

Un adage français dit : « Plus le singe monte, plus il montre son cul ». Peu de littérature existe sur la vraie nature du FPR. Mais à force de le voir à l'œuvre, on le découvre. Il garde notamment « la marque de ceux qui forment son noyau dur : militariste, centraliste et secrète » (La Libre Belgique des 30 et 31 mars 1991). Cette observation de la journaliste belge Marie France Cros à l'occasion de la signature des accords de N'selé le 29 mars 1991 peut aujourd'hui se vérifier, mis à part que c'est un mouvement plus extrémiste que centraliste. Un autre observateur, le Colonel Luc Marchal, qui commandait les Casques Bleus au Rwanda jusqu'en avril 1994, s'est rendu compte, avec recul, que le FPR ne fait pas ce qu'il dit. Dans une lettre qu'il a adressée à Alain de Brouwer (avril 2000), ancien Conseiller de l'Internationale Démocrate Chrétien (IDC), Luc Marchal écrit :

> Je partage sans réserve votre analyse des implications du FPR que ce soit avant ou après le déclenchement du drame. Je le dis avec d'autant plus de conviction que j'ai moi-même été dupe de leur propagande accrocheuse durant les négociations d'Arusha. Une fois sur place à Kigali, j'ai pu me rendre compte qu'il y avait un gouffre entre le discours et sa réalisation. Une machine à broyer, voilà ce que représente exactement ce mouvement à caractère totalitaire.

Une organisation militariste

Né dans un contexte philosophique de revanche, le FPR-Inkotanyi ne pouvait que recourir aux méthodes violentes pour arriver à ses fins. A cela s'ajoute que certains de ses premiers fondateurs sont des anciens du tristement célèbre *State Research Bureau* d'Idi Amin tels les Colonels Rwahama et Musitu et d'autres vieux militaires du FPR. Les autres membres, plus jeunes, ceux de la génération de Fred Rwigema, ne sont pas non plus des anges durant leur carrière militaire aux côtés de Museveni. Par exemple David Karangwa et Joseph Karemera actuellement officiers supérieurs du FPR, ont été responsables de massacres odieux au Nord de l'Ouganda. Ils ont enfermé des personnes dans un *container-wagon*. Ces personnes sont mortes par suffocation après plusieurs heures d'agonie. La presse ougandaise s'est d'ailleurs indignée quand ces officiers ont été élevés respectivement au grade de lieutenant-colonel et de colonel dans le cadre de l'Accord d'Arusha. De même Chris Bunyenyezi était sous un mandat d'arrêt pour des massacres de population civile ougandaise par son bataillon. Quant à Kagame, déjà dès son jeune âge quand il était à l'école secondaire de la *Ntare School* de Mbarara, il avait été surnommé « Kagome » (le méchant), à cause des actes de méchanceté qu'il exécutait avec froideur. Il est aussi connu sous le sobriquet de *Pilato* (allusion faite à Ponce Pilate, celui-là qui ordonna la crucifixion de Jésus). Ce caractère s'extériorisera davantage quand il fut nommé chef des services de renseignements de l'armée ougandaise, la NRA. Non seulement il tortura des centaines d'Ougandais supposés combattre le régime du NRM mais aussi bon nombre de Rwandais qu'il savait en bons termes avec les autorités rwandaises d'alors ou même ceux qui transitaient par l'Ouganda.

Les cas de John Karuranga, dont il a été question dans les pages précédentes, de Alexandre Munyankindi et de Yusuf Munyankindi sont éloquents à ce sujet. Karuranga fut arrêté par une équipe composée entre autres de Kagame et de Rwigema. Il subit beaucoup de sévices et de tortures pour avoir dévoilé trop tôt le plan d'attaquer le Rwanda.

Quant à Alexandre Munyankindi, un ancien frère joséphite réfugié en Ouganda et reconverti en affaires (il s'était spécialisé dans la réparation et l'entretien des véhicules de marque Mercedez-Benz), il fut longuement torturé et emprisonné pour avoir parlé avec les diplomates rwandais d'alors à Kampala. Il fut finalement obligé de rentrer au Rwanda pour fuir les sévices de Kagame. Il y a un chauffeur rwandais qui faisait le transport sur la route Kigali-Mombasa que les services de Kagame ont brûlé avec un fer à repasser alors qu'il était en transit en Ouganda avec son camion.

Le sorcier de Kigeri, Yusuf Munyankindi, vivait à Kampala. Il avait osé faire remarquer aux membres du FPR les conséquences fâcheuses de la guerre qu'ils préparaient. Il fut assassiné mystérieusement. Yusuf Munyankindi était originaire de Tare (Préfecture de Kigali rural). Il était en Ouganda depuis plusieurs années. De son exil en Amérique, Kigeri le consultait.

Avec la guerre lancée en octobre 1990 sur le Rwanda, il a fallu passer par l'élimination physique de Rwigema, Bayingana, Bunyenyezi pour que Kagame s'impose à la tête du FPR. Cette culture de l'extermination ou de l'élimination systématique, le FPR l'appliquera tout au long de la guerre et encore maintenant. Il n'épargnera pas ceux qui lui ont faussé compagnie en désapprouvant sa politique basée sur le crime. Ainsi le Colonel Théoneste Lizinde et Seth Sendashonga furent assassinés à Nairobi par la main invisible du FPR. Frodouard Karamira fut traqué jusqu'à son refuge de Madras en Inde et ramené à Kigali. Il fut fusillé après un procès sommaire, pour cause de génocide. Jean Barahinyura, qui pourtant avait été membre du Comité Exécutif du FPR, s'est retrouvé sur la liste des « génocidaires ». Le 08 avril 1994, le Colonel retraité Pontien Hakizimana a été tué chez lui à Remera (Kigali) par les combattants du FPR pour n'avoir pas probablement adhéré à la proposition que le FPR lui avait faite de lui faire allégeance (voir copie de l'invitation en annexe 6).

Le noyau dur du FPR est composé aujourd'hui de militaires et de civils, surtout venus d'Ouganda. Ceux du clan des *Abega*, comme Kagame, viennent en tête. Il s'agit notamment du Général de Brigade Kayumba Nyamwasa, promu Chef d'Etat-

Major après avoir nettoyé toute la région du Nord (Ruhengeri-Gisenyi) de presque la moitié de ses habitants sous prétexte de combattre les infiltrés, du Colonel James Kabarebe qui avait conduit la prise avortée de Kinshasa quand il fut stoppé à Kitona et de Patrick Mazimpaka, Conseiller Spécial du Président Paul Kagame. Viennent ensuite les *Abasyete*, (historiquement leur ancêtre Busyete, un pygmée, a été ennobli par le roi) qui ont été de tout temps des fidèles serviteurs des Abega comme les Colonels Karemera et Franck Mugambage. L'on peut également citer Siméon Rwagasore avocat de première heure du FPR et qui contrôle la magistrature debout. Quant aux autres membres influents du FPR, ils sont triés sur le volet suivant des conditions d'une subtilité incroyable. L'un des principes est d'être tutsi, qui a été réfugié, pas dans n'importe quel pays mais en Ouganda, spécifiquement dans les camps de Nakivale et de Nshungerezi et enfin d'être protestant. C'est en suivant les conditions énumérées ci-avant qu'une oligarchie a fait main basse sur la presque totalité de la vie nationale. Elle est constituée de personnalités originaires des alentours de la mission protestante de Gahini, région notamment de Patrick Mazimpaka ou de Sam Nkusi, le patron des Télécommunications rwandaises, de Tite Rutaremera, qui tire les ficelles dans l'ombre. Il est aussi vrai que les gens qui ont fui vers l'Ouganda provenaient spécialement du Buganza (Byumba, Kibungo). Ils occupent principalement l'armée. Ceux qui sont proches de la famille royale sont allés au Burundi. Ils occupent l'administration. Ceux du Zaïre se retrouvent surtout dans la justice.

Une autre subdivision est en vigueur parmi les échelons les plus bas des membres du FPR : les G.P. sont des réfugiés venus du Burundi. Il est fait allusion aux tueries commises par certains membres de la Garde Présidentielle (G.P.) de Habyarimana, une comparaison pour illustrer la cruauté exercée au fil des ans sur les Hutu burundais. Les *Bambe* (un mot de compassion) : on désigne ainsi les réfugiés venus d'Ouganda ; par opposition à ceux venus du Burundi qui abordent brutalement leurs victimes, ''les Ougandais'' amadouent leurs victimes pour les attirer dans le traquenard. Les SOPECYA sont des tutsi restés au Rwanda. On fait allusion à Mukaniwa Déo, propriétaire de la société

SOPECYA (Société des Pétroles de Cyangugu). Il était marié à une femme tutsi mais celle-ci l'a quitté à l'arrivée du FPR. Cette référence à sa société est notamment une façon d'illustrer les relations des couples mixtes actuellement au Rwanda.

La terreur exercée par le FPR sur les Tutsi de l'intérieur pour les obliger à adhérer à sa cause illustre encore bien cet esprit de s'imposer par la violence. Ainsi, par exemple un certain Sakumi Anselme, un commerçant bien prospère, était de la lignée royale des Banyiginya. Hésitant de donner une grosse somme d'argent que lui demandait le FPR pour sa préparation de la guerre, son enfant fut enlevé et séquestré pendant plusieurs jours par une personne inconnue. Après des recherches vaines et alors qu'entre-temps Sakumi s'était acquitté de la somme demandée, l'enfant fut retrouvé à la lisière d'une forêt dans les environs de Kigali. Actuellement les Tutsi qui n'ont pas contribué à l'effort de guerre ont maille à partir avec le FPR. Certains d'entre eux se bousculent aux portes de l'Europe, du Canada et des USA où ils viennent demander asile en grand nombre.

Un mouvement ethniste

A en croire certains analystes, le FPR, qui est un mouvement d'essence tutsi, se voulait au départ multiethnique. C'était, semble-t-il, l'idée de Fred Rwigema. Le cachet de l'ethnisme lui aurait été imprimé par Paul Kagame qui le voulait mono-ethnique. C'est notamment l'avis de Gilbert Ngijol (1998), Assistant du Représentant Spécial du Secrétaire Général de l'ONU au Rwanda en 1994.

La vérité est que le FPR a recruté les Hutu pour se donner les airs d'un mouvement de libération nationale. Ces Hutu ne sont qu'une façade. Par ailleurs, alors que ce mouvement est sous la présidence de Paul Kagame, il est redevenu pratiquement tutsi. Les Hutu, instrumentalisés, ont terminé leur mission et toutes les occasions sont bonnes pour les écarter. Le FPR a usé et use encore de son cynisme pour les décourager et les amener à se révolter et donc à partir. Les humiliations et la fragilisation de ceux qui sont encore à son service les amènent à être dociles. Tentant, à partir d'entretiens avec bon nombre de ses militants, d'analyser les buts et les raisons d'être du FPR, ainsi que la pensée politique et les stratégies qui y prévalaient, Gérard Prunier (1998) n'hésite pas à affirmer que, « malgré son idéologie 'progressiste', le FPR compte parmi ses membres (et encore plus parmi ses sympathisants extérieurs) un nombre considérable de partisans de la suprématie tutsie pour lesquels les Hutus ne sont qu'un ramassis de paysans méprisables et arriérés ». C'est dans cet état d'esprit que le FPR a malgré tout recruté des Hutu, conscient que ceux-ci ne seront que des figurants au sein de son organisation. Tout est fait pour les écarter, les humilier, les réduire au silence.

Les premiers Hutu à être approchés sont Jean Barahinyura et Alexis Kanyarengwe. Le premier a démissionné du FPR en 1992. Le second a persévéré jusqu'au jour où il s'est élevé contre les massacres à grande échelle dans le Nord du pays, y compris dans les communes de Gatonde et de Ndusu, région dont il est originaire et où les jeunes s'étaient engagés nombreux dans les rangs du FPR. Ces massacres n'ont d'ailleurs pas épargné les membres de sa famille. Ainsi les trois enfants de son beau-frère Bakunzibake de Kigombe, Ruhengeri, ont été enlevés de chez leurs parents par les militaires du FPR en pleine journée. Ces derniers les ont massacrés non loin de là dans la bananeraie familiale. Leur père assista impuissant à leurs cris d'agonie. Le commerçant Boseniryo de Ruhengeri, un autre parent de Kanyarengwe, fut lui aussi assassiné froidement. Les membres de la famille du Docteur Sebiziga, un ami intime de Kanyarengwe, qui a connu la prison pour lui avoir envoyé des médicaments lors de son exil en Tanzanie, furent eux aussi massacrés durant cette période. Ces massacres exécutés avec cynisme visaient en particulier à révolter Kanyarengwe pour trouver un prétexte de l'éloigner. Effectivement quand il a manifesté sa désapprobation, il fut contraint de démissionner le 27 mars 1997 de la présidence du FPR et prit une retraite politique. Il était écœuré d'être impuissant d'arrêter la dérive d'un front qu'il était censé diriger. Une goutte d'eau qui a fait déborder le vase fut le massacre par l'APR, dans la nuit du 23 au 24 mars 1997, de plus de 210 personnes en commune Mutura, préfecture de Gisenyi (FRD, mars 1997).

L'homme d'affaires Silas Majyambere avait rallié le FPR depuis 1990. Les membres de sa famille furent pourtant décimés par des éléments de ce Front. Ainsi vers juin 1994, plus d'une cinquantaine de personnes de la famille Mwongereza Josias de la Commune Murama, furent sauvagement assassinées par des combattants du FPR qui venaient de conquérir la région (Kabagema, 2001, pp.151-155). Elles avaient cru accueillir un mouvement libérateur dont faisait partie un des leurs. La situation avait évolué dans un autre sens à leur insu sinon elles auraient fui. En effet, tout commence quand au plus fort de la guerre, Majyambere eut des démêlés avec le FPR suite aux marchés juteux de fourniture de matériel militaire. Majyambere se révolta et alla s'installer à Kampala où il continue à faire des affaires. Après la victoire du FPR, il ne tarda pas à se dissocier de Kagame en lui adressant une lettre officielle dans laquelle il condamnait les massacres de populations civiles par l'armée du FPR. Il avait dénoncé à cette occasion l'accord liant son parti, l'UPR, au FPR. Un soir en rentrant chez lui dans les faubourgs de Kampala, il essuya des tirs devant l'entrée de son enclos (méthode utilisée pour assassiner les leaders politiques Gatabazi et Gapyisi). Il parvint miraculeusement à s'échapper.

Son beau-frère, Gad Gatorano, en a, lui, fait les frais : rentré du Zaïre après la prise du pouvoir par le FPR, il fut, avec sa femme Marie (sœur directe de Majyambere), mis en prison, dans un *container* vidé de marchandises et déposé dans l'enceinte du camp militaire de Kanombe. Ils y ont retrouvé entre autres l'épouse du professeur Runyinya Barabwiliza. Les conditions de vie étaient invivables. Le *container* n'était pas suffisamment aéré, la chaleur y était donc suffocante. Des personnes mouraient souvent par déshydratation. Ce fut le cas de Madame Runyinya qui n'a pas pu tenir. Le couple Gatorano lui, fut trimballé, de *container* en *container*. C'est dans celui déposé dans l'enceinte de l'Etat-Major de la Gendarmerie à Kacyiru, un autre quartier de la capitale, que Gatorano Marie succomba. Quant à Gad Gatorano, son jour n'était pas encore arrivé. En effet, une nuit, le container fut ouvert pour y soustraire un détenu. Gad Gatorano fut reconnu par un des militaires qui fut quelques années auparavant, son boy-chauffeur. Il a pu s'en tirer par ce biais. Il est actuellement exilé en Suisse. Quand vous le rencontrez, l'histoire qu'il vous raconte sur ses conditions carcérales vous donne froid au dos. Imaginez-vous des hommes et des femmes dans un *container* plein à craquer, tout nus, serrés les uns contre les autres, comme des sardines dans une boîte de conserve, embourbés dans leurs excréments,...Bon nombre de femmes sont mortes pourries. Des infections avaient attaquées leurs parties intimes à cause du manque d'hygiène adéquate.

Fin avril 1994, alors que le Colonel Lizinde était sur le champ de bataille comme commandant de bataillon du FPR dans la région de Byumba, son beau-frère, le Docteur Nturanyi, était à l'hôpital de Rwamagana. Les premiers soldats du FPR qui ont pris cette ville l'ont recherché et massacré avec toute sa famille. Le petit frère de Lizinde, un certain Hubert, subit le même sort à l'arrivée du FPR dans la capitale.

Ancien chef de la Police Nationale, Grégoire Kayinamura gardait une grande animosité contre Habyarimana. En effet alors qu'ils étaient collègues dans les premières années de l'indépendance du pays, le premier étant patron de la Police, l'autre de l'Armée, Grégoire Kayinamura fut relégué aux oubliettes lors de la suppression du corps de la Police alors que Habyarimana fit une ascension fulgurante dans l'armée. A l'avènement du multipartisme, il a naturellement rallié l'opposition et l'un de ses fils a rejoint le FPR. Quand Kigali était sur le point de tomber, bon nombre d'éléments hutu, se battant aux côtés du FPR, furent éliminés pour qu'ils ne puissent pas un jour revendiquer cette victoire. Ainsi mourut le fils de Kayinamura et l'ex-adjudant des FAR Bayingana. La femme de ce dernier restée au Rwanda s'est exilée en Belgique parce qu'on voulait l'éliminer pour écarter toute réclamation. Le FPR assassina le vieux Kayinamura et sa fille Oda à Byumba. Sa femme s'échappa et s'enfuit vers le Zaïre. A son retour, avec le démantèlement des camps, elle a été tout simplement emprisonnée.

Le Général Rusatira et le Colonel Lizinde furent humiliés publiquement pour leur faire comprendre que leur place n'était pas dans le FPR en tant qu'anciens des FAR. Les blagues qui circulent à leur sujet ne manquent pas de piment. Rusatira reçut une audience chez Kagame. A l'heure fixée, il entre, fait le garde-à-vous et donne un salut militaire. Il se présente : « Général de Brigade Rusatira Léonidas ». Kagame le regarde dédaigneusement et lui dit : « Tu es Général de quelle armée puisque ton armée a été défaite ? Saches que désormais, je suis le seul général au Rwanda ». Il le somme de sortir. Un fait certain est que Rusatira a été rétrogradé et redevenu Colonel. Comme si cela ne suffisait pas, il a été mis à la retraite quelques semaines après. Ses ennuis ont continué jusqu'au jour où il s'est échappé pour se réfugier au Kenya puis en Belgique. Il figure en bonne place sur la liste des génocidaires publiée après son exil. En date du 15 mai 2002, il fut arrêté à Bruxelles sur mandat du Tribunal Pénal International pour le Rwanda avec la main invisible de Kigali selon les observateurs. Bon nombre de défenseurs des droits de l'homme et des personnalités qui le connaissent ont protesté contre cette arrestation d'un homme dont la droiture est sans conteste. Suite à cette pression, le TPIR se ravisa et décida sa mise en liberté le 14 août 2002, avant qu'il ne soit transféré à Arusha.

De même, voulant humilier Lizinde, Kagame le somma un jour, devant ses hommes, de se coucher par terre comme un chien qui sollicite son maître. L'autre refusa. Kagame ordonna alors à ses gardes de corps de faire exécuter sa volonté. Lizinde consentit. Finalement, il parvint lui aussi à s'enfuir et sera assassiné à Naïrobi au Kenya. Il semble qu'il avait commencé à écrire un livre mettant en cause le FPR. Le double de ses écrits était détenu, semble-t-il, par son neveu du nom de Safari, qui vivait lui aussi dans la capitale kenyanne. Ce jeune homme a été enlevé quelques jours après l'assassinat de son oncle et se trouverait à Kigali. Après ce kidnapping, aucune trace de ces documents compromettants ne subsiste.

Un autre cas éloquent est celui d'un officier supérieur des ex-FAR, G.M., qui a quitté Bukavu où il était réfugié pour rejoindre l'APR en 1994. Cet officier a dû mettre sa famille en sécurité quelque part en Europe. Alors qu'il était au Bugesera pour une formation idéologique du FPR, sa femme et ses enfants ont subi les pires humiliations. Les *Kadogo* (enfants-soldats) leur disaient notamment : « Vous les Hutu, vous n'avez vraiment pas honte. Nous avons passé 30 ans à l'extérieur. Vous, après un mois à peine vous revenez. Comment vous ne pouvez même pas supporter un mois d'exil ? Que revenez-vous faire ? ». A son retour, le mari, informé de cette situation, fit sortir toute sa famille ; il vit actuellement seul à Kigali. Sa femme n'a pas osé demander l'asile politique pour ne pas éveiller les soupçons du FPR. Elle vit officiellement à l'étranger avec ses enfants pour « les encadrer dans leurs études ».

Un autre Hutu, Jean Baptiste Mberabahizi, rencontra secrètement Kagame à Mulindi en 1992. Celui-ci lui demanda de fonder un parti politique. Ce qu'il fit en mettant sur pied le Parti Socialiste Rwandais (PSR) En mai 1993, il laissa la présidence de ce parti au Docteur Rutijanwa, son vice-président et rejoignit le FPR pour être son formateur politique, adjoint de Tito Rutaremara dans la formation idéologique. Après la prise du pouvoir en juillet 1994 par le FPR, il fut nommé député. Subissant alors les brimades de ce FPR éthnisant, il a démissionné pour se réfugier en Belgique.

Dans ce même cadre, un certain Jean Marie Vianney Masabo fut un grand militant de première heure du FPR par le biais de deux associations qu'il présidait : *Abadaha* et *International Conference of Rwandese Refugees*, toutes deux basées en Allemagne (Masabo n'était pas pourtant réfugié ; il est parti en Allemagne avec une bourse du Gouvernement rwandais d'alors). Après la prise du pouvoir, Masabo espérait un poste élevé dans le Gouvernement FPR, notamment celui d'Ambassadeur en Allemagne à l'instar de son collègue Denis Polisi, qui était son équivalent en Belgique et qui avait été nommé ambassadeur dans ce pays. Il n'en fut rien. Il semble que le FPR a découvert que Masabo n'avait pas du sang à 100 % tutsi. Aujourd'hui, il se retrouve marginalisé par ce Front.

L'ex-Président Pasteur Bizimungu était lui aussi en permanence dans une situation angoissante. Le FPR ne cessait de brandir son dossier relatif à son appartenance au Comité du Salut de l'Université Nationale du Rwanda en 1973. Il était alors obligé de prouver régulièrement sa loyauté au Général Paul Kagame, son vice-Président et homme fort du Rwanda. Il était obligé également de se soumettre aux ordres de Patrick

Mazimpaka, son ex-Ministre à la Présidence, véritable patron des affaires de l'Etat. Ainsi montrait-il un excès de zèle dans tout ce qu'il faisait, doublé d'initiatives malheureuses, tout cela pour contenter ses patrons. Pour le pousser à une dépression nerveuse, il semble que le FPR lui a demandé d'inviter son petit-frère à rentrer de l'ex-Zaïre. Il était lieutenant dans les ex-FAR. Une fois arrivé au Rwanda, il a été vite intégré dans l'APR et affecté à la section de déminage. Sa première sortie sur le terrain lui fut fatale. Il n'en est pas revenu vivant. Il n'a pas pourtant sauté sur une mine. Sa mort reste mystérieuse. Son père est mort également mystérieusement le jour même du discours célèbre de son fils à Kibeho, appelant tous les Hutu à demander pardon et condamnant d'avance Monseigneur Misago pour génocide. Alors que sa femme et celle de Kagame s'étaient associées pour fonder une école des enfants de la bourgeoisie, les siens n'auraient pas été bien accueillis. D'autres enfants les huaient à longueur de journée en les traitant d'*ibipinga* (sobriquet insultant donné à tout Hutu par les membres du FPR). Ce harcèlement psychologique a poussé notre ex-Président à les retirer momentanément et à trouver un enseignant qui leur dispense des leçons à la maison. Des observateurs pensent que l'attitude de ces enfants envers d'autres enfants, fussent-ils Hutu, ne peut qu'être le reflet d'un endoctrinement opéré par les parents sur leur progéniture.

Le 30 mai 2001, il avait convoqué des journalistes pour officialiser son parti politique le « Parti pour le Renouveau Démocratique », en Kinyarwanda *Ubuyanja*. Sa résidence fut encerclée par des militaires de Kagame. La conférence avorta. Tous les avantages d'un ancien Chef d'Etat lui furent retirés. Il reconnaît lui-même aujourd'hui que pendant ses sept ans à la tête du pays, il a vécu encadré par des fidèles de Kagame, en potiche consentante et en Hutu de service et que l'homme fort du pays était Kagame lui-même (*Le Monde* du 20 mai 2002). Pasteur Bizimungu est en prison depuis le 19 avril 2002, accusé de d'atteinte à la sûreté de l'Etat.

L'ex-Premier Ministre Pierre Célestin Rwigema était dans la même situation. Son passé servait d'épée de Damoclès. Jeune homme intelligent durant ses études, il avait engrossé une fille alors qu'il était dans le premier cycle de l'Université Nationale du Rwanda. L'avortement étant considéré comme un infanticide au Rwanda, Pierre Célestin Rwigema accompagna sa petite amie chez un spécialiste en la matière dans la ville de Goma dans l'ex-Zaïre. Comme il devait entre-temps passer un examen oral d'anglais, il demanda à un de ses amis qui faisait des études d'anglais, un certain Sebyoba, de se présenter à sa place et en son nom. Le Professeur, un expatrié, remarqua cette tricherie. Pierre Célestin Rwigema et son complice furent renvoyés. Nous sommes en 1975. Pierre Célestin Rwigema fut alors au service de l'entrepreneur Antoine Sebera. Il quitta la société pour travailler en indépendant en fondant sa propre société de construction. En 1985, il abandonna finalement tout et s'en alla au Zaïre car il avait été toujours frustré de ne pas avoir un diplôme universitaire. Après deux ans, Pierre Célestin Rwigema avait sa licence en sciences économiques en poche. Revenu au Rwanda, il fut engagé comme Directeur de l'Imprimerie *Printer Set* et adhéra au parti MDR lors du multipartisme en 1991.

Avec la victoire du FPR en juillet 1994, Pierre Célestin Rwigema fut l'un des courtisans de Paul Kagame en brandissant notamment qu'ils sont originaires de la même région. Il fut nommé ministre de l'Enseignement. Paul Kagame en profita et l'utilisa pour savoir ce qui se tramait dans « le camp des Hutu ». Ainsi quand Twagiramungu et ses ministres hutu ont décidé de démissionner, Pierre Célestin Rwigema était lui aussi de la partie. Mais il est passé à côté pour révéler l'affaire à Kagame. Leur démission coïncida ainsi avec leur limogeage. Pierre Célestin Rwigema en a récolté les fruits et fut nommé Premier Ministre.

Pour le fragiliser et l'amener à faire davantage le mouchard, on l'accusa de génocide. Pour se dédouaner, le FPR lui demanda de confirmer la présence des infiltrés à partir du Zaïre et justifier ainsi le massacre des populations civiles par l'APR.

Sur injonction des « hautes autorités de la République », il avait la mission de casser le MDR en écartant les députés qui n'adhéraient pas pleinement à l'idéologie du FPR. Il alla même jusqu'à endosser tous les crimes des Hutu et à demander publiquement pardon en leur nom. Comme pour lui montrer que son sort dépendait du FPR, son directeur de cabinet, un autre Hutu, a été arrêté dans son bureau et mis simplement en prison pour « génocide ». Pierre Célestin Rwigema ayant fini sa tâche, fut contraint de démissionner en février 2000. Il s'exila et le gouvernement du FPR lança contre lui, le 11 avril 2001, un mandat d'arrêt international. Comme si cela ne suffisait pas, il fut mis lui aussi sur la liste des « génocidaires de la première catégorie ».

Le Ministre Marc Rugenera a, lui, résisté à des provocations semblables mais il reste un homme blessé intérieurement. En effet, des soldats de l'APR ont tué, en novembre 1994 à Kigali, son ami et son associé en affaires, Hakizimana Mathias. D'autres personnes ont été enlevées de chez lui en son absence pour être jetées en prison. Il fut accusé de malversations de toutes sortes et son cas a été soumis au Parlement. Il n'a manqué qu'une petite voix pour qu'il soit obligé de démissionner. Il est actuellement reconverti aux affaires.

L'ex-Ministre Birara avait boudé les conseils du Gouvernement pour protester contre son Secrétaire Général Donald Kaberuka qui ne cessait de le court-circuiter, impunément, puisque tutsi et membre du FPR. Ce dernier l'a effectivement remplacé à ce poste alors que Birara se contente aujourd'hui d'un poste nébuleux de conseiller.

Au sujet de ce Kaberuka, pour lui comme pour bon nombre des membres du FPR, un Hutu ne vaut pas grand-chose, même s'il est promu à de hautes responsabilités. Un membre du FPR m'a raconté comment un jour, ne voulant pas un regard indiscret sur la gestion des fonds de l'Etat, un Tutsi est allé trouver son collègue, un haut fonctionnaire du Trésor (un Hutu) dans son bureau et l'a sommé de déguerpir. L'autre n'en croyait pas ses oreilles. Il a hésité car il se disait qu'un commis de l'Etat ne peut être renvoyé de cette manière. Il oubliait que son agresseur était avant tout membre du FPR et qu'à ce titre tout lui était permis. Après quelques joutes verbales, le Tutsi se fâcha et donna cinq minutes au pauvre Hutu pour sortir du bureau. Ce temps expiré, le Tutsi revint avec un pistolet à la main. Les fonctionnaires qui l'ont vu dans les escaliers sont allés alerter leur collègue du Trésor qui s'est sauvé à toutes jambes sans regarder derrière. Le malheureux n'a plus jamais mis les pieds au ministère. Il est actuellement en exil. Les autorités du ministère n'ont jamais réagi à cette agression.

L'ex-Ministre de la justice, Faustin Ntezilyayo, a subi lui aussi les conséquences de ce cynisme. Le jour où il a été nommé ministre, son frère Mugaragu a été arrêté et détenu dans le cachot communal de la commune Rutobwe. Voulant connaître la raison de cette arrestation pour le moins arbitraire, le ministre ne reçut aucune explication. Il put néanmoins le faire transférer dans la prison de Gitarama où il reste sans procès. S'élevant contre des arrestations arbitraires, il fut traité de tous les noms par la presse du FPR qui lui reprocha de vouloir faire libérer les Interahamwe. Il devient l'attaque des journaux d'obédience du FPR. Le journal « Le Tribun du Peuple » n° 91 d'avril 1997 titrait : « *Ministri w'ubutabera ararwanira ishyaka interahamwe ngo zifungurwe* » (Le ministre de la justice se bat pour que les *Interahamwe* soient libérés). Le journal de l'APR *Ingabo* n° 24 de mai 1977 répéta les mêmes propos : « *Akamu k'abaturage : Ngo ministiri w'ubutabera afunguza interahamwe ?* » (La clameur publique : il semble que le ministre de la justice fait libérer les *interahamwe* ?). L'Agence d'information ARI/RNA de Privat Rutazibwa dans son numéro 112 du 15 au 20/10/1998 reproche au Ministre Ntezilyayo de vouloir protéger les ''génocidaires'' notamment en les libérant. Les mêmes accusations furent reprises dans l'hebdomadaire gouvernemental *La Nouvelle Relève* n° 371 du 15 novembre 1998.

Le Ministre a été attaqué suite à une lettre écrite le 31 mars 1997 enjoignant au Procureur de Gitarama de faire libérer provisoirement deux personnes arrêtées arbitrairement et détenues dans les cachots des communes Mugina et Rutobwe sans aucun dossier. Il demandait de procéder d'abord aux enquêtes nécessaires au sujet de ces deux cas. Le procureur de la République, Paul Mugemangango, lui répondit par un refus dans sa lettre du 04/04/1997. Ces incidents, ajoutés à d'autres dans lesquels le tout puissant Ministre à la Présidence, Patrick Mazimpaka, lui déniait tout droit de muter le personnel pourtant dans l'intérêt du service, poussèrent le Ministre Ntezilyayo à s'exiler momentanément.

Un autre hutu, Jean Pierre Bizimana, a été nommé Secrétaire d'Etat à l'Enseignement Supérieur après avoir été ministre de l'information. A ce nouveau poste, il était sous les ordres du tout puissant Colonel Karemera, ministre de l'éducation. Ayant émis des observations non conformes à la volonté de son ministre, celui-ci le gifla publiquement devant ses collaborateurs. L'incident fut banalisé dans les hautes sphères du FPR et, pour consoler Bizimana, il fut nommé ambassadeur en Egypte.

Le cas d'Amri Sued Ismaël est encore plus parlant. Ministre hutu des affaires étrangères, il est envoyé aux négociations de Lusaka (Zambie) pour la paix en République Démocratique du Congo (RDC). Il fait tout pour défendre toutes les positions prescrites par Paul Kagame. Mais certaines d'entre elles sont indéfendables et le ministre fut à certains moments ridicule devant ses collègues, tellement ses propos étaient déplacés. A court d'arguments, il cède sur certains points. Il n'avait pas encore terminé les négociations qu'il fut limogé. Les membres du FPR de sa délégation l'avaient accusé d'être de connivence avec les détracteurs de Paul Kagame dans sa guerre contre la RDC. Cet ancien ambassadeur de Habyarimana au Kenya et en Egypte avait les faveurs du FPR grâce à sa femme qui de bonne heure a milité pour le FPR.

Le Général de Brigade Emmanuel Habyarimana est un officier des ex-FAR qui avait rejoint le FPR. Il fut mis en avant de la scène pour montrer la bonne volonté du FPR de réintégrer les ex-FAR. Il fut successivement Sécrétaire d'Etat à la Défense, adjoint au Général Kagame, puis ministre de la défense quand Kagame est devenu Président de la République. Le Général Habyarimana a fui le pays le 30 mars 2003 pour se réfugier en Ouganda Il était accompagné notamment d'un autre ex-FAR, le Lieutenant-colonel Balthazar Ndengeyinka (The Monitor du 31/03/2003).

La liste des Hutu ayant cru travailler de bonne foi avec le FPR et qui ont déchanté ne cesse de s'allonger. On peut citer encore : Jean Marie Vianney Ndagijimana, ex-ministre des Affaires Etrangères, réfugié en France, Faustin Twagiramungu, ex-Premier ministre ; Jean-Baptiste Nkuliyingoma, ex-ministre de l'Information, Niyitegeka Gérard, ex-Gouverneur de la

Banque Nationale du Rwanda, Ignace Karuhije, ex- Préfet de Ruhengeri, Marthe Mukamurenzi, ex-ministre de la justice, Jean Marie Nkezabera, ex-Directeur de cabinet du Ministre des Finances, tous en exil en Belgique; Béatrice Sebatware, ex-Secrétaire d'Etat à l'Intérieur, réfugiée en Hollande, Ruberangeyo, ex-Directeur du Trésor, réfugié en Allemagne, Pierre Célestin Rwigema, ex-Premier Ministre et Théobald Rwaka, ex-ministre de la sécurité intérieure, tous réfugiés aux USA.

Le FPR dans sa propagande, a comparé la politique de l'équilibre ethnique pratiquée par le régime Habyarimana à une sorte d'apartheid. Cette politique a été pourtant « très souvent positive en faveur des tutsis » (Alarie-Gendron, 1997, p.11) soit dans l'octroi des bourses d'études, d'emplois, des licences de commerce,... Ainsi en 1985 « les institutions d'enseignement secondaires et supérieures comptaient souvent près de 50% d'enseignants et étudiants tutsi » (Reyntjens, 1985, p. 502). Dans ce cadre, la politique pratiquée aujourd'hui par le gouvernement du FPR est hypocrite et ethnisante. A force de dire qu'il n'y a pas d'ethnies au Rwanda et qu'il n'y a que des Rwandais, cette assertion cache sournoisement une ségrégation raciste. Aujourd'hui, la justice est composée à 90 % de magistrats tutsi. Les administrations territoriales sont détenues par des tutsi sans parler de l'éducation de laquelle les enfants hutu sont écartés. Autre manœuvre : les zones dans lesquelles il y a une grande concentration des Hutu sont déclarées « zones militaires » et on y interdit toutes les activités dont l'enseignement. Le FPR pratique non seulement un génocide physique sous prétexte de traquer des infiltrés mais également un génocide culturel et intellectuel des Hutu par la fermeture des écoles. L'instauration des camps s'inscrit dans cette politique macabre sous le fallacieux prétexte de protéger la population contre des rebelles. Avec la guerre du Congo, les prisonniers hutu sont déportés dans ce pays pour aller travailler dans les mines pour le compte de l'Armée Patriotique Rwandaise (ONU, doc S/2001/357du 12 avril 2001, p.45). Dans les collines, les paysans sont invités à aller détruire ainsi leurs habitations et venir dormir à la belle étoile où la faim et le froid les éliminent à coup sûr. Ils vont labourer leurs champs sous escorte militaire une ou deux fois par semaine. Ainsi la famine s'installe dans les préfectures de Ruhengeri et de Gisenyi, naguère « greniers » du Rwanda. Le choléra y fait des ravages. Toutes ces catastrophes arrangent évidemment le FPR pour qui le syndrome de « la majorité hutu » doit être éradiqué par tous les moyens.

D'ici quelques années, les collines rwandaises seront méconnaissables. Aucun témoin ne pourra plus localiser où ont été creusées les fosses communes ayant englouti les Hutu massacrés par l'APR. Ajouter à cela que toutes les archives ont été, dans de nombreux endroits, détruites. Dans les communes où les massacres ont été systématiques, les fiches d'état civil ont été purement et simplement collectées et brûlées. Le MDR, dans une de ses publications, a dénoncé entre autres « cette mort civile » opérée par le FPR par la destruction des archives partout dans le pays (MDR, novembre 1994).

Dans le but de détruire le groupe hutu par un semblant de justice, le FPR a toujours imposé une logique que ses différents ministres de la justice n'ont pas approuvée : Alphonse Marie Nkubito a été dégommé, il est mort dans son lit quelques mois après. Ce militant des droits de l'homme ne voulait pas couvrir les massacres commis quotidiennement par les militaires du FPR dans la plus grande impunité ; sa remplaçante Marthe Mukamurenzi fut accusée de détournement de fonds, un prétexte sûrement pour s'en débarrasser car elle aussi était pour une vraie justice, elle est aujourd'hui en exil ; Faustin Ntezilyayo a démissionné et s'est exilé au Canada. Le département a été confié finalement à un vrai membre du FPR, à savoir un certain Jean de Dieu Mucyo. L'épuration bat son plein. Les hauts magistrats hutu sont démis ou assassinés : le Lieutenant Colonel Augustin Cyiza a été suspendu de ses fonctions de président de la Cour de cassation depuis mars 1988 ; il a échappé à un attentat en mars 1999, le Président du Conseil d'Etat et Vice-Président de la Cour suprême, Alype Nkundiyaremye s'est exilé à Bruxelles en juin 1999 (aujourd'hui décédé) ; plus d'une quinzaine de magistrats hutu ont été assassinés ou jetés en prison arbitrairement. Parmi ceux qui ont été assassinés, on peut citer : Gratien Ruhorahoza, Vincent Nikuze, Ladislas Mutabazi, Jean Damascène Munyansanga, Floribert Habinshuti.

Dans sa tactique de montrer un visage de rassembleur, le FPR a nommé quelques hutu dans des postes diplomatiques mais quand ceux-ci eurent fini de clamer haut et fort que le régime est bon et que le Gouvernement est d'unité nationale, il s'en débarrassa en les mettant dans des conditions de travail impossibles, notamment en les court-circuitant par leurs subalternes, membres du FPR affectés à leurs côtés pour les contrôler. Plus d'une quinzaine de diplomates hutu furent obligés de démissionner et de demander asile politique à l'extérieur. L'on peut citer entre autres Christophe Mfizi, ex-ambassadeur à Paris, qui a dû démissionner car un certain Modeste Rutabayiru, son Conseiller et membre du FPR était le vrai patron de l'Ambassade. Dans sa lettre de démission adressée au Président de la République le 18 septembre 1996, Christophe Mfizi donne entre autres raisons : le harcèlement dont il était l'objet de la part de Kigali, le détournement ou le blocage de dossiers de son ressort ayant trait à la coopération bilatérale et multilatérale, l'étouffement délibéré de la mission de Paris par le non envoi de fonds de fonctionnement, le torpillement systématique par certaines hautes autorités de son action diplomatique, mais également « la tentative de bipolarisation de l'Ambassade par le biais du Premier Conseiller ».

Le 17 janvier 2003, Anastase Gasana, Ambassadeur du Rwanda à New York, a demandé une mise en disponibilité. Il était agacé par le fait que le ministère des Affaires Etrangères lui mettait les bâtons dans les roues (*to undermine*) pour l'empêcher de bien s'acquitter de sa mission. Les autorités de Kigali le circuitait notamment par son staff du secrétariat et ne lui envoyait pas les frais de fonctionnement. Anastase Gasana avait été collaborateur du FPR depuis 1992 comme il le dit dans la lettre précitée, alors qu'il était membre du parti MDR. Il avait occupé précédemment le poste de ministre des Affaires Etrangères et était à New York depuis avril 2001.

La liste de ces diplomates est longue : Antoine Nyilinkindi, ex-ambassadeur à Kinshasa, est réfugié en France ; son

Conseiller Jean de Dieu Tulikumana est réfugié en Belgique; le Colonel Nshizirungu, ex-Ambassadeur en Ethiopie s'est réfugié en Afrique du Sud avant de rentrer; Jean Marie Vianney Mbonimpa, ex-ambassadeur à Berne, réfugié en Suisse ; Vincent Gatwabuyenge, ex-Consul en Afrique du Sud est réfugié au Canada. D'autres diplomates hutu ont été purement et simplement découragés par leurs ambassadeurs, membres du FPR. L'on peut citer Evariste Ndungutse, Conseiller à l'Ambassade du Rwanda à Bruxelles, réfugié en Belgique ou Marianne Baziruwiha et Vénuste Habiyambere, tous deux Conseillers d'Ambassade à Washington et actuellement réfugiés aux USA (Nkundiyaremye, 1999, pp. 35-37).

L'ethnisme du FPR est on ne peut plus viscéral ; même les cadavres des Hutu n'ont pas droit à l'inhumation. Leurs crânes sont exposés dans divers endroits et visités par tous les hôtes de marque pour les impressionner. Ainsi le Parlement a refusé que les corps des évêques assassinés à Kabgayi (Gitarama) en juin 1994 par l'armée du FPR soient enterrés dans la dignité. D'autres nombreux cadavres de hutu n'ont pas eu ce privilège. Faustin Twagiramungu (1997) garde un souvenir amer de cette attitude du FPR:

> Lorsque nous avons voulu enterrer les restes des cadavres de Rwandais découverts non loin de l'hôpital de Kigali, certains ministres ne voulaient pas que les Hutu soient enterrés à la même date que les Tutsis. Nous avons insisté et, finalement, l'enterrement a eu lieu le même jour.

L'épuration ethnique pratiquée par le FPR n'a pas épargné le domaine économique. Des sociétés et des unités économiques de Hutu ont été sabotées, et bon nombre d'entre elles ont fermé leurs portes. Mporanyi, administrateur de la société d'assurances SORAS, a été emprisonné en juillet 1996 par Charles Kabanda, Procureur Général de Nyanza, sur instigation des membres du FPR qui voulaient détruire sa société et la remplacer par la leur. Son passeport lui fut retiré. Il a fallu une grande pression extérieure pour que le Général Kagame ordonne lui-même sa libération.

Dans le but de casser le pouvoir d'achat des Hutu, le FPR a inventé toutes formes de subterfuge. Les petits restaurants des

Hutu, surtout ceux se trouvant dans de grands centres commerciaux du pays (et donc les plus achalandés), dont Kigali, ont été fermés suite aux rumeurs propagées comme quoi du poison serait donné aux clients dans les repas. Pour avoir des effets escomptés, la rumeur fut largement médiatisée par la presse gouvernementale (Radio Rwanda du 6 juin 1996, *Imvaho Nshya* n° 1138 du 15-21/7/1996) et le journal pro-FPR « Le Tribun du Peuple » n°74 de juillet 1996. Même certaines agences de presse internationales dont Reuter (6 juin 1996) reprirent cette rumeur. « Le Tribun du Peuple » pointa du doigt les *Interahamwe* comme étant à l'origine de ce phénomène d'empoisonnement. Il avait titré : « Ne pas sévir contre les empoisonneurs, c'est tolérer les Interahamwe ». (*Kudahagurukira ikibazo cy'abarozi ni ukorora interahamwe*). Des jeunes hutu furent ainsi ramassés dans divers coins du pays comme étant des empoisonneurs. Dans cette campagne de propagande taxant les Hutu de tous les maux, le journal catholique *Kinyamateka* n°1448 de juillet 1996 eut une voix discordante et montra que cette rumeur était sans fondement après enquête sur le terrain, notamment à Rwamagana où le journaliste de Radio Rwanda avait affirmé qu'une dizaine d'élèves de l'Ecole de commerce de cette ville avaient été conduits à l'hôpital suite à leur empoisonnement par des maïs achetés sur la route. Les médecins étaient formels et ont parlé d'une hystérie collective ou de la psychose, due sans doute à cette médiatisation à outrance.

Dans ce plan machiavélique, bon nombre d'intellectuels hutu ayant des postes de responsabilité ou des salaires intéressants, ont été tués ou emprisonnés. Ainsi presque tous les cadres hutu du PNUD ont été assassinés. François Munyantwali, un haut cadre de la Banque Mondiale à Kigali, est mort mystérieusement. Le nommé Aloys Karasankwavu, ex-Fondé de Pouvoir de la Banque Commerciale du Rwanda (BCR), a été incarcéré et battu par des militaires. Il est mort des suites de ces mauvais traitements sur le chemin de l'hôpital. Il venait de mettre sur pied le fonctionnement de la Banque de Commerce, de Développement et d'Industrie (BCDI) et était pressenti pour la diriger.

Plus subtile fut la circulaire n°447/10.10/21/97 du 05/05/1997 du Ministre Joseph Nsengimana de la Fonction Publique et du Travail, interdisant aux employeurs d'engager « les travailleurs récemment rentrés de l'exil », (sous-entendu les Hutu venus des camps) avant qu'ils ne soient formés notamment « au nouvel esprit de travail » et à la cohabitation sociale des Rwandais. Le résultat en est que l'on engage celui qu'on veut, ces deux critères prescrits par le Ministre étant d'une grande subjectivité. Alors qu'il y a un manque flagrant de cadres dans tous les domaines, l'on voit des enseignants, des ingénieurs agronomes, des juristes, ...cloîtrés chez eux et qui ne peuvent pas travailler même s'ils ont subi la formation idéologique.

Les périodes de ces formations furent des moments propices pour la disparition de nombreux intellectuels hutu interceptés sur le chemin menant vers les centres de formation ou soustraits du groupe lors des formations pour ne plus réapparaître. On peut ajouter ceci : le Préfet de la Ville de Kigali, le Major Rose Kabuye, avait voulu donner une carte d'identité spéciale à tous les Hutu revenus des camps de réfugiés et présents dans la capitale. Ce sinistre projet avorta grâce à la vigilance et au courage de feu Seth Sendashonga alors Ministre de l'Intérieur. Ceux qui échappent à toutes ces entraves sont emprisonnés sans dossiers avec un délai légal de détention que l'on prolonge à volonté pour que ces malheureux meurent lentement en prison où les conditions de détention sont indescriptibles.

Selon une dépêche de l'AFP du 09/01/1998, des gens arrêtés avant le 31/12/1997, leur délai légal de détention a été prolongé jusque fin 1999. Les gens arrêtés en 1994 viennent de passer plus de 6 ans en prison et plusieurs n'ont pas de dossiers. Y a-t-il lieu de parler de justice ? Même pour un crime aussi grave que le génocide, la loi publiée au Journal officiel du 31 décembre 1997 est en violation flagrante du Pacte international relatif aux droits civils et politiques de 1966, ratifié par le Rwanda en 1976. Son article 9 stipule entre autres que : « Tout individu arrêté sera informé au moment de son arrestation des raisons de cette arrestation ». La loi précédente stipulait que les prisonniers dont les dossiers n'avaient pas été constitués avant le 31 décembre

1997 devaient être libérés » (AFP du 09/01/1998). Le Parlement, dominé par les membres du FPR, a voté la loi ci-haut citée.

Le FPR a fait montre de beaucoup d'ingéniosité dans cette politique de réduire les Hutu à leur plus simple expression. Déjà en 1992, la population des zones conquises de Byumba était regroupée par le FPR dans des camps de concentration dont le plus grand était celui de Bungwe. A. Des Forges (1997), voulant prouver que la constitution de ces camps n'avait rien de criminel, révèle comment les gens y étaient tués :

> Lorsque le FPR s'était emparé d'une région, il regroupait tous les civils en un seul endroit, pendant plusieurs semaines. Il sélectionnait quelques personnes du camp et les exécutait. Personnellement, je reconnais que tous ces faits sont établis, sans pour cela constituer un génocide.

Il convient de faire remarquer que ce tri ne concernait que les Hutu et visait principalement ceux qui étaient formés. Ils étaient tués parce qu'ils étaient hutu. L'intention de les annihiler était déjà là. Et cela se passe tout de même dans les premières années de la guerre. Ceux qui parlent du génocide des Hutu par le FPR depuis octobre 1990 n'ont pas tort. Le FPR ne faisant rien par improvisation, il présente ces « camps de la mort » comme des *safe villages*. La journaliste Catherine Watson qui avait visité la région en 1992, trouvait à son retour que le silence qui planait sur la région antérieurement densément peuplée donne le frisson. Car elle était étrangement vide de vie humaine (*eerly empty of life*). La journaliste n'avait alors trouvé que 2600 civils groupés dans deux villages sur une population évaluée alors à 800.000 âmes avant la guerre (Mamdani, 2000, p. 187).

S'il est vrai que bon nombre de gens avaient fui devant l'avancée du FPR, bon nombre d'autres sont tombés sous ses balles car les combattants tiraient sur tout ce qui bougeait. Le FPR était intéressé plus par la libération du territoire que de la population (Mamdani, 2000, p. 189).

Ce caractère criminel a été décrit par l'organisation Human Rights Watch. Elle signale, dans un de ses rapports, que le FPR a forcé des centaines, voire des milliers de population du Rwanda vers l'Ouganda (« *forcibly moved hundreds, perhaps thousands, of people from Rwanda to Uganda in order to create free-fire zones* ») ; il a pillé leurs propriétés (« *pillaged and destroyed their properties* »). Il a également recruté des hommes et des jeunes gens contre leur gré pour servir dans ses rangs comme porteurs ou gardiens de bétail (« *recruited boys and men against their will to serve the RPF as porters and cattle herders* »). Cela commença en octobre 1990 jusqu'à l'offensive de février 1993 (cité par Mamdani, 2000, p. 188).

Après 1996, cette forme de déportation et d'esclavagisme va être utilisée avec l'attaque contre le Zaïre : les prisonniers hutu étaient emmenés dans les mines de diamant et de coltan dans les territoires conquis pour un travail forcé dont le produit revenait à l'APR.

Après sa prise de pouvoir en juillet 1994, ces camps ayant fait leur preuve, le FPR les utilisera également pour des éliminations ciblées, surtout des intellectuels et des hommes d'affaires et d'autres leaders d'opinion. Les camps de Kigali ville et de ses environs (Nyamirambo, Kabuga, Kicukiro), de Ruhango (Gitarama), de Bugesera (Kigali), de Byumba,… furent de véritables abattoirs. Ils ont vu mourir notamment plus de 12.000 personnes au Collège St André (Libération du 25/07/1994), 20.000 personnes à Kicukiro à hauteur de l'OPROVIA (Office de Production Vivrière et de commercialisation des produits Alimentaire) (Ndindiliyimana, 1999, p. 24); le commerçant Mwongereza et plus d'une soixantaine des membres de sa famille assassinés à Ruhango et d'autres au Bugesera, l'activiste des Droits de l'Homme Mbabajende assassiné à Byumba ainsi que la femme et les enfants de feu Théoneste Mujyanama, ex-Ministre de la Justice.

Avec le phénomène des « infiltrés », le FPR en a profité pour officialiser ces camps. Ils ont été présentés pudiquement sous le terme de « hameaux stratégiques ». La population de ces camps n'a pas la possibilité d'aller cultiver ses champs, sauf accompagnée de militaires et cela pour quelques heures. Elle ne peut rien vendre et n'a donc plus aucun pouvoir d'achat. Elle ne peut ainsi aller se faire soigner, vu qu'elle n'a pas d'argent, alors que les consultations et les médicaments sont de plus en plus chers. La mort guette dans ces camps de fortune. Et c'est irréversible puisque l'Armée en accompagnant cette population, l'oblige à détruire ses maisons, même si elles sont en matériaux durables pour aller vivre dans une tente en plastique dans les camps. Cela arrange l'armée qui encercle les camps et trie les personnes influentes ou simplement valides, qu'elle fait disparaître. Avec la protestation de certains Etats et ONG de défense des Droits de l'Homme, le FPR, qui ne tarit pas d'imagination, a inventé la politique de « villagisation ». L'objectif est le même. Cette villagisation improvisée est une bonne machine de la mort par la faim et les conditions de vie insalubres, sans parler du triage permanent des gens qui disparaissent sans autre forme de procès.

Le FPR a poussé tellement loin cette épuration ethnique qu'il en est même arrivé à instaurer une sorte d'apartheid dans le domaine de l'habitat, en créant des *tutsilands*. Ils s'étendent à l'est du pays sur les préfectures d'Umutara et de Kibungo, vidées des populations hutu trouvées sur place. A Kibungo l'extermination des Hutu est l'œuvre de l'ex-Préfet Protais Musoni et du Colonel Ibingira (CLIIR, décembre 1997).

La politique ethniste du FPR l'a conduit à ériger la criminalité et le terrorisme en mode de gouvernement.

Une organisation criminelle et terroriste

Depuis son attaque en octobre 1990, le FPR n'a cessé de massacrer des populations civiles. Les premières victimes furent des habitants des ranches du Mutara, dont notamment de nombreux hutu burundais de Rukomo installés dans la région pour les éloigner de la frontière burundaise. A ce sujet Alain De Brouwer (novembre 1996, p. 10) parle des «mini-génocides» entre autres des Batwa et de la communauté des réfugiés burundais du Mutara « qui a été éradiquée par la guerre, parce qu'elle constituait la cible privilégiée de certains rebelles ».

Le 23 janvier 1991, il y a eu l'invasion de la ville de Ruhengeri qui a fait des centaines de victimes parmi la population civile. Le 19 février 1991, 300 civils ont été exécutés par les combattants du FPR dans les communes de Kinigi et de Kigombe. Au moins 20 personnes mouraient chaque jour, de faim, de froid et de maladie. En septembre 1992, il y a eu attaque de Nyabwishongwezi et massacres de populations civiles de cette localité de la commune Ngarama, Préfecture de Byumba.

Entre le 8 et le 26 février 1993, le FPR a lancé une offensive généralisée et meurtrière qui a fait, selon des observateurs, plus ou moins 150.000 victimes. Le 8 février 1993, 22 élèves hutu de l'Ecole secondaire de Musanze (commune Kigombe, Ruhengeri) ont été rassemblés et tués à la grenade. Le même jour, sur le mont Nyamagumba, Commune Kigombe, 18 femmes et 5 bébés ont été rassemblés dans une maison et tués à la baïonnette. Deux jours après, plus d'une vingtaine de personnes de la même localité ont été mutilées et torturées. Après avoir coupé la langue et crevé les yeux, les combattants du FPR les ont achevées à la grenade. Le 11 février 1993, 1500 personnes ont été rassemblées au bureau communal de Kidaho et mitraillées. Le 12 février 1993, les combattants du FPR ont attaqué le centre de santé de Gasiza dans la commune Kinigi. Plus de 50 malades dont un bébé d'une nuit et tout le personnel de santé ont été exécutés. Le même jour, plus de 500 personnes ont été massacrées dans la commune Nyarutovu. Le 17 février 1993, les combattants du FPR ont attaqué le camp de déplacés de Rebero dans la commune Bwisige (Byumba). Trois cent victimes furent recensées. En février et mars 1993, des paysans des communes Cyungo, Buyoga, Kibali, Tumba de la préfecture de Byumba sont massacrés en masse. Le nombre de victimes est estimé à 10.000 personnes. Un ancien enquêteur de l'ONG « Handicap International » entre septembre 1994 et mars 1995 sur « l'ampleur du handicap au Rwanda », révèle que toute la préfecture de Byumba n'était habitée que de 15.000 personnes pendant cette période. Même si on ajoute celles qui étaient dans les camps de réfugiés au Zaïre et en Tanzanie, la population manquante est évaluée à des centaines de milliers.

Depuis la défection de certaines personnalités du FPR, nous possédons plus de détails sur les crimes perpétrés par le FPR. Dans sa déclaration du 1er Mai 1996, le Colonel Théoneste Lizinde Mugabushaka a livré quelques détails :

L'Armée Patriotique Rwandaise (APR/RPA) a délibérément massacré une vingtaine d'élèves de l'Ecole secondaire de

Rushaki, en tirant des roquettes dans une masse d'élèves qui fuyaient les combats.

Le 21 avril 1994, à un commandant d'unité basée à Zoko (Buyoga-Byumba), qui lui demandait ce qu'il devait faire des réfugiés hutu qui fuyaient les combats, nattes et casseroles sur la tête, le Général-Major Paul Kagame lui a donné l'ordre en swahili de les liquider en ces termes : *Fagia wale washenzi* (Liquidez ces imbéciles).

En avril 1994, sur ordre des responsables du *Directorate of Military Intelligence* (DMI), des officiers du même service ont systématiquement nettoyé de tout élément hutu dans la région comprise entre Nyagatare, Matimba et Kiziguro. Les cadavres ont été jetés dans la rivière Akagera et, plus tard, ces mêmes cadavres ont été vus dans les eaux du Lac Victoria. Ce sont ces mêmes responsables qui ont fait massacrer les Hutu dans la région de Byumba nouvellement conquise, spécialement dans les communes Kibari, Kinyami et Murambi.

L'APR a également tué les malades et les blessés militaires, deux cents (200) à l'hôpital militaire de Kanombe et six cents (600) à l'hôpital de Butare (Lizinde, 1996).

Ce cynisme, le FPR l'appliquera sur les militaires des FAR à plusieurs reprises. Usant de la courtoisie la plus extrême, il est parvenu à attirer les militaires dans une sorte de traquenard pour enfin les éliminer. Un ex-officier des FAR nous a raconté comment lors de l'accalmie des négociations d'Arusha en 1993, la position que ses militaires occupaient était en face de celle des militaires du FPR. Un beau jour, un militaire du FPR appela de loin pour demander aux soldats des FAR de leur donner à boire car ceux-ci étaient approvisionnés régulièrement en bières « Primus ». Les militaires des FAR consentirent et demandèrent au militaire du FPR de s'approcher. Ils lui donnèrent une caisse de bière qu'il devait aller partager avec ses collègues restés en face. Quelques jours plus tard, le militaire du FPR revint et remercia les militaires des FAR au nom de ses camarades. Il les invita de venir à leur tour partager le vin de bananes que ses compagnons s'étaient fabriqué. Après hésitation, une délégation de 15 militaires prit le chemin. A l'approche de la position du FPR, le militaire leur demanda de laisser leurs armes, signe qu'ils viennent pour la paix et non pour la confrontation. Sitôt arrivés, ils furent accueillis par des rafales de balles. Tous furent mis à mort.

Un autre exemple est tiré d'un document de « Caritas Secours International » et intitulé « 1993-1997. Crise des Grands Lacs. Contexte d'une action humanitaire » (sd, p. 88). La scène se passe dans les environs de Kisangani à Lula.

Les premiers contacts entre les militaires tutsis et les réfugiés hutu sont étonnamment courtois. On se côtoie, on se donne des nouvelles du Rwanda, on parle même de rapatriement. Jouant sur la carte de la bonne confiance, les militaires proposent aux anciens FAR et à de jeunes recrues de s'enrôler dans leur armée pour libérer le Congo. 800 à 1300 hommes, selon les sources, se présentent. Ils sont emmenés et disparaissent sans laisser de traces.

Les exemples de cette perfidie ne manquent pas : les cas d'Emmanuel Gapyisi, Félicien Gatabazi, Théoneste Lizinde, Seth Sendashonga sont connus de tous. Ils ont été attirés par le FPR d'une façon ou d'une autre pour finalement être tués.

Les militaires du FPR déguisés en Interahamwe ou en soldats des FAR ont dressé des barrières dans certains endroits et ont éliminés pas mal de personnes. Ces massacres ont été toujours mis sur le compte des Hutu. « Ces éléments quittaient les barrages le soir pour regagner les rangs du FPR pour faire le compte rendu de la journée et les renseignements sur les positions des FAR » (Nyetera, 2002).

Cette information est confirmée par Monique Mujawamariya, une activiste des droits de l'homme. Elle signale que dans la préfecture de Butare, les militaires du FPR étaient déguisés en FAR avec l'insigne du portrait de Habyarimana sur la poitrine et qu'ils ont tué des Hutu et des Tutsi indistinctement (Mujawamariya, 1994, p.8).

On peut poser la question de savoir pourquoi certains Tutsi étaient indésirables aux yeux du FPR ? D'après Nyetera, est indésirable tout Tutsi qui n'a pas cotisé pour le FPR, ou qui n'a pas envoyé son fils dans les camps d'entraînement de l'APR ou alors n'a pas adhéré à un parti satellite du FPR. Le Tutsi de cette catégorie était présumé membre du MRND car pour le FPR, la neutralité n'était pas possible (Nyetera, 2002).

Appliquant le principe de « Qui n'est pas avec moi et contre moi », le FPR aurait également éliminé beaucoup de personnes que le public savait plutôt lui être proches. A en croire toujours Nyetera, et selon les informations récentes récoltées auprès d'un grand personnage qui, lui aussi les détient de feu Seth Sendashonga, la mort de Charles Shamukiga, homme d'affaires et Consul du Luxembourg et du Père Jésuite Chrysologue Mahame serait imputé aux commandos du FPR. Ces deux personnages ont eu une mission de parcourir le monde dans l'intention de convaincre le FPR d'arrêter la guerre et de négocier pacifiquement, ce que le FPR a rejeté. Aux yeux de celui-ci, ces émissaires étaient les collaborateurs du Président Habyarimana. Malgré leur adhésion aux idéaux du FPR, ils étaient condamnés par ce dernier. En outre, le fait qu'un tel et un tel ait été enlevé par les militaires ne prouve pas que ces militaires étaient de la Garde présidentielle, car les militaires de l'APR avaient eux aussi l'uniforme de l'Armée et de la Gendarmerie rwandaises et parlaient la même langue. Tout comme sur les barrages il y avait les éléments du FPR déguisés en *Interahamwe*, en *Inkuba* ou *Abakombozi*. Cela est une tactique bien connue : les commandos français ou belges n'avaient-ils pas des uniformes des officiers allemands pour accomplir leurs missions ? (Nyetera, 2002).

Après la victoire en juillet 1994, le FPR a mis sur pied une politique criminelle connue communément sous le nom code de « politique de l'*intsinzi* (« la raison de la victoire »). Selon Flavien Lizinde (cité par Antoine Nyetera, 2002), fils de feu Théoneste Lizinde, celui-ci lui a révélé, quelques mois après son exil en décembre 1995, ce que renfermait cette politique appliquée dans les rues par les extrémistes tutsi. Elle s'articulait notamment sur les points suivants : nettoyage des régions du Mutara dans Byumba, du Bugesera dans Kigali et de la préfecture de Kibungo de la population hutu pour créer un « Tutsiland » ; réalisation de l'égalité numérique entre Hutu et Tutsi ; muselage des partis politiques.

Le FPR a caché ses tueries. Pour les Européens il faut des preuves, c'est-à-dire des images. L'ex-Premier Ministre Twagiramungu (1997) regrette cette attitude :
> Quand les gens nous demandent si nous avons des preuves, c'est une façon de nous demander si nous faisons partie de la même civilisation. Pour eux, toute image qui n'est pas diffusée par la télévision n'existe pas. Nous souffrons énormément de cet état d'esprit. On nous répète sans cesse que le FPR, parce qu'il dispose de la meilleure armée du monde et soi-disant disciplinée, ne peut pas commettre de massacres, si ce n'est en représailles. Nous en avons assez de ce langage. (...) Nos amis, nos frères, ont été tués par le FPR qui continue à agir en toute impunité.

L'ex-premier ministre Nsengiyaremye (1997), qui a pris les rênes du pouvoir depuis avril 1992 en sait, lui aussi, quelque chose. Il affirme que dans les préfectures où le FPR a chassé les FAR, des massacres systématiques ont eu lieu, et cela à grande échelle.

C'est à cause de ces atrocités que les habitants des régions envahies par le FPR fuyaient. En juin 1992, les déplacés s'élevaient à 350.000 et après l'attaque de février 1993, à un million à la porte de la capitale, mourant de faim, de froid et de maladies dans des camps de fortune.

Les massacres des populations civiles hutu se sont amplifiés et ont été systématiques et généralisés après la mort du Président Habyarimana en avril 1994. Alors que des *Interahamwe* tuaient des Tutsi et des Hutu considérés, à tort ou à raison, comme des pions du FPR, celui-ci n'a jamais été surpassé dans cette course macabre. Son bataillon du CND, liste à la main, a nettoyé les quartiers de Remera, tandis que dans les zones occupées par le FPR ainsi que dans la « zone démilitarisée » (zone tampon), des familles entières des Hutu étaient décimées. Dans cette vaste opération, l'officier responsable faisait faire une campagne pour réunir tous les jeunes sachant lire et écrire. Officiellement, il s'agissait d'une réunion de distribution des vivres. Tous les jeunes de l'école primaire et secondaire ainsi que leurs enseignants et les autres cadres communaux qui ont répondu au rendez-vous ont été brûlés vifs ou déchiquetés à la grenade dans la salle de réunion. Cela est vrai par exemple dans la zone tampon située dans les commune Cyungo, Tumba (Byumba) et Nyamugali (Ruhengeri). Le lieu dit Kimiryi, tout près de l'usine à thé de Cyohoha-Rukeri en Commune Cyungo, a été le théâtre de telles atrocités.

SOS Rwanda-Burundi (juin 1998) décrit la situation comme suit :

> Le 06 avril 1994, le Colonel Kanyemera, qui était avec ses hommes dans la "zone démilitarisée" dans la Commune Cyungo-Byumba, mit au point un appât qui a bien fonctionné : la population de cette commune en proie à la famine parce que la guerre l'avait empêchée de cultiver, avait grandement besoin d'une aide en nourriture. Les hommes de KAKA invitèrent tous les cadres de la commune à une réunion à Kimiryi. L'ordre du jour était de mettre sur pied le programme de distribution de la nourriture. Plus d'une vingtaine de personnes répondirent à l'appel. Elles furent tuées dans la salle dans laquelle elles s'étaient rassemblées. Le lendemain, avant que la nouvelle ne se répande, l'on invita tout jeune qui savait lire et écrire à une réunion ayant le même objet et l'on ajouta que les jeunes distributeurs seraient payés à l'heure. Comme c'était les vacances, tous les jeunes de la commune et même des communes environnantes se précipitèrent en masse. Ils furent tous tués sur ordre de SAM KAKA. Le jour suivant, les hommes de KAKA sillonnèrent la commune. Ils tuèrent toutes les familles qui avaient des enfants dans l'administration à Kigali et ailleurs. La même opération fut réalisée également dans les communes avoisinantes de Nyamugali et de Tumba. Il a été aidé dans cette sinistre tache par un certain MUKWIYE de Kinihira, Commune Cyungo et actuellement responsable des services de sécurité à Byumba.

Voulant en savoir plus, j'ai abordé les personnes originaires de cette région. Leurs récits provoquent de la compassion :

Christophe Ndangali est originaire de la commune Cyungo. Directeur de cabinet au Ministère de l'Enseignement supérieur, il était bien connu dans la région. Après le 6 avril 1994, le FPR s'en est pris aux membres de sa famille. Sont morts ses frères Ntako, Munyakazi et Bicamumpaka ; ses sœurs Nyirafaranga et Nyirabahire ainsi que bon nombre de leurs enfants. Non loin de là, la famille de l'enseignant Kagango Antoine fut décimée.

Toujours dans les parages, l'ex-Conseiller communal Gakwaya Evode et les membres de sa famille furent massacrés.

Dans la commune voisine de Nyamugali, ma famille connut le même sort. Les combattants du FPR qui n'avaient jamais quitté la région depuis l'offensive de 1993, arrivent chez mon père. C'est en avril 1994. Ils demandent à mon père d'appeler toute la colline pour une réunion. Les gens accourent. Après un discours introductif, l'orateur demande à ceux qui ont des relations avec mon père d'aller d'un côté. Même certains paysans sans commune relation avec lui se rangent de son côté car ils se disent : « Son fils est très haut placé dans l'administration, on va sûrement nous donner des colis alimentaires ». Le groupe est conduit à quelques kilomètres de là, dans une théiculture, au lieu dit *Muli Rukeri,* où ils furent assassinés. Les membres de ma famille massacrés à cette occasion sont notamment : mon père Mbanzabugabo Gervais, mes frères Gashongori Félicien et Kanamugire Innocent avec ses trois enfants et sa femme Ntakontagize Marie ; mes neveux Nzabandora et Gasisi ; mon oncle paternel Mutabaruka Augustin.

Non loin de là, la famille Njubi, qui avait un officier dans les FAR, fut elle aussi décimée.

Dans la commune Tumba, les membres de la famille du Major Bizimana Justin furent eux aussi massacrés.

De tels nettoyages ont été appliqués dans bon nombre de coins du pays au fur et à mesure de l'avancée du FPR.

Qu'il suffise de signaler ci-après d'autres massacres perpétrés par les soldats du FPR et relatés par des sources indépendantes.

Dans ses rapports à partir d'avril 1994, *Amnesty International* parle des massacres de personnes rassemblées dans des maisons ou à l'occasion des réunions publiques, ou d'autres tuées à coup de manches de houes usagées (*obbufuni*), ou torturées par la fameuse *akandooya* (tortures par trois liens) dans les régions frontalières avec l'Ouganda (*Amnesty International,* octobre 1994). Les morts étaient enterrés avec des bulldozers ougandais. Après 1996, la chasse à l'homme prit le prétexte des infiltrés pour procéder à des éliminations individuelles ou des groupes d'individus (*Amnesty International,* août 1996). Le Nord du pays fut plus spécifiquement visé et des opérations de ratissage firent de nombreuses victimes civiles (*Amnesty International*, AFR 47/32/97, septembre 1997).

Dans la zone occupée par l'armée de Kagame, notamment dans la préfecture de Byumba, ce fut un véritable carnage. Dans sa dépêche du 12 mai 1994, Radio France Internationale disait : « Partout le sol est couvert de centaines de milliers de cadavres en attente d'être ensevelis par des bulldozers ougandais ». *Amnesty international* (octobre 1994) est encore plus formel sur ces massacres :

> Les informations émanant de témoins oculaires rwandais indiquent que des centaines, voire des milliers de civils non-armés et d'opposants du FPR, faits prisonniers ont été sommairement exécutés, ou tués de manière délibérée et arbitraire, depuis la recrudescence des massacres et des autres actes de violence qui ont fait suite à la mort de l'ancien président Juvénal Habyarimana, le 6 avril 1994. Nombre des homicides s'inscrivent dans un cycle de représailles arbitraires dans le nord-est du pays (Byumba), parfois dès avant le 6 avril 1994, et visant essentiellement des groupes de civils hutu.

A Rusumo, à la frontière tanzanienne, les réfugiés qui fuyaient l'offensive du FPR furent systématiquement massacrés. Le 17 mai, à Genève, le Haut Commissariat des Nations-Unies pour les Réfugiés accusa le FPR de commettre des exactions sur des civils. L'information fut reprise par le journal belge *Le Soir* du 19 mai 1994, comme suit :

> Au moins 200.000 personnes ont été tuées en six semaines. Le HCR fait état de tirs délibérés sur les réfugiés fuyant le pays, des villageois rassemblés dans les écoles et mis en pièces à coups de machettes et des gens jetés vivants, pieds et poings liés, dans la rivière Akagera.

Dans son édition du 25 juillet 1994, le journal français *Libération* rapporte qu'à Kigali, devant l'Ecole Saint-André, le FPR avait parqué 12.000 réfugiés au lendemain de la prise de la capitale. Avec insistance, le Comité International de la Croix Rouge (CICR) a exigé de pouvoir leur rendre visite et recenser les prisonniers de guerre. Quand l'autorisation lui fut accordée quelques jours plus tard par le FPR, le CICR n'a trouvé que 113 prisonniers de guerre.

Au mois d'août 1994, c'est le même scénario. F. Reyntjens (novembre 1994), de retour du Rwanda en octobre 1994 a témoigné : une soixantaine de personnes ont été exécutées à l'Ecole agro-vétérinaire de Butare ; ils rentraient de la zone turquoise. « Le 29 août, une coopérante d'une ONG internationale a vu plusieurs milliers de cadavres récents autour et dans une église à Mbyo, entre Gako et Nyamata dans le Bugesera ». A Save (Butare) : « Des membres de la population affirment qu'environ 1750 personnes auraient été tuées », la MINUAR y a vu au moins « une cinquantaine de cadavres ». En septembre 1994, la MINUAR « a dénombré une centaine de cadavres à Kayumba au nord de Nyamata dans le Bugesera ».

L'APR a utilisé même des hélicoptères pour bombarder des villages entiers ; les contrôles d'identité étaient également des occasions pour faire disparaître des personnes civiles. La technique était simple : la population invitée à cette opération était triée et emprisonnée. Par crainte, certains ne s'y présentaient pas. L'armée instaurait alors des contrôles systématiques des cartes d'identité et trouvait ainsi le prétexte de coincer des personnes qui n'en étaient pas munies (*Amnesty International*, juin 1998). Le Rapport du consultant américain du HCR Robert Gersony parle de 30.000 civils exécutés par les soldats de l'APR. En avril 1996, le journaliste anglais Nick Gordon a comparé les camps du Mutara à Auschwitz. D'après son enquête, plus de 1000 Hutu y étaient conduits quotidiennement dans des camions, ligotés puis tués à coup de marteau sur la tête. Leurs cadavres étaient ensuite incinérés dans des fours crématoires avec de l'essence. Les reportages du quotidien français *Libération* (31 mars 1999) ont parlé lui aussi des fours crématoires dans la même région, précisément au Parc National de l'Akagera, et dans lesquels au moins 100.000 Hutu ont péri. Les camps de crémation ont été étendus par la suite sur tout le territoire national selon des enquêtes récentes, notamment dans la forêt de Nyungwe. Les cadavres des Hutu y sont carbonisés sans cesse. La sale besogne était confiée aux jeunes, recrutés soigneusement par le FPR :

> Leur tâche consistait à tuer des milliers de civils hutu ''à coups de marteau ou avec d'autres instruments contondants après les

avoir ligotés aux mains et aux pieds''. Les corps étaient brûlés et les restes enterrés. La mise à mort des hutu suivie de leur crémation, était alors une pratique courante, organisée à l'échelle du pays par le FPR (Libération du 31 mars 1999).

Dans le même cadre, il y a aussi lieu de signaler les massacres de l'Ile Iwawu au Lac Kivu, du marché de Mahoko (Gisenyi) avec plus de 100 tués, des grottes de Kanama (Gisenyi) avec plus de 8000 morts, de Kibeho avec plus de 10.000 victimes selon certaines sources et de plus de 60.0000 disparus (*Libération* du 27/04/1995). Les massacres de Kibeho sont à l'actif du Colonel Fred Ibingira qui continue cette œuvre macabre en toute impunité. Chargé de la sécurité dans la ville de Kigali et ses environs après le carnage de Kibeho, le Colonel Fred Ibingira est responsable de la disparition de nombreuses personnes. Nous avons reçu un témoignage sur l'organisation des massacres de plus de 150 personnes réunies dans une salle pour visionner une cassette vidéo du Mundial passé au Café « PENSEZ-Y » dans la commune Tare (Kigali) sur la route Kigali-Ruhengeri. Ses hommes ont aspergé de l'essence sur la maison et y ont mis le feu. Une certaine presse a reproduit la version du FPR attribuant la responsabilité aux infiltrés. Le témoignage d'un des rescapés de cette « grillade » est effrayant.

Déjà en juin 1995, suite à l'ampleur des massacres systématiques des populations civiles, des voix s'étaient élevées pour qu'une enquête approfondie soit menée en vue de qualifier ces massacres (Desouter et Reyntjens, 1995). Elles n'ont pas trouvé une oreille attentive car une telle enquête risquait d'être accablante pour les grandes puissances dont notamment les Etats-Unis d'Amérique. Les experts militaires du ministère de la Défense de ce pays dispensaient officiellement un entraînement militaire aux officiers de l'APR alors que le FPR n'était encore qu'un mouvement de guérilla. Au sujet du soutien américain, les observateurs font remarquer qu'en août 1990, le Front Patriotique Rwandais préparait déjà l'invasion en pleine connaissance de cause et avec le feu vert des services secrets britanniques et que des analystes de l'USAID avaient déconseillé aux Etats-Unis d'augmenter l'aide militaire et économique à l'Ouganda, un pays qui finançait le renversement d'un pouvoir légal par des réfugiés. Ces pays « n'ont pas mesuré les conséquences du fait d'imposer par les armes la domination d'une minorité armée là où existaient des demandes d'ouverture démocratique » (Gasana, Assemblée Nationale Française, 1998).

Un autre observateur analyse la position des Etats-Unis et des Anglais dans la crise rwandaise (A. De Brouwer, op.cit., p. 64) :

> les Américains et les Anglais ont été sensibilisés par une campagne systématique et coûteuse de relations publiques de la part de la diaspora tutsi. Ils ont trouvé dans le FPR une sorte de prolongement du système Museveni, ainsi que des dirigeants, dont certains formés aux USA, leur procurant une image rassurante et de « réalisme ». Relativement neutres au départ, les Etats Unis et la Grande Bretagne bien renseignés sur l'irréalisme des accords d'Arusha ont fini par appuyer de façon concrète le FPR, au-dessus de la tête de la MINUAR, avec l'illusion d'apporter, grâce à la paix du plus fort, une solution durable à la crise. Cette vision très courte des rapports de force a conduit Américains et Anglais à conforter à Kigali un pouvoir militaire sans fondement populaire et qui alimente depuis (...) une insécurité permanente et une profonde injustice cachée derrière un discours idéologique sur le génocide.

Les Américains ont continué sur cette lancée et n'ont pas hésité à prêter la main aux massacres des Hutu en mettant leurs moyens de détection par satellites aux services des armées de Kagame et de Kabila pour qu'ils puissent pourchasser les réfugiés dans des forêts inhospitalières du Zaïre. « L'histoire jugera un jour de ces actes et rendra compte des diverses responsabilités ». (B. Debré, op.cit., p.167 et p.196).

La Commission de l'ONU pour les Droits de l'Homme avec son unité spéciale d'investigation (*U.N Commission of Human Rights, Special Investigation Unity*) composée d'un Norvégien, d'un Hollandais et présidée par le suisse Andreas S., en connaît elle aussi sûrement quelque chose. Elle a sillonné le Rwanda entre août 1994 et avril 1995. D'après des informations issues de leur collaborateur rwandais (un entretien a été mené avec lui en avril 1999 à La Haye aux Pays-Bas où il est en exil), cette équipe a enregistré beaucoup de témoignages de cas de tueries faites par les militaires du FPR et a eu accès à de nombreux charniers dont notamment ceux du nord du pays.

L'ex-Premier ministre Faustin Twagiramungu parlait, dans un communiqué du 24/11/1995, de 250.000 personnes victimes de l'armée du FPR au cours des 16 premiers mois après son installation au pouvoir. Quant à son Directeur des Renseignements, Sixsbert Musangamfura, dans sa déclaration passée sur les ondes de Radio Africa N° 1 en date du 19/12/1995, il établit le chiffre de 312.726 (dont 19.331 dans la seule préfecture de la ville de Kigali), répartis dans plus de 300 charniers. Avant de quitter le pays, Twagiramungu (1997) avait fait vérifier cet état de choses :

> Un officier ougandais m'a (…) rapporté de nombreux témoignages. J'ai envoyé des responsables du FPR dans certaines régions et, quand ils sont revenus, ils m'ont raconté que des fosses communes y existaient et que les victimes avaient été tuées par les soldats du FPR. Les corps avaient été déterrés la nuit pour cacher les preuves. Des fours crématoires fonctionnaient dans l'ancien parc national pour faire disparaître les corps. On brûlait les corps la nuit. C'est le peuple rwandais qui détient les preuves. Le FPR ne veut pas d'une enquête.

Les rapports les plus à jour sur la politique d'annihilation de tout un peuple sont sans conteste ceux du « Centre de Lutte contre l'Impunité et l'Injustice au Rwanda » (CLIIR), basé en Belgique. Ils sont bien documentés notamment sur les tueries commises par l'APR dans les préfectures de Ruhengeri et de Gisenyi mais aussi de Gitarama et Kibungo depuis 1994. Deux cas concrets des crimes commis par des officiers supérieurs de l'APR illustrent bien l'étendue des massacres à l'échelle nationale.

Commandant des opérations dans le secteur militaire Tumba-Base en avril 1994, le Colonel Kazintwali Kadafi a organisé des massacres de hutu dans les communes Cyungo, Tumba, Tare, et Nyamugari. Sa méthode consistait à identifier des familles ayant des enfants fonctionnaires dans l'administration ou dans l'armée, à les rassembler et à les exécuter. En 1995, il a remplacé le Colonel Munyakazi à la tête du bataillon 99 basé à Gakenke en Commune Nyarutovu. Après des tueries dans les communes Nyamugari, Cyeru et Nyarutovu, son bataillon fut transféré à Ngororero pour s'occuper des communes Karago,

Giciye, Gaseke et Satinskyi de la Préfecture de Gisenyi. Des massacres de la population civile de ces communes sous la couverture des infiltrés, ont été commis sous son commandement. Avec l'ex-Préfet de Gisenyi, Epimaque Ndagijimana, ils sont responsables de la mort du Sous-Préfet de Ngororero, Jean Maurice Sebahunde. Lors d'une des réunions des Préfets, Ndagijimana Epimaque avait qualifié le sous-Préfet d'Interahamwe, ce qui était une condamnation d'office. La machine à tuer se mit en marche et dans les jours suivants, le grand-frère du sous-Préfet, Burasanzwe Emmanuel, fut assassiné. Quelques jours plus tard, le sous-préfet fut mitraillé à son tour. Dans la suite, son beau-frère Kanyabugoyi a été tellement torturé par les militaires de l'APR qu'il a piqué une crise de folie. Il fut transféré au Centre Psychiatrique de Ndera, aux environs de Kigali.

Le colonel Dan Gapfizi était, en juillet 1994, parmi les plus anciens officiers du FPR (*senior officer*). Pour avoir beaucoup pillé sans daigner partager son butin avec ses supérieurs hiérarchiques, il a été dégradé et ramené au grade de sous-lieutenant. Peu après, il fut réhabilité et nommé Major. Il fut placé à la tête du bataillon n° 7. En 1995, il a été affecté à Ruhengeri à la tête du bataillon 59. Il y a organisé les premiers massacres de populations civiles dans les communes Nyamutera et Nyakinama. Le lieu dit *Mu Kabere* a été un véritable abattoir. En 1996, il a été transféré à Gabiro avec son bataillon. Spécialisé dans des massacres à grande échelle, il a dirigé, d'une main de fer, les fours crématoires du Parc National de l'Akagera dans lesquels des milliers de hutu ont été brûlés vifs. On le retrouvera au Zaïre avec l'offensive de l'AFDL dans les massacres de réfugiés Hutu du Zaïre. En février 1999, il était commandant des opérations à Uvira en RDC. Les Commandants congolais sous ses ordres n'étaient pas d'accord avec sa politique d'élimination des populations civiles. Il a ordonné leur arrestation et ceux-ci ont été conduits à un endroit non connu. Leurs troupes se sont mutinées. Elles exigeaient de savoir l'endroit où étaient emprisonnés leurs chefs. Il a ordonné d'écraser la mutinerie, en tirant dans la foule avec un char (SOS Rwanda-Burundi, juin 1998).

Pour camoufler ses forfaits au maximum, le FPR recourt à l'élimination physique des témoins gênants. Ainsi s'explique la mort du Père canadien Simard à Butare. D'après des enquêtes menées par son compatriote le Capitaine Tim Isberg d'Edmonton, ce sont des soldats de l'APR qui ont tué le religieux à coups de marteau, le 17/10/1994. Il avait été témoin des massacres de populations civiles à Butare en juillet 1994 par les hommes du Colonel Ibingira et du Capitaine Zigira (SOS Rwanda-Burundi, juin 1998).

L'élimination physique des officiers des ex-FAR promotionnels de Kagame aux USA rentre dans cette politique criminelle. Ainsi, le Major Bivugabagabo, qui était de la même promotion que Kagame aux USA, a été pourchassé depuis les camps des réfugiés du Zaïre et tué. Le Major Laurent Bizabarimana, de la promotion directement précédente, est rentrée au pays en novembre 1996, avec l'attaque des camps de réfugiés de Goma. Il alla directement s'installer chez lui dans la commune Nyarutovu dans la préfecture de Ruhengeri. Une semaine plus tard, un commando de militaires du FPR attaqua son habitation. Il fut tué avec sa femme et ses 3 enfants. Le Lieutenant Colonel Stanislas Hakizimana (alias Boye) était diplômé de la même école. Sitôt rentré des camps de réfugiés du Zaïre, il fut exécuté avec toute sa famille dans sa commune d'origine de Satinskyi dans la préfecture de Gisenyi

L'assassinat du Père Guy Pinard et de l'Abbé Boniface Kagabo est une autre démonstration de la politique criminelle du FPR. Les mobiles de leur assassinat sont actuellement connus et bien documentés. Après la prise de la ville de Ruhengeri par le FPR, l'Ecole des Catéchistes de cette ville a été occupée par ses militaires. Elle a été transformée en camp militaire et un lieu d'abattoir de la population civile ramassée dans la ville de Ruhengeri et ses environs. Après le retour des réfugiés du Zaïre, le Père Pinard a réclamé la réouverture de l'école. Les militaires ont cédé après maintes hésitations. Lors des travaux de réhabilitation de l'école, c'est la stupeur. L'on y découvrit des centaines de squelettes humains, certains même encore frais car ils avaient encore des cheveux. Ils étaient entassés dans les fosses des toilettes et dans d'autres fosses communes fermées à la hâte. Le Père Pinard a alerté les autorités civiles et militaires qui sont venus constater ces massacres. Comme c'était un témoin gênant, il fallait l'éliminer. Ce qui fut fait. Il a été assassiné en plein office dominical le 02/02/1997 par le prénommé Dieudonné, un ex-militaire reconverti en enseignant. Un autre témoin gênant était son collègue rwandais, l'Abbé Boniface Kagabo qui était dans la même paroisse de Kampanga. Le 20/04/1998, alors qu'il revenait du lieu-dit *Ku Karwasa* à quelques kilomètres de la ville de Ruhengeri, un guet-apens lui fut tendu. Il fut arrosé de balles en pleine journée, à 10 heures du matin. L'on soupçonne les militaires de l'APR qui étaient dans les parages.

La religieuse belge Griet Bosmans (62 ans), qui venait de passer 40 ans au service de l'enseignement au Rwanda, a été sauvagement assassinée dans les mêmes conditions à Muramba (Préfecture de Gisenyi) le 28 avril 1997 en même temps que 17 de ses élèves. Selon des sources concordantes et indépendantes, elle a été tuée par des militaires du FPR parce qu'elle en savait trop sur les conditions d'arrestation et de disparition des personnes de la région.

Début février 1998, ce fut le tour du Père franciscain Vjecko Curic, de nationalité croate. Il fut criblé de balles à Kigali en pleine journée. Le mobile de cet assassinat est qu'il « il était le 3 juin 1994 à Kabgayi lors de l'assassinat des évêques par l'armée du FPR » (*Le Soft International* du 6 au 12 février 1998).

Ces crimes ont continué. Le rapport annuel 2002 d'*Amnesty International* résume la situation au Rwanda : des homicides sur la personne de civils non armés, des « disparitions », des arrestations arbitraires, des mises en détention illégales, des actes de torture et des mauvais traitements contre des détenus, la mort des prisonniers à cause des conditions effroyables de surpopulation et d'insalubrité, assimilables à une forme de traitement cruel, inhumain et dégradant, des viols et des tueries par des soldats de l'APR et les « Forces de Défense Locale » (*Local Defence Force*) avec parfois la complicité des autorités locales.

Après ce survol de quelques crimes du FPR, l'on peut affirmer sans se tromper qu'il n'y a pratiquement aucun rwandais qui n'ait pas perdu au moins un membre de sa famille depuis le déclenchement de la guerre en octobre 1990. Tous les rwandais en vie sont tous des rescapés. Mais le FPR veut s'approprier à lui seul ce qualificatif pour continuer à exploiter le génocide rwandais dont il est le commanditaire.

Il est à signaler enfin que le FPR pactise avec les commanditaires du terrorisme international. Le « Rapport final du Groupe d'experts sur l'exploitation illégale des ressources naturelles et autres formes de richesse de la République démocratique du Congo » transmis au Conseil de Sécurité par lettre du Secrétaire Général de l'ONU le 15 octobre 2002 est explicite à ce sujet. La presse internationale a signalé qu'un certain Victor Bout était un des financiers du terrorisme international. Il a été arrêté en Belgique le 7 février 2002. Or, dans sa guerre contre la RDC, notamment lors de la grande campagne de Pweto, le FPR a utilisé des avions de ce Victor Bout pour acheminer ses soldats et du matériel militaire dans la région (p. 17). Un autre membre de ce réseau criminel de Victor Bout est Sanijivan Ruprah. Il est associé indépendamment au « Bureau Congo » de l'Armée Patriotique Rwandaise à Kigali (p. 17).

Le FPR exploite le génocide

Bien des choses ont été écrites sur le génocide rwandais. A juste titre car l'ampleur de la catastrophe n'a que peu d'égal dans l'histoire récente du monde et surtout de l'Afrique. Mais la plupart de ces auteurs ont abordé la question avec des idées préconçues, influencés sans aucun doute par les médias qui avaient des intérêts politiques et économico-stratégiques à défendre. Ils ont ainsi orienté l'opinion publique. Est-il normal que rares soient les auteurs, les journalistes, les analystes politiques qui se soient posés la question de la part de la guerre dans la cristallisation des esprits ? Le Professeur Filip Reyntjens est l'un des rares spécialistes de la région des Grands Lacs à souligner que « s'il n'y avait pas eu de guerre, il n'y aurait pas eu de génocide ». Il trouve, à juste titre, que « le FPR porte une responsabilité politique (…) dans le génocide ». (*Ubutabera*, n°

23 du 22 octobre 1997). De fait quel aurait été le fondement du régime du FPR s'il n'y avait pas eu le génocide ? Ce mouvement n'a-t-il pas pris en compte, dans ses plans, cette catastrophe pour justifier sa prise de pouvoir par les armes ? L'ex-premier ministre Dismas Nsengiyaremye (1997) affirme :
> Le FPR avait connaissance des risques qu'il prenait en reprenant les hostilités. (..) Le FPR croyait qu'il réglerait facilement le problème par la force et qu'il prendrait rapidement le pouvoir.

Certains rescapés du génocide sont du même avis. Ils accusent
> le FPR d'avoir continué la guerre tout en sachant le risque que couraient les Tutsi de l'intérieur et d'avoir par conséquent sacrifié les Tutsi de l'intérieur pour prendre le pouvoir (Intenational Crisis Group, décembre 2002, p. 18).

Maintenant qu'il est aux affaires, le FPR ne jure que par le génocide chaque fois qu'il doit rendre compte de sa gestion du pays. Pour se maintenir, il a renforcé ses anciens réseaux de relations publiques et finance à grands frais ses propagandistes installés à travers le monde. A l'intérieur, le travail est facilité par l'existence d'associations qui s'agitent chaque fois que le régime est acculé, sans parler de l'institutionnalisation de la délation au Rwanda.

Les réseaux de délation du FPR

Après la reprise de la guerre en avril 1994, le FPR groupait la population des zones qu'il contrôlait dans des camps. C'est dans ces camps que commençait le travail de tri des personnes qui disparaissaient journellement. Des groupes de personnes proches des vainqueurs désignaient des voisins non pas tellement qu'ils étaient des tueurs mais surtout pour des intérêts inavoués notamment l'appropriation des biens meubles et immeubles et autres règlements de compte.

Les camps furent démantelés après la victoire et les survivants continuèrent à être traqués sur leurs collines. Pour y mettre de l'ordre, les têtes pensantes du FPR imaginèrent le système d'*abakada* (cadres) qui opérèrent au niveau communal, et des associations des rescapés qui ont « compétence » sur tout le territoire national. Ils font la délation « officielle » car ils vont être des interlocuteurs privilégiés de la justice. Les *abakada* recevront une formation paramilitaire pour être membres du *Local Defence Force* (LDF). Ils sont officiellement 50.000 répartis sur le territoire national en raison de cinq par cellule de base parmi les 10.000 existantes. Ils ont des armes et munitions et ne rendent compte qu'à la hiérarchie de l'armée car il y a au moins un détachement militaire dans chaque commune. Ainsi l'homme fort de Kigali est informé journellement et au moindre détail de tout ce qui se passe sur le territoire national. Ce quadrillage du territoire inquiète plus d'un observateur. L'ex-Président du Conseil d'Etat, feu Alype Nkundiyaremye, considère ces *Inyangamugayo* (ceux qui tiennent à leur dignité) ou miliciens du régime disséminés sur tout le territoire national comme le pendant des *Interahamwe* (Nkundiyaremye, 1999, p. 4). Quant au Père Michel Donnet, qui a effectué un voyage au Rwanda du 09 janvier au 13 février 1999, il s'inquiète du fait que ces encadreurs de la sécurité, jeunes, sans ressources, et qui ont reçu un fusil, peuvent avoir la tentation de se servir de cette arme pour acquérir ce dont ils ont besoin (Dialogue mai-juin 1999). Une façon sans doute de décrire une situation grave avec euphémisme !

L'association *Ibuka* (N'oublie jamais) constituée de certains rescapés du génocide est chargée de cette mission. Elle sème la terreur par des dénonciations calomnieuses et par la fabrication de preuves. Elle dispose de moyens financiers colossaux de la part de l'Etat et de l'aide extérieure. Disposant pratiquement du droit de la vie et de la mort sur les Hutu, c'est sur son instigation que les prévenus hutu libérés des prisons sont assassinés pour servir de prétexte au pouvoir de maintenir ces innocents en prison, soi-disant pour leur protection. Le pouvoir s'en sert également pour exprimer sa volonté par des manifestations contre des témoins gênants allant parfois même jusqu'à leur assassinat. C'est dans ce cadre que des médecins espagnols de l'hôpital de Nemba en Préfecture de Ruhengeri (« Médecins du Monde » furent assassinés le 18 janvier 1997. Le FPR a mis en avant les membres d'*Ibuka* pour des manifestations à la suite desquelles il y a eu : expulsion en décembre 1995 de 38

Organisations humanitaires, départ des Casques Bleus de l'ONU, la MINUAR II, visites sabotées du Secrétaire Général de l'ONU Koffi Annan et de Mary Robinson Haut Commissaire des Droits de l'Homme de l'ONU, renvoi des observateurs des Droits de l'homme de l'ONU, intimidation du Tribunal Pénal International pour le Rwanda (TPIR).

Ce puissant groupe de pression va même jusqu'à huer les juges dans les tribunaux. Il est constitué autour d'un trio d'extrémistes tutsi : son Président Frédéric Mutagwera, Bâtonnier du barreau national, Jean Bosco Iyakaremye, ex-Président du Tribunal de Première Instance de Kigali et qui a finalement quitté le pays chassé par de plus extrémistes que lui après notamment que l'Etat Rwandais ait perdu son procès contre la BRALIRWA, Privat Rutazibwa, prêtre défroqué ayant rejoint le maquis du FPR en 1992, et dont la hargne contre l'Eglise catholique est sans égal.

Le Gouvernement rwandais s'en est également servi pour pouvoir avoir une main mise sur le Tribunal Pénal International pour le Rwanda. En effet, *Ibuka* et AVEGA (Association des veuves du génocide) ont empêché les personnes en provenance du Rwanda, d'aller témoigner à Arusha, sous prétexte qu'elles sont harcelées par la défense. De fait, ces associations fabriquent un discours que les témoins doivent réciter devant la cour. Lennox Hinds, un des avocats de la défense, dans une conférence qu'il a donnée à Bruxelles le 18 avril 2002 dit :

> *The are two NGO's, one called Ibuka and another called AVEGA. These two organizations have been responsible for training and manipulating witnesses to come Arusha to accuse individuals.*

Confrontés aux questions des avocats de la défense, la plupart de ces témoins se contredisent ou sont vite désorganisés et leur discours devient vite décousu.

Les deux organisations ont formulé toute une série de conditions dont certaines sont inacceptables si le TPIR veut garder son indépendance. Elles sont allées jusqu'à demander qu'elles aient un droit de regard sur le recrutement du personnel rwandais au TPIR, voulant par là faire barrage aux Hutu qui travaillent comme enquêteurs des avocats de la défense.

Pour camoufler ses relations avec *Ibuka*, le Gouvernement du FPR clame tout haut que cette association n'a jamais reçu de personnalité juridique. Un communiqué de presse du FPR du 10/05/1999, au ton menaçant, pointe *Ibuka* comme voulant monter de fausses accusations à l'occasion de la présentation du candidat-député Elisée Bisengimana par ce Front à l'Assemblée Nationale. Cette mise en scène ne peut que profiter au FPR. Le candidat-député qu'il a présenté et auquel *Ibuka* s'oppose parce qu'ayant trempé dans le génocide, est un hutu. Ayant le dossier de génocide en suspens, le FPR lui rappellera chaque fois, que c'est grâce à lui qu'il a la vie sauve. Notre député ne pourra que faire montre de plus de zèle pour défendre les positions souvent indéfendables du FPR. Il tombe donc dans la catégorie d'autres hutu « génocidaires » que le FPR garde par calcul politique

En définitive, *Ibuka* n'a cependant souffert de rien car malgré la distance qu'affiche publiquement le Gouvernement rwandais, celui-ci n'a cessé de tirer les ficelles de cette association qui continue ses actions néfastes en toute impunité.

Ibuka sème tellement la terreur dans la population que dans son « Rapport d'activités, Exercice 2001 » (p. 31), la « Commission Nationale pour l'Unité et la Réconciliation » a mentionné que « la grande partie de la population ne comprend pas encore la mission et le fonctionnement de l'association « IBUKA » qu'elle assimile à une association à tendance radicale.

Dans son témoignage du 24/04/2001 aux Assises de Bruxelles dans le « procès des quatre rwandais » (Alphonse Higaniro, Vincent Ntezimana, Julienne Mukabutera (sœur Marie Kizito) et Consolata Mukangango (sœur Gertrude)) accusés des crimes contre l'humanité, Deus Kagiraneza, tout en relativisant l'existence des « syndicats de délateurs », a reconnu que le régime actuel du FPR est plein de personnalités qui ont fait du mensonge une arme politique. Il a cité en exemple la députée Rose Mukankomeje, qui a monté de faux témoignages contre Joseph Sebarenzi et. Rwigema PC, respectivement, ex-président du Parlement rwandais et ex-Premier Ministre, tous deux en exil. La même députée faisait de petites notes manuscrites dans lesquelles elle faisait une évaluation de certains de ses collègues.

Elle envoyait cela directement au Président Kagame. Un autre « menteur », selon toujours Kagiraneza, est Laurent Nkongoli, député et ex-ambassadeur du Rwanda au Canada. C'est par des faux témoignages qu'il a pu détruire le Parti Libéral. Le témoin a cité également Madame Kayitesi Rusera qui a été complice de Nkongoli dans la désagrégation du Parti Libéral. Enfin, Kagiraneza a mentionné un certain Safari, député lui aussi. Celui-ci a failli avoir la tête de son collègue député Rwasamirera par des faux témoignages. Si les faux témoignages sont légion dans la haute hiérarchie de l'Etat où des personnes peuvent se défendre ou s'exiler selon le cas, qu'en est-il dans les collines du Rwanda ?

A l'extérieur du Rwanda, les membres du FPR ont constitué de véritables « syndicats de délateurs ». Ils s'échangent des informations pour traquer tout intellectuel hutu ayant pu s'exiler dans un pays occidental

En Suisse, les associations *Abishema*, l'Association Suisse-Rwanda (ASR), la Communauté Rwandaise de Suisse (CORS), *Ibuka*-Mémoire et Justice, l'Association pour la Promotion de la Culture Rwandaise (APCR) ont fabriqué de faux témoignages et ont instrumentalisé certains sénateurs et journalistes (dont Jean Musy du journal « L'objectif ») de ce pays notamment pour l'inculpation de James Gasana, ancien Ministre rwandais de la défense. Il a fallu la défense musclée de son associé dans le projet « NOUER » (Nsengimana, février 1998) et la conclusion à un non-lieu du consultant extérieur indépendant commis par le Gouvernement suisse, M.A. Wirz, professeur d'histoire africaine à l'Université Humboldt de Berlin, pour que James Gasana soit acquitté par la justice suisse. A voir ce qui est paru dans la presse suisse, l'issue de l'enquête a été accablante pour l'accusation. *La Tribune de Genève* du 16 avril 1998 a souligné dans ses sous-titres : « L'ex-ministre est victime d'accusations infondées ». Le Journal *24 heures* du 4 juin a titré : « Le Rwandais James Gasana totalement blanchi par le Conseil fédéral ».

Signalons que le tribunal de la Sarine en Suisse a condamné, en octobre 1999, le rédacteur en chef du journal *L'objectif* à 3 mois de prison, 3 ans de sursis avec 6000 F de tort moral. Son coaccusé, un Rwandais, a été lui aussi condamné à une semaine de prison, 2 ans de sursis et 500 F d'amende. Ils avaient traité un groupe de Rwandais hutu de « nazis » et de « révisionnistes » (*La liberté de Fribourg* du 28 octobre 1999 et *Dialogue*, n° 213, novembre-décembre 1999).

En Belgique, Gasana Ndoba du Comité pour le Respect des Droits de l'homme et la Démocratie au Rwanda (CRDDR) a fait beaucoup de torts aux demandeurs d'asile Hutu, salissant mensongèrement leurs dossiers. Son faux témoignage dans le dossier d'un ancien officier des ex-FAR est éloquent à ce sujet comme le montre l'extrait ci-après de la décision n°96/77/771/F629/cd du 28/05/1998 de la Commission Permanente de Recours des Réfugiés, 2ème Chambre Française :

> Que les autres faits reprochés au requérant émanent d'une source, le CRDDR, dont la fiabilité est mise en doute par trois témoins entendus à l'audience, notamment par le Professeur Reyntjens dont la compétence et l'objectivité ne paraissent pas devoir être mises en doute, et par un militant des droits de l'Homme qui a mené personnellement des enquêtes à Kigali sur les auteurs du génocide ; que deux autres sources, Amnesty International et la Sûreté de l'Etat belge, émettent les mêmes réserves (farde n°25, sous-farde CRDDR) ; Que parmi ces faits, celui qui paraît le plus circonstancié a trait au refus du requérant de fournir une escorte au Colonel Rusatira; que le rapport du CRDDR cité dans la décision attaquée reprend cette information et que dans son témoignage à l'audience Monsieur Gasana Ndoba affirme avoir reçu cette information de la bouche même de Monsieur Rusatira ; que la partie requérante dépose un témoignage écrit de ce dernier qui dément fermement les faits et présente cette accusation comme « étant sans fondement » et totalement fausse ; qu'après la clôture des débats, Monsieur Gasana Ndoba a adressé à la Commission un courrier reprenant une nouvelle version de l'incident visant à concilier ses accusations avec le démenti précité ; qu'il n'y a pas lieu de procéder à une réouverture des débats suite au dépôt de cette pièce qui laisse transparaître un acharnement relevant plus de la volonté de nuire que du souci de contribuer à l'établissement de la vérité ; (…) Que les autres accusations portées par le CRDDR ne paraissent pas davantage étayées ; qu'ainsi, Monsieur Gasana Ndoba déclare à l'audience disposer

depuis quelques mois du témoignage d'une personne qui aurait échappé à une tentative d'assassinat perpétrée par les gardes du requérant ; qu'il appert cependant que dans un rapport de 1995 le CRDDR affirmait disposer de ce même témoignage, l'intéressé résidant en Belgique ; qu'invité à s'expliquer, Monsieur Gasana Ndoba explique n'avoir pu prendre contact avec la sœur de ce témoin direct que récemment ; que cette réponse n'est pas compatible avec le contenu du rapport précité dans lequel le prénom et le numéro de téléphone de ladite sœur était mentionnés et où il était précisé que le témoin en question résidait chez cette sœur ; (...).

Une précision sur Gasana Ndoba illustrera bien comment se sont constitués certains réseaux du FPR notamment en Europe. Originaire de Cyangugu (son père était sous-chef au Kinyaga) tout près de la frontière de la République Démocratique du Congo, François Xavier Gasana a laissé une partie de sa famille au Rwanda (son frère Karenzi Pierre Claver était membre du Comité Central du MRND) et a traversé la frontière pour aller faire ses études au Zaïre. Il a pris le prénom de Ndoba. Authenticité oblige ! Il atterrit finalement à Bruxelles et bénéficia, ainsi que sa femme -fille de Kanimba, ancien Chef des environs de Nemba, en commune Nyarutovu, Préfecture de Ruhengeri-, d'une bourse de l'AGCD. Après ses études, Gasana Ndoba resta en Belgique. Il fut engagé entre autres par l'AGCD comme formateur des futurs coopérants belges qu'il avait ainsi tout loisir d'endoctriner.

Gasana Ndoba adhéra très tôt à l'option militariste du Front Patriotique Rwandais (FPR). Il était en contact avec les fondateurs de ce Front en Ouganda. Dans ce cadre, il organisa le voyage de Kagame à Bruxelles en avril 1990. Celui-ci avait pour mission de trouver un responsable, de préférence un hutu, qui serait chargé de coordonner toutes les actions de médiatisation de la guerre que le FPR préparait contre le Rwanda. Spiridion Shyirambere, un réfugié politique hutu qui venait d'échapper aux geôles du Président Habyarimana, fut identifié. Il a eu des entretiens avec Kagame, qui lui proposa des liasses de dollars américains pour qu'il puisse entrer en contact avec les médias, notamment en « amadouant » les journalistes de la presse écrite et audiovisuelle. L'homme, après mûre réflexion, refusa la somme et la mission. L'argent aurait été alors donné à Gasana Ndoba qui a fondé le CRDDR (Comité Rwandais pour les Droits de l'Homme et la Démocratie au Rwanda), à l'aide d'une asbl présidée par un certain Mugerefya. Ce comité attira dans les débuts pas mal de Rwandais et de Belges qui ne tarderont pas à se retirer car ils se sont vite rendus compte de la supercherie : le CRDDR n'était qu'une machine de propagande du FPR, qui se cachait derrière les principes universels de démocratie et des droits de l'homme.

Le CRDDR se mit à l'ouvrage et réussit à ce qu'une enquête internationale soit créée pour enquêter sur les droits de l'homme au Rwanda tout en prenant soin d'occulter les exactions du FPR sur la population civile des zones conquises.

Pourtant depuis sa fondation, le CRDDR n'a dit aucun mot sur les massacres par le FPR des milliers de civils dans la région de Byumba où ce Front a commencé la guerre. Aucun mot sur le déplacement de la population qui fuyait les exactions du FPR tout au long de son avancée. Aucun mot sur le bombardement par le FPR des camps de déplacés. Aucun mot sur les massacres des Hutu dans l'ex-Zaïre, qui sont qualifiés de « génocide » par certains observateurs (*L'Osservatore Romano* du 18 mai 1999). Aucun mot sur les disparitions et les assassinats qui continuent au Rwanda aujourd'hui.

Gasana Ndoba a bien rempli sa mission en Europe. Il n'a éprouvé aucune difficulté à livrer le message du FPR à travers bon nombre de médias qui lui prêtaient une oreille attentive. Même son départ vers le Rwanda a été couvert par ces mêmes médias qui veulent le faire passer pour un homme « neutre et indépendant », alors que c'est un militant de première heure du FPR.

Gasana Ndoba est naturalisé belge. S'il est parti au Rwanda, ce n'est pas de gaieté de cœur. C'est un homme qui a honte de ce qu'il a fait. C'est un homme blessé dans son amour propre, un homme pris la main dans le sac en train de mentir publiquement en vue de nuire et de faire emprisonner des innocents. Comme il a été découvert, il est allé au Rwanda pour y chercher le réconfort. Et dans ce pays, il pourra continuer son travail des « droits de l'homme » car la délation y a droit de cité et le mensonge y a été institutionnalisé en mode de gouvernement.

Depuis octobre 1990, Gasana Ndoba n'a cessé de mentir. Mais on ne peut pas mentir indéfiniment. A côté de certains médias qui ont reproduit tout ce qu'il racontait, d'autres vérités sont apparues. Quelques exemples illustreront notre propos.

Gasana Ndoba a été particulièrement nocif dans les dossiers des demandeurs d'asile hutu en Europe, surtout en Belgique et en France. A part le cas du Général Ndindiliyimana cité plus haut, l'on peut également mentionner celui du Docteur Sosthène Munyemana qui vit à Bordeaux, en France, depuis 1994. Dans une intervention qu'il a faite lors d'une conférence organisée par le « Collectif Girondin pour le Rwanda », Munyemana Sosthène mettait dos à dos les extrémistes des deux bords dans la tragédie rwandaise. Les propagandistes du FPR l'ont bien noté mais ses problèmes commencèrent quand il parvint à décrocher un travail dans le laboratoire du CNRS à Bordeaux. Gasana Ndoba, dans sa note du 19 avril 1995, avait donné de la matière pour ce lynchage d'un innocent. Il avait écrit notamment qu'en avril 1994, le Dr Munyemana « a été vu par plusieurs témoins, armé, habillé de feuilles de bananiers, tuant et pourchassant des Tutsi à la tête des miliciens ». Sur base de cette fausse information, le réseau du FPR en Europe en général et en France en particulier, s'est mis en branle et le Dr Munyemana fut accusé de génocide. Il perdit son travail et fut traîné devant les tribunaux. A court d'arguments pour étayer leurs accusations, les détracteurs du Dr Munyemana iront jusqu'à inventer un faux document pour convaincre la justice française. Ce document fut attribué à l'« Opération Rwanda » du Haut Commissariat aux Droits de l'Homme. Le document cite entre autres une liste de personnes, pour la plupart des professeurs à l'Université Nationale du Rwanda dont le Dr Munyemana, comme ayant participé au génocide. Le document fut soumis au Haut Commissariat aux Droits de l'Homme à l'Office des Nations Unies à Genève pour appréciation. Son verdict, rendu public le 16 juillet 1997, qualifie ce document de faux comme nous le lisons dans « Le Journal du Dimanche » du 26 octobre 1997.

Dans sa course effrénée pour barrer le chemin aux demandeurs d'asile hutu, Gasana Ndoba a, dans une émission télévisée « Au nom de la loi du 27.02.1999 », sur la RTBF, accusé faussement un jeune rwandais, fils d'un médecin de Butare. Son dossier de demande d'asile avait été sali tellement qu'il a dû faire un recours au Conseil d'Etat. Les responsables de la RTBF, dans la rediffusion de l'émission qui a suivi, ont dû enlever cette séquence car le désir de Gasana Ndoba de nuire sautait aux yeux de tout téléspectateur attentif.

Formateur à l'AGCD, Gasana Ndoba était en charge de la région des Grands Lacs depuis des années. Tous les coopérants belges se rendaient dans la région après avoir bien assimilé ses leçons. Dans ces dernières années à l'AGCD, Gasana Ndoba a eu à faire à des voix discordantes. Les cours qu'il dispensait étaient suivis par bon nombre de ressortissants de cette région, naturalisés belges (Congolais, Burundais et Rwandais) qui, sur la connaissance des réalités socio-politiques, en savaient souvent plus que lui. Ils ne manquaient donc pas de le contredire, séance tenante. Ils recevaient des salves d'applaudissements car leurs interventions éclairaient mieux que le discours propagandiste du formateur.

Ne pouvant plus produire à l'aise de faux témoignages dans les dossiers des demandeurs d'asile, ne pouvant plus faire passer automatiquement ses discours tendancieux dans quelques rares médias qui ont découvert sa supercherie, ayant perdu la face devant ses auditeurs dans les formations de l'AGCD, Gasana Ndoba ne pouvait que se résoudre à aller au Rwanda. Là-bas, il pourra continuer à être utile car l'arbitraire règne et le crime y est couvert par les plus hautes autorités du pays et la liberté d'expression y est muselée.

Sa nomination, par le Gouvernement, à la tête de la Commission Nationale des Droits de l'Homme doit être vue dans ce cadre. Ainsi il pourra aussi bénéficier des rentes de situation. Rappelons que pour son travail de propagande en Europe, Paul Kagame avait proposé à l'Etat-Major du FPR de le récompenser. Des postes juteux lui furent proposés : Administrateur de PETRORWANDA (Société des Pétroles du Rwanda), Recteur de l'Université Nationale du Rwanda ou

Ambassadeur en Scandinavie (le projet de nomination a été même discuté dans le Conseil des ministres). Il avait l'embarras du choix et entre temps, certains conseillers de Kagame lui firent remarquer que Gasana Ndoba était plus utile là où il était.

En nommant Gasana Ndoba en charge des Droits de l'Homme au Rwanda, le FPR a fait d'une pierre deux coups : il a permis à Gasana Ndoba de sauver la face ; mais surtout, il a un homme dont « la solidarité à l'ethnie » est sans faille.

Pour pallier à son absence, en Europe, le FPR a vite recruté une autre propagandiste, Mukagasana Yolande. Le journaliste Jean-Marc Ducarin de *Jeune Afrique* (6 au 12 juillet 1999, p. 52) écrit à son sujet : « Partiel, son témoignage devient partial et tend à exonérer la rébellion tutsie de sa part de responsabilité dans l'engrenage implacable qui transforma le Rwanda en annexe de l'enfer ». Quant aux contenus de ses livres, il fait remarquer :

> A force de battre et de rebattre les cartes de manière à laisser penser que les assassins se recrutent dans un seul camp, Yolande Mukagasana et Patrick May s'égarent dans une vision manichéenne des causes et des effets du conflit rwandais. Ils font la part trop belle au cliché du "FPR investi du rôle de libérateur". La vérité n'y trouve pas son compte et oblige à lire entre les lignes.

Le FPR investit beaucoup dans les « Relations publiques » pour avoir toujours cette image d'« un mouvement libérateur avec une armée disciplinée... ». Dans ce cadre, il est parvenu à embrigader certains activistes des droits de l'homme, des chercheurs et des journalistes.

L'ONG de défense des droits de l'homme *African Rights* basé à Londres, illustre à suffisance ce phénomène. Ses écrits sur le génocide rwandais font des ravages et pourtant ils accusent un manque d'objectivité flagrant. Son rapport *Death, Despair and Defiance* (éditée en septembre 1994 et en août 1995) qui sert d'évangile à certaines personnes mal informées, expose dangereusement la vie des innocents. Le Professeur Filip Reyntjens souligne à ce sujet que les analyses politiques et historiques faites par *African Rights* dans ce rapport « font preuve d'un parti pris pro-FPR flagrant, qui est incompatible avec la mission et la déontologie de toute association sérieuse de promotion des droits de la personne » (Reyntjens, 1995, p.62).

African Rights produit des rapports innocentant le FPR et son armée de leurs crimes. Dans sa « déclaration publique » de mars 1999, *Amnesty International* trouve lui aussi que *African Rights* sert de relais au discours des autorités de Kigali :
> Les critiques d'African Rights font écho à plus d'un titre à celles formulées par le gouvernement rwandais et par ses alliés, à savoir que les informations d'Amnesty International sont inexactes, que ses sources ne sont pas impartiales, ou encore qu'elle soutient directement ou indirectement les auteurs du génocide de 1994.

Cette mise au point a été faite à l'occasion de la sortie du rapport d'*African Rights, Rwanda : The insurgency in the northwest* publié en septembre 1998 et dans lequel *Amnesty International* est mis en cause. Au sujet de ce rapport, le Professeur Reyntjens (1999, p. 135) fait encore remarquer que
> Si la recherche menée par African Rights au sujet de ALIR paraît sérieuse dans l'ensemble, il faut déplorer qu'ailleurs dans ce rapport, African Rights fait preuve, une fois de plus, d'un net parti pris en faveur du FPR notamment là où l'organisation tente de minimiser ou d'excuser les crimes commis par l'APR à l'encontre des populations civiles dans le Nord-Ouest.

A l'occasion de l'arrestation du Général Léonidas Rusatira en Belgique, Jean Baptiste Mberabahizi, un ancien du FPR, a confirmé la compromission de Rakiya Omar, un des responsables d'*African Rights*, avec certains membres du FPR. Mberabahizi témoigne que déjà en juin 1994, donc avant la prise de pouvoir par le FPR, cette dame était à Byumba, en compagnie des officiers de l'APR. Après l'installation du FPR à Kigali, Rakiya Omar a publié son premier livre qu'elle est allée présenter à l'Hôtel des Milles Collines au Rwanda. Selon Mberabahizi (juin 2002) « Elle était alors liée au Major Richard Masozera, le médecin personnel du Général Kagame ». Aujourd'hui, elle est avec un des dirigeants des renseignements extérieurs de l'APR. Pour Mberabahizi, cette dame est « trop proche des services de renseignements du gouvernement rwandais pour accorder un quelconque crédit à ses révélations sur le génocide » (Mberabahizi, juin 2002).

Le FPR a foncé pour réécrire l'histoire du Rwanda. Il est vrai que c'est le propre des mouvements de guérilla inspirés de l'idéologie maoïste. Cependant, on ne peut effacer d'un seul trait de plume l'histoire de tout un peuple. Ainsi, des écrits fusent actuellement pour montrer que le génocide a commencé en 1959. L'idée a déjà fait son chemin et le livre d'histoire du Rwanda produit par le professeur Bernard Lugan (1997) va dans ce sens. Cependant, la vérité reste. Seule l'interprétation change au gré des événements. Sur ce point bien précis des événements de 1959, les procès organisés par la Tutelle nous éclairent sur ce qui s'est passé. Ils nous renseignent que ce sont les féodaux tutsi qui ont occasionné le déferlement de la violence en 1959 en s'en prenant aux leaders hutu comme l'agression de Dominique Mbonyumutwa par une bande de jeunes tutsi, en faisant assassiner certains d'entre eux tels Kanyaruka, Kayuku, et Secyugu par des milices twa venus du Bwami (le palais royal). Les Tutsi comme les Hutu ont tous été victimes de cette barbarie (voir photo d'une victime en annexe 7) qui a occasionné la mort d'une centaine de personnes, toutes ethnies confondues, selon un ancien administrateur du Rwanda.

C'est l'avis également de Jean-R Hubert substitut du procureur du Roi des Belges au Rwanda dans les années 1959-1961 (Hubert, 1964, p. 33). Par ailleurs, la pratique montre que les éléments constitutifs d'un génocide ne pouvaient être réunis. En effet, les affrontements étaient sporadiques et certains hutu ont accompagné leurs suzerains, certains jusque dans l'exil. Ainsi par exemple le chef Furuma qui résidait dans l'actuelle commune de Kinyami (préfecture Byumba) a été accompagné par la population quand il a quitté le Rwanda. Son fils Furuma, qui a été inspecteur de l'APR (exilé en Ouganda depuis avril 2001), a retrouvé bon nombre de biens laissés par son père au début des années 1960, dont les propriétés agricoles.

Grâce aux réseaux bien huilés du FPR, les massacres des Hutu aux allures génocidaires ont été passés sous silence. Ils ont pourtant débuté en octobre 1990 dans les préfectures de Byumba et de Ruhengeri et se poursuivent jusqu'aujourd'hui. Relevons cependant que des voix, elles sont encore rares malheureusement, commencent à dénoncer ces massacres.

Dans son livre, Helmut Strizek (1998, p. 159) estime à des centaines de milliers les victimes de ces massacres. Quant à Joseph Matata du Centre de Lutte contre l'Impunité et l'Injustice au Rwanda (CLIIR, janvier 1998), il les qualifie de génocide :

> Quand on parle du génocide rwandais, la population de Byumba ne pense qu'à celui des Hutu de cette région par les troupes du FPR. C'est celui auquel elle a assisté dès l'avancée des troupes du FPR. Les massacres sélectifs et systématiques et les différentes techniques de torture infligées aux populations civiles de Byumba, mais aussi de Ruhengeri, entre 1990 et 1994 avaient jeté les survivants sur les routes de l'exode. En 1994, on estimait à environ un million les déplacés de guerre qui étaient entassés dans des camps de fortune de Nyacyonga aux portes de la capitale Kigali et dans les préfectures de Byumba, Kigali et Ruhengeri. Leurs témoignages faisaient état de massacres systématiques de civils hutu, de femmes éventrées, d'hommes castrés, d'enfants morts la tête fracassée, etc.

Cela n'a pas ému outre mesure la communauté internationale. Et pour cause : Kagame fit, dans cette période, une tournée discrète en Allemagne, en Suisse, au Royaume Uni, en Belgique pour un travail diplomatique dans le souci de disculper le FPR face au drame du million de déplacés qu'il venait d'occasionner lors de son offensive de février 1993 (*La Cité* du 27/05/1993).

Un travail exhaustif reste à faire à ce sujet. Le document produit par Filip Reyntjens & Serge Desouter (op. cit., p. 3) donne déjà un large aperçu de l'étendue de ces massacres et réclame une enquête internationale pour que ces crimes du FPR soit qualifiés :

> Le FPR s'est rendu coupable de crimes odieux, et cela depuis qu'il a entamé la guerre en octobre 1990. Ces violations des droits de l'homme n'ont jamais pu faire l'objet d'enquêtes sérieuses.

Ces deux chercheurs ajoutent :

> Nous estimons en effet qu'il existe trop d'indications sérieuses et concordantes de crimes contre l'humanité commis par le FPR et son armée (APR) pour continuer à ne pas vouloir savoir.

D'autres témoignages épars existent comme ceux selon lesquels le FPR a bombardé des camps de déplacés ou des hôpitaux où plus de 40.000 personnes ont été exécutées par les militaires du FPR lors de son offensive de février 1993 ou de massacres des élus du MRND de la zone tampon (zone démilitarisée).

Lors des élections dans cette zone, le journaliste Jean Pierre Mugabe qui avait rejoint le FPR dans le maquis, était un des représentants du Front venus superviser des élections dans la commune Cyeru. Aucun candidat aligné par le FPR ne fut élu. D'où le massacre systématique de ceux qui avaient été élus probablement pour contraindre la population à adhérer à l'idéologie du FPR qui ne passait pas. Jean Pierre Mugabe, qui est aujourd'hui exilé aux Etats-Unis, sait certainement quelque chose sur ces massacres. Espérons qu'il sera assez courageux pour dévoiler la vérité sur ce crime du FPR et bien d'autres commis en 1994 lors de la reprise des hostilités ainsi que ceux dont il s'est rendu responsable après la prise du pouvoir jusqu'aujourd'hui. Car Mugabe, qui a rendu public un communiqué de presse dans lequel il accuse Kagame d'avoir massacré des enfants tutsi qui le rejoignaient dans le maquis, ne dit mot sur les exactions du FPR sur la population civile hutu, ce qui permet à tout observateur de penser que la solidarité entre Tutsi est de mise quand il s'agit d'éliminer des hutu.

L'ONU a mis en place le Tribunal Pénal International pour le Rwanda pour juger les responsables du génocide et des crimes contre l'humanité. Aura-t-il le courage de diligenter une enquête pour tirer au clair la position de nombreux observateurs qui parlent d'un double génocide au Rwanda ? Y aurait-il eu génocide s'il n'y avait pas eu la guerre ? C'est l'avis de certains rescapés du génocide d'après des témoignages recueillis par Emmanuel Goujon de l'AFP le 5 avril 1999 à Kigali. Certains connaisseurs du Rwanda vont même plus loin et avancent que le génocide a bel et bien été pris en compte dans les plans du FPR (Jerzy Bednarek, Africa International, février 1998, p.66). En effet, le 07/04/1994, le Colonel Marcel Gatsinzi fut nommé Chef d'Etat Major des FAR. Il avait la mission première de négocier la trêve avec le FPR. Mais celui-ci refusa car ses troupes avançaient bien. De même, les deux cadres politiques du FPR, Gérard Gahima et Claude Dusaïdi, dans leur déclaration du

30/04/1994 à New York, ne s'opposaient-ils pas à l'intervention de la MINUAR ? (HRW et FIDH, op. cit., pp 815-816).

Les victimes

Il a fallu plus de six ans au FPR pour sortir un recensement des victimes qu'il évalue à plus d'un million pour ne pas s'écarter des chiffres déjà avancés dans une certaine presse. Les estimations les plus sérieuses font état de 1,3 millions de morts en 1994 et dont plus de la moitié sont des Hutu, selon le journal de *De Staandard* du 26/6/1996 citant les travaux du Professeur Reyntjens. Ce recensement de Kigali ne dit pas combien de Hutu ou combien de Tutsi sont morts pour entretenir la confusion et ainsi occulter sa responsabilité dans des massacres. Nous sommes d'avis qu'il est effectivement temps « d'établir officiellement combien de Hutu et de Tutsis sont morts depuis le 6 avril 1994, et qui a été tué par qui ? » (Marchal, 2001, p. 305).

Rappelons que déjà le chiffre de 500.00 victimes avancé par les media tout au début provenait des sources de la CIA qui avait fait cette estimation avant la reprise de la guerre en avril 1994. Aussi, le FPR est-il d'abord parti de ce chiffre puis a parlé de 300.000 victimes avant d'en arriver à un million.

> Tous ces gens n'ont pas seulement été tués par la garde présidentielle. Le FPR a aussi une part de responsabilité. (...) Il est clair que le FPR a massacré beaucoup de gens dans les régions où il était bien implanté (..) » (Twagiramungu, Sénat de Belgique, 1997).

Après sa victoire en juillet 1994, le FPR fera encore des victimes dans la population civile regroupée dans les camps à l'intérieur et à l'extérieur du pays, souvent sous le regard des Casques Bleus de l'ONU et d'autres ONG venus s'occuper de ces réfugiés. Ainsi, avec la reprise de l'offensive en 1994, la population a rejoint le million de déplacés d'avant 1994 et a fui, les uns vers l'ex-Zaïre, mais les autres sont restés au sud-ouest du pays et des camps leur furent ouverts avec l'arrivée de l'opération humanitaire française baptisée « Turquoise » vers juin 1994.

Quand les Français furent priés de partir, en août 1994, les camps furent placés sous la supervision de la MINUAR. Dès le départ des Français, ces camps furent l'objet de rumeurs les plus folles. Les nouveaux maîtres du pays les accusaient d'abriter des criminels qui venaient troubler la tranquillité en dehors des camps. La MINUAR, soucieuse de sauvegarder ses bonnes relations avec le nouveau gouvernement, reprit à son compte ces accusations contre la population des camps à l'intérieur et ces derniers devinrent l'objet de marchandage politique entre les deux.

C'est ainsi qu'en dépit de l'interdiction théorique faite à l'armée gouvernementale d'entrer dans ces camps qui étaient une zone réservée à la MINUAR, les soldats du nouveau régime multiplièrent les actions d'intimidation dans les camps depuis le mois de septembre pour forcer les réfugiés à rentrer et être ainsi la proie facile de leurs exactions. Forte de cette impunité, l'armée finit le même mois par démanteler de force un camp en préfecture de Kibuye à l'Ouest du pays sans soulever la moindre protestation de la MINUAR. Après Kibuye, l'armée se tourna vers Gikongoro dans le sud du pays. Quand les réfugiés tentèrent de se sauver, elle les arrosa de balles et plus d'une cinquantaine y laissèrent la vie. Encore une fois on n'entendra aucune protestation venant de la MINUAR. Cet incident survint presque en même temps qu'un autre dans un camp de réfugiés rwandais au Burundi dans lequel des personnes en uniformes de la nouvelle armée rwandaise firent irruption et tuèrent à l'arme automatique plus d'une quarantaine de réfugiés y compris des femmes enceintes et des enfants. Ni les Nations Unies, ni le Burundi dont le territoire a été violé, ne semblent s'inquiéter outre mesure.

Par contre, les gouvernements burundais et rwandais entamèrent des négociations pour le retour de ces réfugiés car, selon eux, la situation était redevenue normale. Quand le Président burundais visita le Rwanda dans la première quinzaine du mois de décembre 1994, ce point domina encore une fois leurs entretiens. Entre temps les Nations Unies, qui ne trouvaient pas la situation suffisamment grave pour renforcer la sécurité autour des camps, ont intensifié leur campagne pour le retour des réfugiés dans leurs habitations. L'opération baptisée

« Opération Retour » devait en réalité remettre à l'armée du FPR qu'ils avaient fuie quelques 350.000 personnes.

Justifiant cette action qui viole de façon flagrante les droits de ces personnes, le représentant au Rwanda du Secrétaire Général des Nations, le Pakistanais Shaharyrar Khan, a déclaré que c'était suite à l'insécurité grandissante dans ces camps. Le 10 décembre 1994, il déclara aux journalistes qu'il était de leur devoir de protéger les agents des organisations d'aide (*aid workers*) et la population contre les grenades et les mitrailleuses qui étaient utilisées de plus en plus dans les camps *Daily Nation, December* 13,1994. Il est clair que Khan avait été convaincu par les allégations du gouvernement qu'il y avait dans ces camps un véritable arsenal d'armes, et il ne tardera pas à le démontrer en demandant une fouille dans ces camps. Le 15 décembre 1994, une force combinée de près de 4000 personnes dont près de 2000 soldats gouvernementaux et 1800 casques bleus de la MINUAR fit une descente surprise dans les camps de Kibeho et Ngabo en préfecture de Gikongoro et y imposa un couvre feu de 24 heures pour pouvoir récupérer toutes les armes. A l'issue de l'opération, pas une seule arme à feu n'avait été découverte. D'après l'agence de presse Reuter citée par *Daily Nation* du 16 décembre 1994, les fouilleurs, pour ne pas rentrer bredouilles, avaient « saisi un millier d'outils à lames » (*bladed instruments*). Il s'agissait en fait de houes, de machettes, de serpettes, de couteaux et de haches, tous des instruments d'un agriculteur rwandais. Et la population, et les organisations d'aides, que la MINUAR prétendait venir sauver, condamnèrent cette action qui n'avait fait que traumatiser les déplacés.

Pour justifier cet échec, le commandant adjoint de la MINUAR, le colonel canadien Jan Arp, déclara à cette occasion aux journalistes que l'information devait avoir filtré et qu'un nombre de gens avec des armes sérieuses, les criminels de grands chemins, étaient partis ailleurs.

Toujours au sujet de la campagne pour le démantèlement de ces camps, Khan avait confié aux journalistes que l'objectif était d'« éviter que les autorités de Kigali ne le fassent par la force », avant d'ajouter que ces mêmes autorités lui avaient dit qu'elles avaient détruit un autre camp en septembre (*Daily Nation*, December 11, 1994).

La décision des Nations Unies de fermer ces camps pour éviter que les autorités ne le fassent par la force revient à un bienfaiteur qui vole au secours d'une personne qu'un agresseur allait gifler, et qui, pour ne pas indisposer l'agresseur gifle cette personne à sa place.

Dans les camps à l'extérieur, l'insécurité devint une arme politique pour des chantages tous azimuts. Pour le régime de Kigali, elle constituait une raison suffisante pour exiger d'exfiltrer des camps tous les réfugiés susceptibles de lui opposer une résistance, sous prétexte qu'ils étaient les fauteurs de trouble, et de les mettre en quarantaine, à défaut de les enchaîner et de les lui remettre. Pour certaines ONG, ce fut une occasion de prouver leur attachement au régime de Kigali et elles ne manquaient aucune occasion pour exagérer la situation. Du moment que le FPR leur reprochait d'avoir cautionné les massacres en se retirant au plus fort de la crise, cette fois-ci il fallait anticiper pour le rassurer. Profitant de cette bonne disposition, le FPR infiltra les camps en faisant engager ses agents qui, à longueur de journée énervaient les réfugiés. Cette politique réussit, puisque des incidents éclatèrent entre les ONG et les réfugiés. Ainsi une employée kenyane de Care Canada dut prendre la fuite car les réfugiés lui reprochaient d'avoir recruté clandestinement une milice aux motifs suspects. Cet incident a été amplifié outre mesure par *Care Canada* pour le présenter comme une insurrection des réfugiés mais, en réalité, c'était plutôt une insurrection contre cette employée et elle seule.

Ainsi l'ONU trouva plus urgent d'affecter des casques bleus à GOMA pour inciter les réfugiés à rentrer que d'augmenter le nombre d'observateurs du Centre des Droits de l'Homme des Nations Unies au Rwanda. Un plan minutieusement préparé et auquel certains pays occidentaux ont participé, fut mis sur pied. Il visait à attaquer les camps des réfugiés car l'opinion publique avait été longuement préparée. Kagame les bombarda et poursuivit les fuyards jusqu'à Mbandaka. Il y eut plus de 200.000 morts selon les rapports de l'ONU. Mais le chiffre réel, on ne le saura jamais car la même armée n'a pas attendu pour encore attaquer le Zaïre et faire disparaître toutes les traces. L'ONU, dont le Rapporteur avait qualifié (dans son rapport préliminaire) cet acte de génocide, a vidé le rapport des éléments compromettants pour le régime de Kigali. Elle ne retiendra que l'appellation « massacres » et non « génocide ». Elle demandera à Kigali de s'occuper des criminels. A cette occasion signalons les nombreuses victimes zaïroises de cette impitoyable chasse à l'homme et dont personne ne semble se soucier.

Les réfugiés hutu qui ont échappé à cette boucherie seront traqués par tous les moyens dont « les listes des génocidaires » distribuées dans bon nombre de pays et dans leurs chancelleries à l'étranger.

Le recours aux listes arbitraires

Conforté dans sa position par le génocide, le FPR a imaginé un raccourci pour traquer ceux qu'il qualifie globalement de « génocidaires » : des listes sauvages et officielles furent élaborées. Une loi a été même votée dans ce sens par le Parlement.

Cette loi est l'œuvre du FPR qui voulait en faire une arme politique, ce qui lui a par ailleurs réussi. En effet, en 1995, un projet de loi révisant le code pénal pour y introduire le crime de génocide avait été préparé par feu Alphonse Marie Nkubito, alors ministre de la justice. Parallèlement, un autre projet était préparé par les services de la présidence de la République. Il proposait la mise sur liste des suspects du génocide, leur catégorisation et le principe de plaidoyer de culpabilité. Pour donner une force à son projet et enterrer celui du ministère de la justice, le FPR organisa à Kigali un symposium international en décembre 1995 dont les recommandations allaient dans le sens de son projet de loi. Après l'éviction de Nkubito, sa remplaçante, Marthe Mukamurenzi, endossa le projet mais au moment d'aller le défendre au Parlement, elle fut remplacée par Charles Muligande, alors Ministre des Transports et Secrétaire Général du FPR.

Notons que le « Parlement » rwandais n'en est pas un à vrai dire. Ses membres sont à majorité des membres du FPR. Ils sont nommés et non élus. Ils sont renvoyés quand ils manifestent le moindre esprit critique à l'égard des desiderata du FPR. Les cas des députés Jacques Maniraguha, Eustache Nkerinka, Sebarame, ..., sont encore frais dans la mémoire. Ils ont été renvoyés par l'ex-Premier ministre Pierre Célestin Rwigema, alors président du Parti MDR, sur demande des autorités du FPR.

Par ailleurs, certains événements politiques montrent que ce Parlement n'est en fait que le prolongement du FPR. Le Général-Major Kagame, avait, le 30/08/1999, prononcé un discours devant les députés pour entre autres expliquer la situation militaire en République Démocratique du Congo. Il a, à cette occasion, demandé aussi aux députés de lutter contre la corruption. Cette « injonction » a été tout de suite mise à exécution. Les ministres Marc Rugenera, Anastase Gasana et Charles Ntakirutinka ont été convoqués sans tarder au Parlement pour s'expliquer. Les deux derniers ont été contraints de démissionner après une motion de défiance votée le 07 octobre 1999. Ce n'est pas dans les 30 jours que les députés ont pu mener une enquête sur ces personnalités. Les dossiers leur ont été sans aucun doute refilés par les services de Kagame. Parallèlement, le FPR a fait une campagne tous azimuts pour montrer que les « génocidaires » avaient élaboré des listes de leurs victimes.

Une rétrospective de l'historique du FPR montre que c'est plutôt lui qui a planifié l'exploitation de ces listes, sûr que leurs effets allaient faire des dégâts dans les rangs de ses ennemis. Ainsi, déjà le 05 avril 1993, dans son communiqué de presse, il avait annoncé que le 17/03/1993, il avait fourni une liste des autorités administratives et politiques impliquées dans des massacres. Celles-ci devaient être relevées de leurs fonctions et traduites devant les tribunaux. Tout au début des massacres en avril 1994, le FPR envoya à bon nombre de pays et de chancelleries ce qu'il appela la « CDR list », contenant selon lui les noms de ceux qui tuent les gens. La liste comprend même des personnes inexistantes ou qui ne vivaient pas au pays depuis de longues années. Par après, il y a eu une liste de 428 personnes, revue et enrichie jusqu'à 1946 personnes, et publiée au Journal Officiel de la République Rwandaise comme « Liste n°1 de la première catégorie prescrite par la loi organique n°8/96 du 30/08/1996 ».

La liste du 30/08/1996, comme par ailleurs toutes les précédentes, condamne avant même de juger et pêche contre le principe de la présomption d'innocence. Elle fait des ravages en particulier dans l'intelligentsia hutu. Pourtant, les critiques qui lui sont faites lui ôtent pratiquement toute sa valeur.

En effet, elle a été dressée à la hâte : on y retrouve par exemple des personnes mortes avant 1990 et d'autres mortes avant 1994. Parmi celles-ci se retrouvent même des victimes du FPR d'avril 1994 dont notamment Théoneste Mujyanama assassiné à Kigali, ancien ministre de la justice; Sylvestre Baliyanga, ancien Préfet de Kibuye et de Ruhengeri, assassiné par le FPR avec sa famille chez lui à Remera, à Kigali; Jean Hategekimana, ancien Président du Tribunal de Première Instance de Kigali et sa famille assassinés par le FPR à Kigali. Cette précipitation se remarque aussi par les fautes de forme. A certains endroits, la numérotation manque ou les numéros sont repris deux fois. L'identification des personnes est incomplète vu qu'elle ne fait mention dans la plupart des cas que des noms et prénoms sans autres coordonnées. Certaines sont même identifiées uniquement par leurs prénoms. A certains numéros, on retrouve les mêmes personnes mais identifiées avec des données différentes. Alors que le professeur Jean Gakwaya (*Rwanda : Points de vue*, n° 17, novembre-décembre 1996, p.38) trouve comme nous l'avons souligné, que « ce manque d'uniformité, cette diversité des données d'identification et cette omission des données de base pour l'identification des personnes témoignent de la précipitation, du manque de sérieux avec lesquels ces listes ont été dressées et publiées », l'ex-Président du Conseil d'Etat et Vice-Président de la Cour Suprême, Alype Nkundiyaremye (op. cit.), révèle une autre raison de cette précipitation. Selon lui, la plupart de ces personnes, mortes ou vivantes, ont été listées vaille que vaille « parce qu'on voulait procéder d'une part à la saisie et à la vente aux enchères de leurs biens suivant une justice expéditive, et d'autre part parce qu'on voulait que les anciens juristes et magistrats ne se retrouvent pas dans la nouvelle magistrature.

De même on voulait exclure la présence, dans les divers secteurs de la vie publique ou privée de l'Etat, de leurs anciens responsables ».

Appelé à s'expliquer par une certaine opinion nationale choquée par la grossièreté des erreurs de la liste qui dépassaient tout entendement dans une matière aussi grave qu'est le génocide, le Procureur Général Siméon Rwagasore, signataire de la liste, sera obligé d'avouer, dans une interview au journal *Intego* (n° 25, décembre II, 1996), que la liste n'avait pas la valeur qu'on veut lui prêter. Pourtant au Rwanda, des centaines de personnes ont été arrêtées et emprisonnées par le fait même qu'elles figuraient sur la liste, malgré des discours officiels rassurants (Amiel Nkuliza, *Le Partisan*, n° 40, janvier 1997).

Fort heureusement, certains Etats démocratiques se sont aperçus du manque de sérieux de cette liste et ont accordé l'asile politique à certaines personnes qu'elle reprend et qui étaient au-dessus de tout soupçon. Pouvait-il en être autrement puisque même le pouvoir de Kigali a affecté aux hautes fonctions des personnalités figurant sur la liste, telles Boniface Rucagu, Préfet de Ruhengeri, Justin Munyemana, ex-Conseiller du Ministre de la Santé, le Colonel Karemera, Joseph Mporanyi, Sous-Préfet. La liste n'ayant pas de valeur aux yeux du Gouvernement rwandais, la prendre en considération serait ni plus ni moins, vouloir être plus catholique que le Pape.

La liste du 30/08/1996 a été actualisée le 31 décembre 1999. Elle contient les mêmes erreurs que la précédente malgré un vernis qui ne peut tromper personne. Elle pêche toujours contre la présomption d'innocence. Elle condamne avant jugement. Des personnes figurant sur la liste font encore l'objet d'enquêtes par le Parquet. Les personnes dont le FPR a toujours besoin ne figurent plus dans la liste. Par contre, celles qui lui ont faussé compagnie sont reprises et figurent en bonne place dans la liste. C'est notamment le cas du Colonel Rusatira. Il a protesté contre cet agissement arbitraire par sa lettre du 08 février 2000 adressée au Procureur Général près la Cour Suprême du Rwanda.

L'identification des militaires a été faite dans une précipitation qui saute aux yeux. On leur a attribué des grades inexistants dans les FAR tel celui de « lieutenant caporal ». Une autre nouveauté est la mention du nom de Juvénal Habyarimana. Non seulement il est mort avant le génocide de 1994 mais de plus le FPR est désigné par plusieurs sources comme le commanditaire de son assassinat.

Le 19 mars 2001, la liste portée à 2898 noms, fut publiée pour remplacer la précédente. 36 noms ont disparus et 801 nouveaux noms y sont apparus ; Pierre Célestin Rwigema qui a été chef du gouvernement pendant 5 ans figure au n° 2279.

Le système de listes est un raccourci qui a fait ses preuves et qui date, au Rwanda, de 1959. En effet, les extrémistes du parti UNAR y ont eu recours en 1959 pour désigner les Hutu à abattre et qualifiés d'« abaporosoma », membres de l'ancien parti APROSOMA de Joseph Habyarimana Gitera qui fut le premier à dénoncer publiquement le système en vigueur au Rwanda (*Temps Nouveaux*, 1/11/1959). Il n'est donc pas étonnant qu'il fut adopté par le FPR durant la préparation de la guerre et mis en pratique depuis 1993.

Le FPR avait donc planifié tout le cheminement : reprise de la guerre, provocation des massacres, élaboration des listes de tous ceux qui peuvent s'opposer à lui dans sa politique dictatoriale et criminelle, qu'ils aient ou non trempé dans des massacres.

Selon sa tactique de projection pour détourner l'attention de l'opinion publique, le FPR a mené une campagne, tambour battant. Il a accusé ses adversaires d'avoir élaboré des listes de Tutsi à tuer. Cela fut pris comme une des preuves de la planification du génocide. Ces listes sont notamment reprises dans la littérature existante, parue sur le Rwanda après 1994. Elles furent pourtant mises en doute par de nombreux acteurs de la politique rwandaise dont l'ex-Premier Ministre Twagiramungu (Sénat de Belgique, 1997).

> Ces listes font mention de quelques centaines de personnes. Cela ne donne pas une indication quant à la suppression systématique d'une partie de la population rwandaise. Il faut se méfier des documents de diversion qui sont publiés dans certains livres.

Quant à la planification de l'extermination des Tutsis, il en doute aussi : « Il y a eu une incitation à assassiner les opposants au régime (...) parmi lesquels les Tutsis. (...). Il y a eu génocide, mais il n'était pas planifié ». Il donne des exemples : les frères de Robert Kajuga ont été tués. Ils étaient dans des partis opposés au MRND. Son grand frère a été tué parce qu'il était dans un parti opposé. Mathieu Ngirumpatse, qui était le Président du MRND, a vu son neveu et toute sa famille tués par les Interahamwe. « Comment peut-on imaginer que des gens planifient l'extermination de leur propre famille ? ».

La liste trouvée dans la voiture de feu le Général-Major Déogratias Nsabimana, Chef d'Etat-Major des FAR et qui reprendrait des gens à tuer, a été la plus médiatisée. Aujourd'hui des informations disponibles démontrent qu'elle proviendrait du FPR. C'est l'hypothèse du Général Ndindiliyimana (octobre 1999) qui l'a trouvée et c'est la réponse que lui a donnée son collègue. Les enquêtes menées à ce sujet tendaient elles aussi vers cette hypothèse. Selon toujours Ndindiliyimana, « l'ancien Procureur F.X. Nsanzuwera, qui fut l'un de ceux à avancer l'hypothèse que cette liste présentait des personnes à exécuter, n'a pas pu en apporter la preuve ». (...). Sur « cette liste qui a été présentée comme la preuve de la planification (...) figurent des personnes hutu et tutsi, membres des partis différents y compris le MRND, résidant au Rwanda ou à l'étranger (Canada, Europe, Ouganda)... » (Ndindiliyimana, 1999).

Si le FPR a tenu à faire accepter cette liste par l'opinion internationale, il voulait sans aucun doute cacher que, tout au long des hostilités, il a usé de ce genre de listes dans ses desseins macabres. Colette Braeckman (1994, p. 226) a fait une révélation intéressante à ce sujet. La nuit, dit-elle, des patrouilles du FPR se glissaient dans la ville. Les jeunes soldats, munis de listes, savaient où se trouvaient leurs sympathisants, leurs partisans.

Une organisation anti-catholique

En juin 1994, sur 9 évêques, y compris l'archevêque de Kigali, trois ont été tués. Dans le diocèse de Byumba, en pleine zone du FPR, on estime que plus de la moitié des prêtres ont été tués. Dans celui de Nyundo, on déplore plus de 30 prêtres tués sur les 53 présents au moment des massacres. Dans le diocèse de Kabgayi tous les prêtres qui y avaient trouvé refuge en même temps que les trois évêques dont on parle ci-dessus ont été sommairement exécutés avec eux par le FPR.

La question qui vient immédiatement à l'esprit est de savoir comment expliquer cet acharnement du FPR contre l'église catholique. Même si toute la lumière n'est pas faite là-dessus, on peut néanmoins émettre quelques réflexions.

De tout temps, les Hutus ont été minoritaires dans le clergé catholique, pour des raisons on ne peut plus complexes. Toujours est-il que les Tutsi ont considéré l'église catholique comme leur fief et que tout Hutu qui s'y aventurait était considéré comme un intrus. C'est ainsi que jusque très récemment, les séminaires, pépinière naturelle du clergé catholique, recrutaient majoritairement (relativement au pourcentage dans la population totale) dans l'« ethnie » tutsi. Ce déséquilibre en amont doit être à l'origine de la prédominance des tutsi dans le clergé catholique. Or, quoi qu'on en dise, la guerre déclenchée par le FPR en octobre 1990 avait des relents ethniques. Les hutu y ont vu la volonté des tutsi de reprendre le pouvoir qu'ils avaient perdu en 1959. Beaucoup de prêtres tutsi catholiques, incapables de dépasser leur appartenance ethnique, ont affiché ostensiblement leur sympathie pour les rebelles du FPR comme l'évêché de Kibungo qui leur a servi d'arsenal.

Malgré un effort remarquable d'équilibrage au niveau des évêques au cours des années 70 et 80 (portant le nombre d'évêques hutu à 5 sur 9), les tutsi qui se savaient majoritaires dans le clergé catholique, auraient aimé utiliser l'église catholique pour saboter le régime Habyarimana. La nomination au poste de premier archevêque de Kigali d'un évêque hutu en place fut une gifle dans le visage des tutsi. Pire encore, l'acceptation par ce dernier d'un poste au sein du comité central du parti MRND au pouvoir vint comme une insulte qui ne devait pas rester impunie surtout que même le Vatican n'avait pas approuvé ce geste.

Ainsi sous le leadership de Mgr Vincent Nsengiyumva, les relations entre l'Eglise catholique et l'Etat connurent une évolution fulgurante au point que l'opposition tutsi n'hésitait pas à parler d'une alliance objective entre les deux. Les autres confessions religieuses n'éprouvèrent pas moins de suspicion à l'égard de cette alliance. Pour le FPR, c'était donc un animal à abattre dès qu'une chance se présenterait.

Déjà tout au début de la guerre, le FPR assassina une religieuse française, Renée Popin et une aspirante rwandaise dans la paroisse de Rushaki, tout près de la frontière ougandaise. Le 10 février 1992, à Rukomo, seize prêtres des quatre paroisses du Mutara, dans leur lettre, dénoncèrent un terrorisme à l'encontre de la population civile par le FPR. L'un des signataires de cet appel, le père Vallmajo sera assassiné par le FPR en 1994 à Kageyo, dans la préfecture de Byumba.

L'assassinat à Kabgayi en juin 1994 de trois évêques ainsi que de neuf prêtres qui, ironie du sort, avaient refusé d'être évacués parce qu'ils avaient peur de la sécurité de Tutsi sous leur protection, ne fut donc pas une surprise. Loin d'être une affaire de quelque « jeunes soldats indisciplinés », ce fut un ordre venu d'en haut, d'après des sources dignes de foi. L'Abbé Vénuste Linguyeneza était à Byimana là où les évêques ont été assassinés par les militaires du FPR. Son témoignage est poignant (Dialogue n° 213, novembre-décembre 1999, pp 79-88).

Que le FPR ait annoncé lui-même cet incident et qu'il ait même envoyé un message de condoléances au Pape ne change pas grand-chose. En avril 1994, le FPR avait déjà assassiné à Rwesero les abbés Joseph Hitimana, Athanase Nkundabanyanga, Gaspard Mudashimwa, Christian Nkiliyehe, Alexis Havugimana, Faustin Mulindwa, Fidèle Mulinda, Célestin Havugimana et Augustin Mashyenderi. Le 17 octobre, il a assassiné le père canadien Guy Simard, curé de Ruyenzi à Butare ; le 1er août 1995, il a tué l'Abbé Pie Ntahobari, curé de Kamonyi à Gitarama. En 1996, il a fait disparaître Monseigneur Phocas Nikwigize, Evêque de Ruhengeri, de retour des camps de l'ex-Zaïre. C'est dans le cadre de cette politique qu'il a précipité la mort de Monseigneur André Sibomana, en lui refusant un document de voyage à temps pour aller se faire soigner à l'étranger.

Cet acharnement s'explique par le fait que, en 1957, les prélats de l'Eglise catholique au Rwanda et au Burundi, dont Monseigneur Perraudin et Aloys Bigirumwami au Rwanda, ont signé une lettre pastorale demandant la justice sociale dans la gestion des rapports hutu/tutsi. Pour ces évêques l'injustice compliquait les relations sociales entre les divers groupes de la population rwandaise.

Des informations récentes font état du plan du FPR de fonder une « Eglise patriotique rwandaise » calquée sur le modèle chinois (Africa International, n° 326 de juillet/août 1999, p. 28).

4

Le noyautage de la communauté internationale

Le FPR a brillamment noyauté et manipulé la communauté internationale. Une certaine presse l'a présenté comme un mouvement de libération qui combat pour l'instauration de la démocratie. Les organisations internationales et les ONG présentes au Rwanda n'ont pas, elles aussi, pour la plupart, résisté à sa force de séduction et à son art du mensonge.

La manipulation des médias étrangers

Dans la préparation de la guerre, le FPR a manipulé, avec la plus grande maîtrise bon nombre de médias étrangers. Il avait compris que la guerre moderne est d'abord une guerre médiatique. Le Gouvernement rwandais d'alors a été pris de court. Toutes ses ambassades furent réduites au silence par une équipe organisée et rompue dans l'art du maniement de la parole. Ainsi par exemple aux USA, on trouvait entre autres Norman Karasanyi, Charles Muligande et Télesphore Ndekwe. Dans leur lettre circulaire adressée au *State Department (Rwanda Desk)* et à l'*U.S Congress Africa Departement* le 12/11/1990, ils justifient la prise des armes par le FPR à cause de « l'apartheid » en vigueur au Rwanda et par le fait que Juvénal Habyarimana a refusé « aux deux millions de réfugiés » de rentrer dans leur pays.

Outre Atlantique, une mention spéciale doit également être faite à Alexandre Kimenyi. Boursier régulier du Gouvernement rwandais, il est parti aux Etats-Unis pour un stage de perfectionnement en Anglais.

Le stage terminé, il a préféré rester en Amérique. A un certain moment, il sollicita un passeport pour rentrer au Rwanda, mais les autres membres du FPR le taxèrent de vendu à Habyarimana. Ainsi dans le journal *The Alliancer* de décembre 1985, on trouve des messages lancés à son endroit comme : *Kimenyi atuririye kw'itabaro* » (Kimenyi nous a trahis sur le champ de bataille). Il se rétracta. Professeur de langues dans des universités américaines, il éditait la revue *Impuruza* dont certains articles appelaient à la haine ethnique (Shimamungu, *Points de vue*, n°17, novembre-décembre 1996, pp.14-15).

Alexandre Kimenyi, militant de première heure du FPR, est aujourd'hui un opposant au Président Kagame. Avec l'ex-président de l'Assemblée nationale, Joseph Kabuye Sebarenzi, il a fondé, au mois de mars 2001, un parti politique dénommé « ARENA : Alliance Rwandaise pour la Renaissance de la Nation ». Dans leur communiqué rendu public aux USA, les promoteurs de ARENA fustigent le régime du Général Kagame pour entre autres ses violations massives des droits de l'homme et pour son incapacité à promouvoir la réconciliation nationale.

Il est intéressant de noter que Alexandre Kimenyi était déjà à Kigali en juillet 1994 quand le FPR s'apprêtait à mettre sur pied son premier gouvernement. Lors de notre rencontre à Bruxelles en septembre 2000, je lui ai posé la question de savoir pourquoi il n'a pas fait partie de ce gouvernement. En effet, il reprochait, dans notre conversation, au FPR son incapacité à diriger le pays. Il a hésité à répondre à ma question. Ce fut son ami, un autre rwandais, lui aussi, transfuge du FPR, qui me donna la réponse. Il était gêné par des manœuvres de Kimenyi d'esquiver ma question. Il dit : « Kimenyi est professeur. Il ne pouvait pas aller au Gouvernement car il avait d'autres tâches. Il devait... ». Cela m'a laissé penser que le partage du gâteau n'a pas été facile entre les tombeurs du régime de Habyarimana.

En Belgique, où le FPR avait officiellement ouvert un bureau à Bruxelles, Jacques Bihozagara partit du Burundi où il exerçait la fonction de vétérinaire pour la ferme de la société BRARUDI (Brasseries du Burundi), pour jouer le rôle de Directeur des relations internationales en Europe. Il était aux côtés de James Rwego, directeur du Bureau du FPR à Bruxelles ; Shaban Ruta (de son vrai nom Wilson Rutayisire, Major dans l'APR et ex-Directeur Général de l'Office Rwandais d'Information) chargé de l'information au bureau de coordination à Bruxelles ; Jean Baptiste Ndahumba, lui aussi Commissaire à l'information, et Gasana Ndoba pour les Droits de l'Homme. Des communiqués de presse du FPR tout au long de la guerre ont été signés à partir de Bruxelles par l'un ou autre de ces personnes citées.

En France et en Allemagne, des équipes similaires existaient. En Allemagne par exemple, on trouvait l'Association *Abadaha* animée par Jean Marie Masabo. C'est elle qui était parvenue à embrigader Jean Barahinyura et à le recruter pour le FPR. Il est à signaler que Masabo, comme Alexandre Kimenyi, était un boursier régulier du Gouvernement Habyarimana. Il a préféré rester en Allemagne, après ses études, en vue de travailler pour le FPR.

Les pays limitrophes du Rwanda n'étaient pas en reste. En Ouganda, le journal pro-gouvernemental *New Vision* relayait la position du FPR tandis qu'à Goma, les journaux *Umoja* et *Le Volcan* n'ont rien épargné dans cette campagne ; au Burundi, c'est *Le Renouveau* qui a joué ce rôle. Dans sa parution du 5 juin 1991, ce journal titre « Le Rwanda exporte sa révolution » ; « Le Volcan » du 6 juin 1991 dit qu'un commando a été envoyé au Zaïre pour éliminer des personnalités ayant des liens avec le FPR ; « Le Renouveau » des 5 et 6 août 1991 accuse Kigali de vouloir provoquer des heurts ethniques à Bujumbura.

Les communiqués de presse de toutes ces équipes disséminées en Europe et aux quatre coins du monde et leurs interventions dans les médias finirent par légitimer la guerre du FPR. Mais surtout cette légitimation porta ses fruits quand des Hutu furent mis sur la scène pour parler au nom du FPR. On les affublait de titres tels que « Commissaire à l'information et à la Documentation » pour Jean Barahinyura et ensuite Pasteur Bizimungu après la démission de ce premier, ou de « Président du FPR » pour Alexis Kanyarengwe. D'après un ancien Hutu du FPR, ce mouvement prenait soin de les faire encadrer par ses hommes de confiance qui ne les quittaient jamais d'un pas lors de leurs nombreuses pérégrinations en Europe et en Amérique.

Les contacts avec les médias étaient facilités par des « Bureaux de Relations publiques » largement rétribués, et préalablement acquis à la cause. Ils ont organisé des rencontres entre les Hutu du FPR (Jean Barahinyura, Silas Majyambere, Théoneste Lizinde, Alexis Kanyarengwe, Pasteur Bizimungu) et les médias de façon qu'avec le déclenchement de la guerre, les radios, la presse écrite et la télévision ne cessaient de leur donner la parole pour dénoncer « le régime dictatorial de Habyarimana ». L'on se souvient de la photo de Majyambere exhibant sa carte d'identité pour illustrer les mentions ethniques, de Lizinde pavoisant comme un bon chef de guerre, de Barahinyura qui recevait des félicitations chaque fois qu'« il avait parlé pour eux [les tutsi du FPR] ». Barahinyura (1992, p.51) garde encore des souvenirs à ce sujet :

> Chaque fois à l'issue de mes conférences de presse, les tutsi se pressaient autour de moi pour me féliciter en me disant que j'avais bien travaillé pour eux (*Yewe sha Barahinyura we! Wadukoreye pe*). Je n'étais donc pas, à proprement parler, membre de leur corporation mais plutôt un simple pantin pour ne pas dire une marionnette.

Ce phénomène se remarque également avec le cas d'un certain Janvier Afrika qui hier servait les intérêts du FPR. Certains spécialistes de l'Afrique des Grands Lacs et des enquêteurs ont prêté foi à ce qu'il leur a raconté. Pour eux, il était tellement honnête que ses révélations ont été tenues pour parole d'évangile. Ainsi, ce sont des informations qu'il a fournies qui ont servi à la rédaction du « Rapport de la Commission d'enquête sur les violations des droits de l'homme au Rwanda depuis 1990 ». Il est connu aujourd'hui que cet informateur avait été manipulé et ne cesse de le répéter à qui veut l'entendre de son exil au Cameroun.

Quand Afrika Janvier a fait des témoignages sur les massacres commis par le FPR notamment sur les membres de sa famille, ses témoignages étaient superbement ignorés par la presse internationale et par les ONG de défense des Droits de l'Homme qui normalement rattrapaient la balle au bond quand il s'agissait de simples soupçons à l'encontre du régime Habyarimana. Dans sa lettre du 13 février 1995 écrite de son exil à Douala au Cameroun, Afrika Janvier lance un cri de détresse :

> Mon oncle, sa femme et ses six enfants ont été tués par les militaires du FPR parce qu'il avait essayé de réclamer ses maisons...

Pour le FPR, « ses Hutu de service » ayant fini de légitimer sa lutte dans l'opinion internationale et son objectif, à savoir la prise du pouvoir, ils ne sont plus intéressants et certains ont même été éliminés physiquement (Lizinde, Sendashonga). D'autres ont échappé miraculeusement aux attentats, par exemple Majyambere, qui a été mitraillé à Kampala en Ouganda. Kanyarengwe, lui, a reçu une retraite anticipée. Quant à Barahinyura, qui vit en Europe, il figure en bonne place sur la liste de ceux qui ont préparé le génocide. Pasteur Bizimungu a démissionné de son poste et est malmené pour avoir fondé un parti politique.

Ceux qui ont travaillé avec le FPR dans le gouvernement et qui ont pu s'exiler expriment avec amertume leur instrumentalisation par le FPR. Pour eux, qui se disaient être dans l'opposition démocratique, le FPR s'en est servi comme des « dindons de la farce ». L'un d'eux témoigne :

> Le FPR se servait de nous pour se forger une bonne image à l'extérieur et pour donner confiance et inciter à rentrer les populations qui avaient dans leur quasi-totalité fui le pays. Nous découvrirons avec stupeur que la seule préoccupation du FPR était d'atteindre le Hutu dans sa dignité, en lui infligeant la frustration la plus totale et en exerçant sur lui un terrorisme psychologique. Par une action planifiée et conduite avec méthode, le FPR était entrain d'éliminer systématiquement, dans des tueries massives et répétitives, les mâles hutu considérés dans leur globalité comme des « génocidaires ». Des emprisonnements arbitraires, dans des conditions dégradantes, ne cessaient d'être organisés et l'exclusion des non-membres du FPR de tous les domaines de la vie nationale était devenue le mot d'ordre. Cette pression psychologique et cette épuration massive procédaient et procèdent toujours d'une arithmétique politicienne visant à mettre un terme à l'argument du poids

démographique des hutu (…) et ainsi garantir à l'ethnie tutsi les chances de remporter les élections… » (Ndahayo, op. cit., p. 157).

En matière de propagande, il faut bien le reconnaître, la réussite du FPR est impressionnante. Comme le fait remarquer le Professeur Pierre Erny, le FPR a un sens très aigu de la propagande. C'est un bon mouvement révolutionnaire qui a goûté à la logique maoïste en y mêlant une surdose de subtilité rwandaise (1994, p.219).

Le résultat est là ! Il est surtout apparu après avril 1994. En effet, il y a peu d'événements au monde qui ont fait l'objet d'autant de désinformation que la crise rwandaise après l'assassinat du Président Habyarimana. Il est vrai qu'en terme d'originalité, elle n'avait peut-être pas de précédent, mais cela n'explique pas à lui seul la mauvaise foi et l'acharnement avec lesquels certains médias étrangers se sont mis à travestir la vérité sur la crise rwandaise. L'information a été twistée avec maîtrise pour servir une certaine préconception. Quelques exemples suffisent pour corroborer ce constat.

Dès l'annonce de la mort du Président, certains médias découvrent pour la première fois que Habyarimana était un dictateur sanguinaire et qu'il ne méritait aucune sympathie. L'opinion internationale était chauffée à blanc, et à juste titre, vu les images horribles qui lui étaient servies. Mais ce qu'elle n'a pas compris, c'est que tous ces cadavres qui sont passés devant ses yeux, c'est non seulement l'œuvre des *Interahamwe*, mais également des *Inkotanyi*. Le témoignage de Marcel Gérin et de bien d'autres observateurs y compris les membres du FPR, sont là pour le confirmer. Il suffit entre autres de lire les écrits du journaliste Jean Pierre Mugabe pour s'en convaincre.

Après la prise du pouvoir, le FPR n'a pas dormi sur ses lauriers. Il a continué d'entretenir ses réseaux et ses méthodes ont été améliorées maintenant qu'il a les moyens financiers et le pouvoir. Cet avoir, le FPR le gère comme il l'entend. Outre la dilapidation des biens publics notamment par des ventes des entreprises publiques aux membres du FPR ou aux sociétés qui leur sont attachées, la gestion des biens publics laisse à désirer (pour le FPR, le bien public se confond avec le butin de guerre *intsinzi*). Ainsi, les éminents membres du FPR que sont Patrick Mazimpaka et Jacques Bihozagara ont consommé, aux frais de l'Etat, respectivement 11.754.050 et 6.962.876 Francs rwandais de téléphone dans leurs résidences à Kigali de janvier 1996 à février 1997 ; soit plus ou moins 4000 dollars par mois pour le premier et 2500 dollars pour le second. Pour un pays comme le Rwanda classé parmi les 25 pays les plus pauvres, cette consommation est pour le moins irresponsable. (Les chiffres en francs rwandais sont tirés du journal *Le Tribun du Peuple*, juin I 1997, pp. 6-7).

Revenant sur cette manipulation, les journalistes étrangers accueillis à Kigali sont tous logés dans un même hôtel souvent avec des hôtesses pour les « encadrer ». Ils sont accompagnés, lors de chaque sortie, par des militaires, sous prétexte de sécurité, etc.

Cette manipulation de l'opinion publique a été encore flagrante avec les massacres des centaines de milliers de réfugiés hutu dans l'ex-Zaïre. La communauté internationale savait l'imminence de ces massacres mais elle n'a rien fait. Pourquoi une telle attitude ? Nous trouvons des explications chez Filip Reyntjens (1999, pp.123-124) citant une étude détaillée de Nik Gowing :

Le pilier central de la stratégie du Rwanda et de l'AFDL a été le contrôle de l'information : la technique de la « fermeture de la scène du conflit » avait déjà été expérimentée par le FPR au Rwanda ; Kagame confirme que depuis le début de 1994, « le but était de laisser (les ONG et la presse) continuer à travailler, mais d'empêcher qu'ils le fassent d'une façon qui soit dangereuse pour nous ». Ensuite, l'intimidation : « Kagame n'aime pas les ONG ; dès lors, il les paralysait complètement en les terrorisant. S'il n'aimait pas leur traitement de l'information, il les foutait à la porte ». De même, les journalistes « savaient que le gouvernement rwandais pouvait rendre désagréable leur vie' ». (...) Cette peur était renforcée par les écoutes et les fuites : ainsi une ONG « proche du gouvernement rwandais » (USCR, IRC ?) faxait des *sitrep*[6] directement au bureau de

---

[6] Situation report.

Kagame. (...) De fait les médias internationaux sont devenus « des instruments de la manipulation rwandaise » : le gouvernement de Kigali a « bloqué l'information venant de la zone de conflit », (...). Certains journalistes étaient des « groupies » du FPR ; un journaliste reconnaît que « la presse et les ONG partageaient le lit du FPR ».

Cette force de manipulation, le FPR l'a toujours. Elle est mise en branle chaque fois que le régime est accusé des tueries ou de ne pas respecter les droits de l'homme. Il trouve toujours des gouvernements et des journalistes pour avaler ses mensonges et le défendre. C'est à travers ce prisme déformé que la communauté internationale appréhende la tragédie rwandaise depuis 1990 à aujourd'hui.

La manipulation des organisations internationales

Ni l'Organisation de l'unité africaine, qui avait eu la bonne idée de mettre sur pied une force interafricaine d'interposition entre les FAR et le FPR, ni l'ONU qui avait envoyé les Casques Bleus, aucune de ces organisations n'a pu éviter l'horreur au Rwanda. Les puissances anglo-saxonnes avaient montré leur couleur dès le départ, en s'engageant à donner le pouvoir au FPR quel qu'en soit le prix. Certaines ONG n'ont d'ailleurs pas pu se distancer de la politique de leurs pays au sujet du Rwanda.

Le noyautage de l'OUA

Il existe au sein de l'OUA un mécanisme pour la résolution des conflits régionaux. Pour le cas du Rwanda, le manque de fonds, alibi évoqué souvent pour justifier les nombreux échecs de cette organisation continentale, ne peut pas à lui seul expliquer la passivité avec laquelle l'OUA a géré la crise rwandaise, sa toute première aventure de maintien de la paix. Trois facteurs principaux sont à l'origine de cet échec.

Tout fut d'abord faussé au niveau de la présidence de cette organisation. Au moment de l'invasion en octobre 1990, le Président en exercice de l'OUA n'était rien d'autre que le chef de l'Etat ougandais Yoweri Kaguta Museveni. Les attaquants étaient des membres de son armée.

Le fait qu'il était président en exercice de l'OUA a été un des éléments qui ont contribué à anesthésier le Rwanda. En effet, malgré des informations précises sur l'imminence de l'attaque, le Rwanda avait toujours cru que la parole d'honneur d'un président « ami » et de surcroît en exercice de l'OUA, était suffisamment rassurante. On pouvait penser, en toute bonne foi, que l'invasion du Rwanda ne se ferait pas avant juin 1991, date de l'élection d'un nouveau président de l'OUA.

En juin 1991, le président Museveni fut remplacé par le président nigérian, le Général Babangida. Ce dernier, sans être foncièrement anti-rwandais, avait néanmoins des liens privilégiés avec le président Museveni. La NRA envoyait régulièrement des stagiaires au Nigeria et l'armée nigériane envoyait des délégations en Ouganda pour étudier le système du NRM, qui les avait « fascinées ». C'est également sous le régime du NRM que l'Ouganda ouvrit une ambassade résidente au Nigeria.

Il est dès lors vraisemblable qu'au cours de la passation de service, le président ougandais ait laissé son empreinte sur la présidence, en donnant un briefing faussé à son successeur. Et de fait, bien que le sommet de l'OUA à Abuja (Nigeria) ait mandaté le président nigérian pour organiser une rencontre entre les Présidents Habyarimana et Museveni, cette rencontre n'aura jamais lieu. Le Nigeria prétendit que son émissaire en la personne du ministre des affaires étrangères, durant sa visite manquée au Rwanda en été 1991, n'avait pas été reçu par le Président Habyarimana pour arranger cette rencontre. Le ministre nigérian avait annoncé son arrivée à Kigali alors qu'il était déjà en route. Quand les services du protocole rwandais venus l'accueillir à l'aéroport lui ont demandé d'attendre un peu à l'hôtel qu'on avertisse le Président, il a refusé et a repris immédiatement l'avion. Arrivé à Lagos, il s'est empressé d'écrire une note verbale de protestation. Il est à noter aussi que c'est sous le leadership de Museveni que l'OUA endossa l'intervention nigériane au Liberia pour casser l'avancée du NPFL de Charles Taylor. L'engagement de la France aux côtés du gouvernement rwandais pourrait aussi avoir indisposé le Nigeria dont elle dispute le leadership en Afrique occidentale. L'Egypte, qui a remplacé le Nigeria à la tête de l'OUA, ne pouvait pas jouer pleinement son rôle d'arbitre, parce que l'un des belligérants, le FPR, l'accusait de coopérer avec le gouvernement rwandais. Du reste, le dommage était à ce moment tellement important qu'il était trop tard pour le réparer.

La personnalité du Secrétaire Général de l'OUA y est également pour quelque chose. Salim Ahmed Salim aurait sans doute aimé que l'expérience rwandaise, la toute première opération entièrement africaine de maintien de la paix, sous les auspices de l'OUA soit un succès, surtout que le renouvellement de son mandat était proche. Mais il a été tiraillé entre ses amitiés avec le Président Museveni et les analyses trafiquées de son chef de cabinet, Timothy Bandora, un tutsi d'origine rwandaise, devenu citoyen tanzanien.

Concernant les relations entre Museveni et Salim Ahmed Salim, elles datent des années soixante-dix, durant l'exil de Museveni en Tanzanie. Quand la Tanzanie a organisé l'invasion de l'Ouganda en 1979, en représailles contre l'occupation par l'Ouganda de la région tanzanienne de Kagera, Museveni était un des leaders des factions de l'opposition ougandaise en exil en Tanzanie qui ont participé à l'invasion. Il dirigeait alors le FRONASA (*Front for National Salvation*). A cette époque, Salim était membre du gouvernement tanzanien.

Les analyses de Museveni sur le conflit rwandais ont certainement influencé les décisions de Salim Ahmed Salim. Il en a été notamment le cas lors du sommet de Dar-Es-Salaam du 19 février 1991 qui a institué le GOMN I. Alors que le sommet de Gbadolite au Zaïre du 26 octobre 1990 avait suggéré plutôt l'idée d'une force de maintien de la paix, le GOMN I n'étant qu'une solution temporaire en attendant la mise en place de cette dernière, l'OUA pesa de tout son poids en faveur d'un GOMN.

Un autre élément qui a négativement influencé les prises de position d'Ahmed Salim sur le dossier rwandais a été la présence à ses côtés de Bandora Timothy, chef de son cabinet. Celui-ci est un citoyen tanzanien qui a servi longtemps au ministère tanzanien des affaires étrangères et qui a actuellement rang d'ambassadeur. Bandora est un ami de longue date d'Ahmed Salim, avec qui il a travaillé à l'ambassade tanzanienne auprès des Nations Unies à New York. Or, Bandora, tout en conservant sa citoyenneté tanzanienne, a été un militant de première heure du FPR. De ce fait, les rapports qu'il faisait à Ahmed Salim étaient à coup sûr empreints de cette filiation.

Selon le *Daily Nation* du 23 décembre 1994, Bandora avait été nommé ambassadeur du Rwanda en Allemagne, mais cette dernière aurait rejeté sa nomination parce « qu'il est tanzanien ». Ce revers suivait de près celui d'un autre tanzanien d'origine rwandaise, le professeur Laurien Rutayisire, dont la nomination au poste de gouverneur de la Banque Nationale du Rwanda (banque centrale) avait échoué, selon le journal *The East African* du 26 décembre 1994 au 1 janvier 1995. Il a eu le poste de Vice-Gouverneur.

La position de la Tanzanie, pays natal de Salim A. Salim, a été on ne peut plus ambiguë tout au long de la guerre. Depuis l'invasion du Rwanda en octobre 1990, la Tanzanie doit avoir été gênée de devoir condamner Museveni, un ami de longue date, dont l'armée était entraînée par des coopérants militaires tanzaniens. Certains des combattants du FPR, dont le Major Kagame lui-même, avaient d'ailleurs suivi des stages de formation en Tanzanie.

Après la signature de l'accord de cessez-le-feu de N'selé, tous les pays voisins du Rwanda avaient été sollicités pour fournir des militaires devant participer dans le GOMN I. Seule la Tanzanie refusera pour des raisons obscures. Or, la présence tanzanienne aurait pu apporter un élément supplémentaire de neutralité au GOMN I parce que les Ougandais et les Burundais étaient considérés comme étant proches du FPR.

Vers avril-mai 1991, lorsque les rebelles du FPR qui avaient infiltré de nouveau le Parc National de l'Akagera furent chassés par les FAR, les rescapés franchirent la rivière Akagera et entrèrent sur le territoire tanzanien. Plus de 300 furent arrêtés par l'armée tanzanienne et emprisonnés à Karagwe en Tanzanie.

Mais quand ils furent inculpés devant la justice, le chef d'accusation fut une simple entrée illégale et ils furent condamnés à payer une petite amende que beaucoup ne purent pas payer. Les autorités tanzaniennes, qui savaient très bien de qui il s'agissait, remirent ces rebelles à l'Ouganda, qui tout naturellement, les réaligna au front. Ce fut la seconde surprise.

Même après la prise de Kigali par les armes, le gouvernement tanzanien fut l'un des rares pays au monde qui a persisté à affirmer que la mise en place des nouvelles institutions du pays s'est faite conformément à l'Accord d'Arusha. Le ministre tanzanien des affaires étrangères l'a déclaré dans une interview au journal *Trait d'Union* d'octobre 1994.

Enfin, feu l'ex-Président Nyerere dont l'ombre n'a cessé de planer sur le pouvoir tanzanien, était un parrain politique du président Museveni. Ses critiques contre le Premier Ministre Malecera, ainsi que le secrétaire général du parti CCM à la veille de leur limogeage en décembre 1994 seraient en partie liées au dossier rwandais. Alors que ces derniers voulaient être réservés, Nyerere aurait voulu que le gouvernement soutienne sans tergiverser le FPR. Signalons aussi que depuis le coup d'état de Habyarimana en 1973, les relations entre les deux hommes ne se sont jamais réchauffées surtout que Nyerere craignait que le virus de coup d'Etat ne contamine son pays s'il venait à se rapprocher de ce militaire.

Toutes ces considérations ont pesé sur les analyses de Salim Ahmed Salim qui, tout en voulant se prémunir des diktats de son gouvernement auquel il devait néanmoins son élection, devait trouver un certain équilibre entre indépendance et gratitude. Il devait aussi préserver son image de marque sur la scène politique tanzanienne au cas où il ne serait pas à la fin de ses ambitions politiques.

Comme déjà signalé, ne peut-on pas se demander si le Président Mwinyi comme son collègue ougandais, était au courant du plan de l'assassinat du Président Habyarimana ? En effet, alors que la réunion de Dar-Es-Salaam du 6 avril 1994 avait débuté avec un grand retard à cause de l'arrivée tardive de Museveni, à l'ouverture, celui-ci prononça un long discours dont le contenu n'avait pas beaucoup de rapport avec l'ordre du jour, selon notre informateur. Le Président Mwinyi en ajouta et organisa, vers la fin de la journée, un dîner improvisé pour retenir Habyarimana, une façon peut-être de l'obliger ainsi à voyager la nuit, selon un témoin qui était sur place. Par ailleurs, ce serait toujours le même Mwinyi qui aurait convaincu le président Ntaryamira d'embarquer avec Habyarimana, prétextant que son avion est trop lent. A la place de son avion *Mystère*, on lui avait donné un autre avion qui faisait plus de 3 heures entre Bujumbura et Dar-Es-Salaam. Cet appareil a suivi l'avion de Habyarimana. Arrivé à Kigali, il n'a pas pu atterrir; il est allé se poser à Bujumbura.

De plus, la délégation qui avait accompagné le Président Habyarimana a été bloquée à Dar-Es-Salaam jusqu'au mois de juillet 1994. Les deux avions (un avion civil de la société AIR RWANDA et un avion militaire) qui les avaient transportés furent immobilisés par la Tanzanie qui les remit au FPR après la prise de Kigali.

Certains observateurs vont même jusqu'à affirmer que les troupes tanzaniennes ont aidé le FPR dans la prise de Kigali. C'est l'avis de l'avocat américain Christopher C. Black (june 2001):

> As well, a contingent of the Tanzanian Army reinforced RPF troops in order to besiege the town of Kigali and for the conquest of the town of Kibungo.

Le noyautage de l'ONU

A la veille de l'assassinat de Habyarimana le 6 avril 1994, il y avait au Rwanda deux forces des Nations unies : la MINUAR stationnée à Kigali ainsi que la MONUOR stationnée à Kabale pour contrôler la frontière rwando-ougandaise.

La résolution instituant la MINUAR (créée par la résolution n°872 du 5 octobre 1993 du Conseil de Sécurité des Nations Unies) fut votée à la hâte et ne put saisir la dimension profonde du conflit. Tout d'abord, le refus par le FPR de toute présence des Nations Unies au Rwanda aurait dû inspirer plus de prudence au Conseil de sécurité. En outre, les conditions dans lesquelles s'étaient déroulées les négociations de paix d'Arusha laissaient penser qu'il y avait chez les deux parties un fossé de frustrations. Les négociations d'Arusha n'avaient pas arrêté la guerre et le FPR a profité de quelques périodes d'accalmie pour renforcer ses positions. Malgré les difficultés économiques résultant de cette guerre, les institutions de Bretton Woods ont refusé de poursuivre leur programme d'ajustement structurel tant que l'accord ne serait pas signé, une conditionnalité qui ne visait que l'un des négociateurs. Enfin, il y avait des divergences profondes au sein du gouvernement au point que les réunions du conseil du gouvernement ne se tenaient plus. Faute de concertation du côté gouvernemental, de nombreuses concessions ont été faites au FPR. Ce faisant, le texte de la résolution instituant la MINUAR aurait dû tenir compte de ces variables et prévoir au besoin des mécanismes d'arbitrage ou de coercition en cas de besoin. Les réactions, parfois maladroites, de la MINUAR comme le jour où le Général Dallaire convoqua l'exécutif du parti MRND à la suite d'une manifestation non autorisée qu'on attribuait à ses membres, et dans un mouvement de colère, leur dit d'accepter tout ce que le FPR voulait bien leur laisser parce «qu'ils étaient finis politiquement» (Bukeye, 1994).

Cette prise de position du Général Dallaire en faveur du FPR s'est manifestée à d'autres occasions. Les Nations-Unies ayant envisagé de le muter du Rwanda en janvier 1994, il a déclaré qu'il allait demander à son successeur d'aider les jeunes combattants du FPR, si gentils, si disciplinés (Nshimiyimana, 1995, p. 67). Le 4 avril 1994, Roméo Dallaire a demandé à Théoneste Bagosora qui pourrait remplacer le Président Habyarimana s'il venait à disparaître (Bagosora, 1995). A un officier supérieur qui lui demandait de l'aider à évacuer sa famille au Canada, Dallaire lui présente le plan de conquête de la ville de Kigali par le FPR et lui demande d'y adhérer d'abord et de lui dévoiler les activités des FAR qui se trouvaient à Gitarama. En août 1994, il a envoyé un hélicoptère pour aller ramener le Colonel Gatsinzi de Bukavu au Zaïre pour rejoindre l'APR. En septembre 1994, il entra en contact avec le Général Ndindiliyimana pour lui demander de rejoindre le FPR (Ndindiliyimana, 1995).

L'une des premières missions importantes de la MINUAR était d'accompagner dans la capitale les 600 combattants du FPR prévus par l'Accord d'Arusha. La MINUAR n'a jamais su combien ils étaient car ils s'étaient refusés à toute identification. La MINUAR n'a pas non plus inspecté les armes du côté du FPR. Pourtant, elle aurait sans aucun doute découvert des caches d'armes.

C'était peut-être une des missions de la MINUAR de vérifier cette hypothèse. La MINUAR eût peut-être été plus crédible si elle avait apporté la preuve qu'il existait bien des caches d'armes, dans ce cas, une action simultanée aurait pu être menée dans les deux camps » (Swinnen, 1997).

Dès le déclenchement des massacres, la MINUAR ordonna le cantonnement de ses troupes suivi d'une évacuation. Or, un agent de l'ordre chargé du maintien de la paix doit être au courant des risques qu'il court dans l'exercice de ses fonctions et il ne doit pas fuir dès que le moindre danger s'annonce.

Des témoins oculaires ont rapporté que la tour de contrôle du *Stade Amahoro* qui était pourtant dans la zone du Q.G. de la MINUAR, a abrité une arme d'appui qui bombardait les positions des FAR à l'aéroport et en ville, et qu'au départ du contingent bengalais qui était stationné au stade même, le FPR se serait emparé de ses munitions sans que cela soulève la moindre protestation de la part de la MINUAR. Toutes les positions abandonnées par la MINUAR ont été immédiatement occupées par le FPR. Il en est ainsi de Rebero l'Horizon, une colline surplombant la capitale. Cette force, pourtant mandatée pour aider les Rwandais à mettre en application les accords d'Arusha devant mettre fin à la guerre, n'a pas fait montre de l'impartialité requise. Sur le terrain, il a suffi que le FPR manifeste une moindre appréhension contre le Représentant Spécial du Secrétaire Général des Nations Unies, le Camerounais Roger Booh Booh, pour que celui-ci soit forcé de démissionner. La MINUAR a ouvert des enquêtes sur les massacres de Kirambo (Ruhengeri), Mutura (Gisenyi), Gishushu (Ville de Kigali) et Cyohoha Rukeri (Byumba). Pas une seule n'a été conclue alors qu'il y avait pas mal d'indices très utiles. Pourtant quand éclata à Kigali une manifestation contre la mise en place du Parlement de transition avant la résolution des problèmes pendants alors au sein des parti CDR, MDR et PL, la MINUAR sortit les conclusions de son enquête sur les organisateurs de cette manifestation le jour même alors que les manifestants n'avaient aucun signe distinctif. (Bukeye, 1994).

Même après la prise du pouvoir par le FPR, l'attitude de la MINUAR n'a pas changé. Citant un membre de la mission d'observateurs du Centre des Droits de l'Homme des Nations-Unies sur place à Kigali, Filip Reyntjens (novembre 1994) affirme que quand il était fait état de violations des droits de l'homme par l'APR (Armée Patriotique Rwandaise), la MINUAR ne voulait pas le savoir.

Au plus haut niveau, la décision du Conseil de Sécurité des Nations Unies d'imposer un embargo contre l'importation des armes au Rwanda n'avait pas visiblement pour objectif d'aider à arrêter ni les massacres, ni les hostilités militaires, mais à permettre au FPR de prendre le pouvoir.

En effet après l'imposition de l'embargo, toutes les mesures ont été prises pour fermer et/ou contrôler les voies d'approvisionnement militaires du gouvernement, y compris l'envoi d'une armada de journalistes pour contrôler l'aéroport voisin de Goma au Zaïre.

Curieusement, à aucun moment, l'aéroport d'Entebbe en Ouganda et le port de Port Bell sur le lac Victoria à Kampala où débarquaient des tonnes et des tonnes de matériel militaire du FPR n'attirèrent aucune attention même pas de la part de la MONUOR et ni de son bureau de liaison à Kampala.

Créée par le Conseil de Sécurité des Nations Unies par sa résolution 846 du 23 juin 1993, la MONUOR (Mission d'observation des Nations-Unies en Ouganda-Rwanda), elle était chargée de surveiller les éventuels approvisionnements en matériels militaires et attaques du FPR à partir de l'Ouganda. La mission de la MONUOR fut handicapée par des problèmes d'ordre structurel et logistique.

Mise en place à la demande du gouvernement rwandais (l'Ouganda n'acceptera que sur pression) qui se plaignait de l'ingérence de l'Ouganda dans la guerre au Rwanda, la MONUOR devait en principe veiller à ce que le FPR n'utilise l'Ouganda comme base arrière, pour ses approvisionnements en ressources matérielles et humaines. Or, la résolution portant sa création stipule, entre autres, que le trafic humain (*human traffic*) ne sera pas entravé. Ceci veut dire en d'autres mots que les rebelles du FPR, leurs recrues ainsi que d'autres mercenaires pouvaient faire des va-et-vient à travers la frontière, sans être inquiétés.

L'argument avancé pour soutenir cette disposition serait le souci de ne pas pénaliser les populations frontalières dans leurs échanges quotidiens. Mais tout le monde sait que la population du côté rwandais avait fui depuis l'occupation par le FPR de la bande frontalière et qu'elle ne se serait pas risquée à franchir les lignes de défense des FAR et du FPR pour venir en Ouganda. Même du côté ougandais, la majeure partie de la population avait fui les débordements des combats qui parfois atteignaient le côté ougandais. Ceci étant, si échanges il y avait, c'était entre les rebelles du FPR et l'Ouganda. Ainsi, fallait-il par exemple laisser des recrues et des mercenaires franchir la frontière Ouganda-Rwanda, sous le prétexte de ne pas entraver le trafic humain ?

La deuxième lacune de la MONUOR avait trait aux effectifs. En effet, la mission a démarré avec un personnel atrophié de 85 personnes chargées de surveiller une frontière longue de plus de 150 km, marquée de surcroît par un relief accidenté. Même avec la meilleure bonne volonté, le pari était hasardeux. Ce personnel devait, selon l'accord de siège signé entre les Nations Unies et le gouvernement ougandais, se déployer sur 5 postes d'observation, à savoir : Cyanika, Bigaga, Katuna, Kafunjo et Rubilizi. Kagitumba fut abandonné parce qu'il était encore sous le contrôle des FAR.

La troisième lacune a trait à l'accord de siège avec l'Ouganda qui a dilué considérablement la nature de la mission. Alors que la MONUOR voulait avoir les mains libres pour opérer sur tout le territoire ougandais pour autant qu'elle avait un objectif en rapport avec sa mission, le gouvernement ougandais ne lui autorisa finalement qu'à opérer strictement sur la frontière. Ainsi, elle n'a pas pu enquêter sur la présence du FPR à Mbarara, pas plus qu'elle ne pouvait filer les camions du FPR en Ouganda pour vérifier leur destination. En outre, bien que la MONUOR était sous l'autorité de la MINUAR, les deux missions n'avaient pas la possibilité d'échanger des courriers à travers le poste proche de Gatuna. L'Ouganda ne céda que quand les protestations se multiplièrent, et encore, il introduisit l'obligation aux membres de la MINUAR de se munir de visas avant d'entrer en Ouganda.

Sur le plan logistique, l'insuffisance du personnel s'est fait sentir au moment du déploiement des différents postes fixes d'observations. En effet, jusqu'en mars 1994, seuls deux postes fixes, celui de Gatuna et celui de Cyanika, étaient opérationnels. Toute la bande Est, de Kagitumba à Kaniga, en passant par Kamwezi, était libre au trafic, tout comme celle de Rubaya à Cyahafi, ou encore la chaîne des volcans. Pourquoi est-ce que les rebelles auraient emprunté les routes de Gatuna et Cyanika, alors qu'ils pouvaient emprunter sans entrave les nombreuses pistes carrossables en dehors de ces postes ?

En mars 1994, le poste de Rubilizi dans le *subcountry* de Kamwezi fut inauguré, mais c'était trop peu et trop tard, parce que dès la reprise des hostilités en avril 1994, le poste de Kagitumba tomba aux mains du FPR, et la route fut rouverte au trafic. La MONUOR, qui s'empressa de demander l'autorisation de s'y déployer, ne sera autorisée à le faire qu'après deux semaines d'intenses tractations, le temps d'acheminer au Rwanda tout le matériel lourd.

Etant donné la topographie du terrain, il avait également été prévu des hélicoptères pour appuyer la MONUOR par des patrouilles aériennes. L'idée était géniale. Mais les hélicoptères se feront attendre jusque vers mars 1994. Certaines sources avaient affirmé que le scandale financier au service de l'intendance des missions de maintien de la paix aux Nations Unies y était pour quelque chose.

A l'issue du premier terme de leur mandat on pouvait lire dans leur rapport au Secrétaire Général des Nations Unies « qu'ils n'ont rien trouvé pouvant impliquer l'Ouganda », alors qu'en de février 1994, un Major bengalais, membre de la MONUOR avait déclaré de son côté aux attachés militaires russe, britannique, tanzanien, kenyan et soudanais à Kabale, qu'il n'avait aucun doute que la NRA appuyait le FPR. Ces attachés militaires avaient demandé au cours d'une séance de briefing, de leur dire si oui ou non la NRA aidait les rebelles, à quoi il a répondu oui « par ce que sa religion islamique lui interdisait de mentir » (Bukeye, 1994).

Pourtant, même sans enquête, rien qu'en procédant par élimination, n'importe qui aurait pu se rendre compte que l'Ouganda était le passage obligé des approvisionnements du FPR. Ce dernier n'avait en effet ni aéroport ni autre poste frontalier en dehors de l'Ouganda. Il était aussi facile de se rendre compte qu'une grande quantité du matériel militaire partait de l'armurerie gouvernementale de Magamaga à Jinja ou de Kaburangire à Mbarara sur réquisition de la 7ème division de la NRA qui contrôlait la frontière rwandaise. Puisque l'armée ougandaise n'était pas (officiellement) en guerre contre le Rwanda, quelle pouvait être la destination de ce matériel vers le Rwanda ? Il n'y avait qu'à voir l'enrichissement fulgurant des commandants militaires ougandais locaux qui partageaient le butin avec le FPR, chaque fois que ce dernier pillait au Rwanda. Que n'ont-ils pas récupéré ? : des véhicules, des groupes électrogènes, du matériel vidéo, des stocks de magasins. Le journal gouvernemental ougandais *New Vision* s'est indigné un jour de ces pratiques et a même sorti une caricature là-dessus, mais pas une seule arrestation n'avait été opérée.

En réalité, comme le note si bien François de Descoueyte (Assemblée Nationale française, 1998), ambassadeur de France en Ouganda de janvier 1994 à décembre 1997, la MONUOR n'a servi que d'alibi commode au Gouvernement ougandais :

> S'agissant de la MONUOR, il a précisé que la mission internationale des Nations Unies à la frontière ougando-rwandaise avait un mandat plus réduit que celui de la MINUAR et des moyens plus limités. Tous les experts ont souligné le manque de sérieux de cette mission. Il s'agissait simplement d'un signe politique. Elle n'avait aucune possibilité de contrôler la longue frontière entre le Rwanda et l'Ouganda. Jusqu'au dernier moment, elle ne disposait ni des matériels de vision nocturne, ni des hélicoptères qui lui auraient permis de remplir sa tâche. Une partie de la frontière lui était interdite. Quand elle a eu enfin des hélicoptères et qu'un pilote brésilien particulièrement courageux a survolé la zone qui lui était interdite par les accords, il a vu des camions militaires bâchés se dirigeant vers la frontière. Il a alors essuyé quelques tirs et a

fait rapidement demi-tour. La MONUOR était un alibi commode pour les Ougandais. Ils pouvaient afficher les résultats négatifs de la mission.

Rappelons qu'avant de venir en mission au Rwanda en vue d'évaluer les besoins logistiques pour la mise en place d'une force de maintien de la paix, le Général Dallaire était dans la MONUOR. Il « connaissait bien le FPR puisqu'il avait établi son quartier général à Kabale, au sud de l'Ouganda, et que l'approvisionnement du Front passait par là » (Nshimiyimana, op.cit., p. 66). Il venait de cautionner un rapport tronqué de la MONUOR qui a mis le Conseil de sécurité sur une fausse piste. Il fut ainsi nommé Commandant en Chef de la MINUAR.

Le 17 novembre 1993 fut inauguré officiellement le quartier général de la MINUAR à Kigali. Le lendemain, le 18 novembre, tous les élus du MRND de la sous-préfecture de Kirambo (zone démilitarisée sous l'autorité de la MINUAR mais sous contrôle de facto du FPR) furent massacrés avec les membres de leurs familles (environs 50 personnes). Dallaire promit une enquête dont les résultats n'ont jamais été publiés malgré l'insistance de tous les acteurs politiques rwandais qui voulaient couper court avec la suspicion. Il se refusa à le faire, pour ne pas « aggraver la situation déjà tendue » (Nshimiyimana, op. cit., p. 66). Il fut d'office accusé de partialité et d'être pro-FPR sur qui pesait de fortes présomptions dans ces massacres, car aucun des candidats présentés par ce Front ne fut élu.

Aujourd'hui, l'on peut affirmer que la neutralité du Général Dallaire laissait à désirer. Le journaliste de la MINUAR, Vénuste Nshimiyimana (op.cit., p.66) est affirmatif quand il écrit :

> Au mois de janvier 1994, le Général Dallaire aurait déjà dû être remplacé. Mais c'était sans compter sur un de ses amis, le directeur exécutif de la MINUAR, le Dr Kabia Abdul, un homme apprécié aux Nations Unies et qui bénéficiait de l'appui d'un haut responsable à New York. A des collègues canadiens venus en inspection, il alla jusqu'à dire : ''Si on me remplace, je demanderai à mon successeur d'aider ces jeunes combattants du FPR, si gentils et disciplinés, alors que les gouvernementaux sont brutaux et arrogants''.

Des casques bleus de la MINUAR, à l'instar de leurs chefs, ont trempé dans des affaires indignes de leurs fonctions : on les a vus arracher l'effigie du Président Habyarimana à un passant et la piétiner haineusement; dans leurs smocks, ils ont pris de gros cailloux et sont allés les lancer dans la porte vitrée de la résidence de Barayagwiza Jean-Bosco, un des cadres du parti CDR ; la fille de l'ex-chef d'Etat-Major fut arrêtée à un point de contrôle et les 4 roues de sa voiture furent trouées à coups de baïonnette par les casques bleus ; on les a vus faire entrer de force, à la cérémonie de prestation de serment, des candidats députés non admis par l'Accord d'Arusha ; le 06/02/1994, ils ont même tenté de désarmer le chef d'Etat-Major de l'armée qui rentrait d'une inspection des troupes sur le terrain. La liste de ces méfaits peut encore être allongée. Ces comportements regrettables répercutés largement par la RTLM (Radio Télévision Libre des Mille Collines) avaient une influence néfaste sur la vision que la population se faisait de la neutralité de la MINUAR.

Dans la même période, des assassinats, comme par hasard des seuls leaders politiques Hutu, se multiplièrent. Le FPR était pointé du doigt, mais le Général Dallaire se taisait. Pourtant, au mois de mars 1994, dit encore Vénuste Nshimiyimana (op.cit., p. 67), le Représentant Spécial du Secrétaire Général des Nations Unies montre au Général Dallaire un document prêt à être faxé à New-York, le Général l'a annoté avant de l'envoyer. « Dans ses commentaires, il s'opposait à la modification du mandat de la MINUAR et disait contrôler la situation » (Nshimiyimana, op. cit., p. 67). Il a renouvelé les mêmes assurances quand il s'est rendu au siège de l'ONU :

> Dallaire était à New York le 30 mars, une semaine avant l'attentat. Il rencontre le secrétariat, les membres du Conseil de sécurité, et le discours qu'il tient est relativement optimiste. Dallaire est considéré, à l'époque, pour nous à New York comme l'un des hommes les mieux renseignés sur la situation au Rwanda. Que nous dit-il ? Il y a trois points dans sa communication. Il croit encore en la bonne foi des dirigeants de deux parties, sans cependant exclure qu'il y a des individualités radicales dans l'un ou l'autre camp. Ensuite, il estime que le Rwanda est effectivement à la croisée des chemins, que les

divergences politiques deviennent minimales entre les parties, et que donc on se rapproche d'un accord, mais que si ce n'est pas le cas, on va avoir de sérieux problèmes. Trois, Dallaire estime qu'il n'existe chez aucune des parties -et là je cite- un « masterplan » secret. Il est intéressant de se dire que, l'homme le mieux informé, pour les Nations Unies, au sujet du Rwanda, qui vient à New York les 30-31 mars, diffuse ce message au Conseil de sécurité et au secrétariat (...)» (Brouhns, Sénat de Belgique, 1997).

L'on peut alors se demander comment en mars il a estimé qu'il n'existe chez aucune des parties un « *masterplan* » alors que le 11 janvier de la même année, il affirmait qu'un informateur crédible lui avait rapporté un plan de massacres.

Plutôt que de secourir une population civile réduite à la merci de criminels de tous bords, et malgré l'insistance de Boutros Boutros Ghali (1999, pp. 202-203) au Conseil de sécurité de renforcer la présence militaire onusienne au Rwanda, la MINUAR a préféré répondre positivement à l'ultimatum du Général Kagame, sommant toutes les forces étrangères de quitter le territoire rwandais sous peine d'être considérées comme ennemies. L'ONU vota une résolution dans ce sens. Jean-Bernard Mérimée (Assemblée nationale française, 1998), Ambassadeur de France à l'ONU, de mars 1991 à août 1995, a expliqué ce vote par la lâcheté et le cynisme :

> lâcheté, parce que les gens avaient peur d'y aller, des soldats belges avaient été massacrés et les Américains étaient sous le syndrome somalien ; cynisme, parce que toute présence internationale était considérée par la plupart des membres du Conseil de sécurité comme un obstacle au progrès du Front Patriotique.

Ce dernier argument fut sans doute le plus déterminant.

Le rôle des ONG

Les organisations non-gouvernementales et autres organisations humanitaires, à quelques exceptions près, n'ont pas brillé après l'assassinat du Président Habyarimana et la reprise de la guerre par le FPR. En effet, au lendemain du 6 avril 1994, elles ont purement et simplement abdiqué, alors qu'on avait plus que jamais besoin d'elles. On les retrouvera à Kabale en

Ouganda vers juin 1994, d'où elles partaient pour opérer dans la zone du FPR, jugée plus sûre. Ainsi, elles étaient plus d'une quinzaine à opérer dans la zone du FPR pour au maximum 500.000 personnes alors que presque seuls le PAM et le CICR se débattaient dans la zone gouvernementale pour plus de 5.000.000 de personnes menacées de toutes sortes de fléaux. Il faudra une solide campagne pour qu'elles acceptent de revenir.

Pour certaines ONG, la situation n'a pas changé même après la chute de Kigali. Elles ont continué à prendre parti pour le FPR et lui servir de relais. En effet, pas un seul jour ne passait sans que telle ONG ne répande de fausses alertes sur une imminente attaque du Rwanda par les réfugiés. Pas un seul jour ne passait sans que telle autre ONG ne manifeste des inquiétudes sur l'absence de volonté de retour des réfugiés. Pas un seul jour ne passait sans que tel fonctionnaire d'une ONG ne fasse campagne pour le départ des autres ONG rien que parce que les réfugiés s'étaient indignés de son comportement peu humanitaire. Bref, certaines ONG semblaient plus préoccupées par la survie du régime du FPR que par celle des réfugiés qu'elles étaient venues aider. L'on ne s'étonnera donc pas du souci exprimé le 20/12/1994 sur les antennes de BBC-Afrique par MSF (section française basée en Tanzanie), pour justifier sa décision de se retirer des camps de réfugiés, à savoir que le taux de malnutrition des réfugiés rwandais était de 4 % alors que celui de la population tanzanienne était de 7 %.

La logique de certaines ONG de suspendre l'aide aux réfugiés hutu sous prétexte qu'ils se préparaient à attaquer le Rwanda et à commettre un nouveau génocide n'est en rien différente de celle du Général Major Paul Kagame. En effet, il ne cessait de s'indigner, même devant les Nations Unies, de voir la communauté internationale continuer à nourrir « les criminels ». Il faut bien le souligner, tous les réfugiés hutu n'étaient pas des criminels et toute personne est présumée innocente aussi longtemps que sa culpabilité n'a pas été établie. Et quand bien même tous les réfugiés seraient présumés coupables, même les condamnés à mort ont droit à la nourriture jusqu'à leur exécution.

Certaines ONG se complaisaient à publier des listes sauvages de suspects du génocide rwandais. Ainsi, en décembre 1994, *African Rights* a évoqué une liste de 150 réfugiés rwandais présumés coupables dans le dossier du génocide rwandais qu'elle avait soumise au gouvernement kenyan pour arrestation et extradition au Rwanda. Parmi les personnalités citées figurent par exemple un ex-officier supérieur des FAR. Celui-ci avait été courtisé par les maîtres de Kigali pour rentrer et dont la belle sœur avait été nommée ambassadeur à Rome en Italie. Et l'officier et sa belle sœur avaient décliné l'offre parce que le FPR avait massacré toute la famille de quelqu'un de leur parenté.

La publication de cette liste des personnes « ayant participé à la planification du génocide » s'est faite en même temps que l'annonce de la décision de l'organisation française *Médecins Sans Frontières* (MSF) de se retirer des camps de réfugiés rwandais en Tanzanie.

Au cours d'une conférence de presse tenue à Nairobi le 21 décembre 1994, Fiona Terry, coordinatrice de MSF Tanzanie a cité comme raison de leur départ, la poursuite des assassinats quotidiens, l'absence de sécurité, la terreur et la campagne d'intimidation pour empêcher les réfugiés de rentrer, ainsi qu'une manipulation dans la distribution de l'aide. D'après cet agent de MSF, le HCR serait lui-même conscient de la précarité de la situation dans les camps et aurait recruté des gardes pour participer dans le maintien de la sécurité. Mais la plupart des leaders de cette nouvelle structure seraient des « gens qui avaient organisé le génocide au Rwanda ». Rien que par la publicité qui avait entouré ce retrait, il était clair qu'il y avait anguille sous roche et qu'il s'agissait plutôt d'une manipulation de l'opinion publique.

En effet, les deux déclarations de MSF et d'*African Rights* sont tombées en même temps et au moment où le ministre rwandais des affaires étrangères, Anastase Gasana, se trouvait à Nairobi avec la fameuse liste de 150 personnes pour demander au gouvernement kenyan de les extrader.

Commentant cette décision de MSF de se retirer, le porte-parole du HCR à Kigali l'avait caractérisée à juste titre « de publicité sans cœur, d'exploit à la veille de Noël ». Il n'avait pas caché lui non plus qu'il doutait de « la sincérité de la décision et encore moins des raisons avancées pour la justifier » (*Daily Nation*, Dec. 22, 1994). En effet les 172 policiers tanzaniens déployés dans le camp se déclaraient plutôt satisfaits de l'évolution de la situation depuis la mise en place de ces nouvelles structures internes de maintien de la sécurité. Que MSF affirme qu'ils étaient submergés semble être plus qu'exagérer. Concernant les campagnes d'intimidation que MSF évoquait également, cette organisation savait très bien que seul le HCR était habilité à juger de l'opportunité des rapatriements. Or jusqu'à cette date, le HCR affirmait que les tueries continuaient.

Selon Tom Walker, des centaines de gens mourraient chaque jour. Il l'a dit en ces termes (Times, Thursday December 29, 1994) :

> *The killings continue. At a twice weekly meeting at the United Nations Emergency Office, a military official recap a litany of shootings, maimings, and torture from the country's six security sectors. A grenade kills 14 near Cyangugu in the southwest, the Rwanda Patriotic Army shoot at a boat on Lake Kivu killing another nine. These are just reported incidents. It is safe to say that hundreds are dying every week.*

Human Rights Watch (September 1994) ajoute :

> *Soldiers of Rwandan Patriotic Army have been killing, arresting and causing to disappear, persons who are rightly or wrongly accused of having participated in the genocide.*

Human Rights Watch continue en donnant une longue liste des cas les plus dramatiques. De plus, dans les camps de Ngara, il y avait encore des réfugiés tutsi sur lesquels les Hutu n'avaient pas d'influence et qui n'étaient toujours pas rentrés. Enfin comment expliquer l'exode continu de réfugiés en provenance du Rwanda si les conditions de sécurité étaient redevenues normales ?

« Médecin Sans Frontières - France » a fait en sorte qu'elle quitte le Zaïre. Un des dirigeants de cette organisation n'a-t-il pas lancé « un vibrant appel aux armes pour combattre la tyrannie sortie d'on ne sait où », allant jusqu'à qualifier le Front Patriotique Rwandais de « seul obstacle à la barbarie », de « seul groupe pouvant se réclamer d'une véritable légitimité, celle de la lutte contre l'oppression », et méritant « un réel crédit politique » du seul « fait d'avoir combattu dans les rangs de la National Restance Army » de l'Ouganda (Crépeau, 1995).

Le rapport du Consultant Robert Gersony, mis sous embargo par les instances onusiennes qui l'avaient commandé, montre à quel point certains responsables de l'ONU avaient pris leur engagement en faveur du FPR. Le récit de Jean Marie Vianney Ndagijimana, ancien ministre des affaires du gouvernement mis en place par le FPR après sa victoire, est éloquent à ce sujet.

En sa qualité de ministre des affaires Etrangères, il avait reçu longuement à Kigali, le 19 septembre 1994, une délégation officielle des Nations Unies conduite par le responsable des Missions de maintien de la paix, accompagné du représentant spécial du Secrétaire général des Nations Unies au Rwanda, du Directeur pour l'Afrique au HCR, du délégué du HCR au Rwanda et de Robert Gersony.

L'équipe venait lui donner la primeur du rapport rédigé par Gersony, expert de nationalité américaine mandaté officiellement par le HCR pour évaluer l'état de la sécurité et du respect des droits de l'homme au Rwanda après la prise du pouvoir par le FPR, soit de juillet à septembre.

Le rapport Gersony montré à JMV Ndagijimana lors de l'audience, concluait que la situation d'insécurité prévalant dans le pays ne favorisait pas le rapatriement massif des réfugiés hutu installés dans les pays voisins, compte tenu de la terreur et des massacres collectifs à grande échelle commis par l'armée gouvernementale du FPR à l'encontre des populations civiles innocentes restées au Rwanda. Le rapport avait recensé plus de 30.000 victimes d'ethnie hutu massacrés par les troupes de l'Armée Patriotique Rwandaise en seulement deux mois dans trois préfectures du pays.

C'est en transposant ces chiffres à l'ensemble des zones occupées par le FPR de 1990 à 1994 que l'on peut comprendre l'ampleur des massacres perpétrés à Byumba, Kibungo, Ruhengeri, Gisenyi et partout ailleurs dans le pays.

Lorsqu'il venait de parcourir le rapport et après l'exposé que venait de lui faire l'expert, Ndagijimana a demandé à ses interlocuteurs de lui en laisser une copie. Ils répondirent que compte tenu de son caractère encore officieux, la copie officielle lui serait envoyée par le Secrétaire Général de l'ONU, alors Boutros Ghali.

Avant de quitter le ministre, le chef de la délégation onusienne lui prévint que si son Gouvernement ne prenait pas des mesures de mettre fin aux massacres collectifs et systématiques des populations hutu, la réconciliation nationale sera compromise et son gouvernement serait accusé à son tour de génocide.

Au lendemain de cette visite, le ministre reçut cette fois-ci dans son bureau une délégation américaine conduite par le Secrétaire d'Etat aux droits humains, accompagné de l'ambassadeur américain au Rwanda. L'officiel américain, alerté par les Nations Unies, venait s'enquérir de la réaction du Gouvernement rwandais suite aux accusations contenues dans le « Rapport Gersony ». Le Secrétaire d'Etat américain, dans de termes identiques que ceux du représentant de l'ONU, invita le ministre à transmettre au Gouvernement rwandais les préoccupations de Washington sur les violations massives des droits de l'homme dénoncées par le « Rapport Gersony ». Pour le Secrétaire d'Etat, ce rapport ne pouvait souffrir d'aucune contestation, car rédigé par un expert indépendant dûment mandaté par l'ONU.

Dans le « Rapport Gersony », les actes incriminés étaient décrits avec force détails et donc vérifiables. Le rapport indiquait en effet le lieu, la date, la nature des crimes, les techniques utilisées pour tuer et faire disparaître les corps, les noms de certaines victimes. Le rapport citait même les noms de certains officiers du FPR identifiés par les paysans rescapés.

Le ministre informa le Premier Ministre d'alors Faustin Twagiramungu qui à son tour a pu s'entretenir avec les deux délégations. Le Président Pasteur Bizimungu, qui était en mission à l'extérieur du pays, en fut également informé dès son retour du pays. Nous avons pu apprendre que derrière le dos de Robert Gersony, certains membres de la délégation conseillaient, en aparté, aux autorités rwandaises, de rejeter énergiquement le rapport après son exposé par l'auteur.

Quelques jours plus tard, Bizimungu Pasteur fut dépêché par le Général Kagame en Amérique début octobre 1994 dans une visite d'urgence à Washington et à New York. Il était accompagné du ministre Ndagijimana. Il fut reçu par des membres du Gouvernement américain. Lors du voyage, le ministre donna au Président son sentiment sur les massacres rapportés par Robert Gersony, mais celui-ci, qui était en permanence surveillé par son conseiller, sembla peu préoccupé par la situation.

Au cours des différents entretiens qu'il a eus avec les officiels américains et onusiens, Pasteur Bizimungu s'en prit avec une rare virulence aux responsables des Nations Unies pour avoir « commandité une enquête orientée et hâtive, dans le seul but de nuire à l'image de marque du Gouvernement d'union nationale ». Il a demandé à cette occasion aux autorités américaines d'aider le Gouvernement rwandais à rétablir le « Rapport Gersony » dans son contexte d'après génocide. Car pour lui, il y avait un après génocide où un gouvernement pouvait allègrement massacrer ses populations sans encourir la réprobation de la communauté internationale.

D'abord ferme et réprobateur, le ton des responsables américains, devint, à la fin de la visite, amical et compréhensif. C'est là qu'en réalité le sort du « Rapport Gersony » fut scellé (Ndagimana, Lille 16 février 2002).

Cet extrait d'une intervention publique donnée par l'ex-Ministre Ndagijimana soulève un commentaire et un tas de questions. Les massacres dénoncés par Robert Gersony ne sont que la partie visible d'un immense iceberg traîné sur des centaines de milliers de victimes massacrées par les militaires du FPR depuis octobre 1990 jusqu'aujourd'hui. Pourquoi le Rapport Gersony a-t-il été mis sous embargo ? Quelle main invisible a soustrait le rapport Gersony du domaine public et pour quels intérêts ? Y a-t-il un lien avec la mise sous embargo également du « Rapport Hourigan » qui mettait en cause Paul Kagame dans l'assassinat du Président Habyarimana ? Pourquoi tout ce qui peut mettre en doute le système Kagame est vite escamoté ? Quel intérêt ont certaines puissances à couvrir Paul Kagame dans ses crimes ? Une conclusion simple se dégage : le problème rwandais est géré ailleurs par des puissants lobbies de ce monde.

Le rôle des puissances anglo-saxonnes et de la France

Comme nous l'avons signalé, Paul Kagame a regagné le Rwanda mi-octobre 1990, de retour des Etats-Unis d'Amérique. Ce bref séjour dans ce pays l'avait mis en contact avec quelques autorités militaires américaines. Il exploitera intelligemment ces relations qui venaient s'ajouter aux réseaux du FPR déjà existants. Aussi sa conduite de la guerre fut-elle facilitée par la complaisance que des puissances occidentales, les Etats-Unis en tête, manifestèrent à son égard. Les violations des droits de l'homme par les combattants de son armée ne furent presque pas prises en compte. Certains médias continuèrent à le présenter comme étant à la tête d'une armée disciplinée alors que dans la zone que celle-ci occupait, la population qui n'avait pas fui était soit éliminée soit réduite en esclaves. Kagame en a même déporté une partie en Ouganda (*Human Rights Watch*, 1994).

L'engagement de certaines puissances occidentales derrière le FPR se manifesta au grand jour déjà avant que ce mouvement ne gagne la guerre en juillet 1994. Ainsi après l'assassinat du Président Habyarimana, les Etats-Unis furent le premier pays au monde à mettre fin à l'accréditation officielle de l'ambassadeur rwandais en poste à Washington, une « mesure peu diplomatique » selon des observateurs (Mbonimpa, 2000). Pendant la même période, à en croire le Colonel Bagosora, la position des Etats-Unis fut claire sur l'issue de la guerre. Le 15 mai 1994, de la Maison Blanche, Prudence Bushnell, Sous-Secrétaire d'Etat Adjoint pour l'Afrique, a téléphoné à Bagosora de la part du Président des Etats-Unis pour lui signifier entre autres que « la partie gouvernementale n'était pas en droit d'espérer une victoire quelconque contre le FPR » (Bagosora, octobre 1995). De même tout montre que les américains voulaient tellement que le FPR, protégé de Museveni, arrive au pouvoir de telle façon que, selon les révélations de Morton Halperin, assistant du Président en matière de sécurité, le Président Clinton avait bloqué l'envoi des troupes supplémentaires demandés par Dallaire pour mettre fin aux massacres (La Tribune de Grands Lacs, mai 1998). A l'ONU, durant la même période, personne ne voulait barrer la route au FPR par une intervention des Casques Bleus (Assemblée Nationale française, 1998).

Ce chèque en blanc donné par la communauté internationale à Kagame fut comme un feu-vert pour lui et son armée pour nettoyer tout ce qui bloquerait leur passage. Tout au long de la guerre, les combattants du FPR opérèrent un véritable nettoyage ethnique comme nous l'avons montré. Les témoignages rapportés par des observateurs indépendants ou des ONG de défense des droits de l'homme ont laissé indifférente la communauté internationale ou suscité au plus quelques rappels à l'ordre au FPR.

Malgré les rapports accablants sur les massacres opérés par le FPR, Kagame ne fut pas inquiété. Il convient de se demander la raison de ce soutien aveugle ? Selon certains observateurs, les Etats-Unis n'ont pas soutenu Kagame parce qu'il allait conquérir un pays avec des richesses, ni à étendre l'espace du monde anglophone. Cette intervention ne visait qu'à soutenir en fait l'Ouganda de Museveni, dont le pays présente un intérêt stratégique dans la lutte contre l'intégrisme musulman, le seul obstacle de taille à l'impérialisme américain après la chute du communisme. (...). Les Etats-Unis ont donc « appuyé une cause que soutenait un allié qui compte » (Mbonimpa, 2000, p.115), pour faire créer une zone d'influence englobant, également l'Ethiopie et l'Erythrée (Duke, *Washington Post*, August 16, 1977).

Mais d'autres pensent qu'un programme plus vaste était en train d'être exécuté. Ils y voient la volonté politique du président Clinton d'« écarter d'Afrique centrale toute influence européenne et particulièrement française » par des transnationales américaines interposées (Verstappen, 2001, p. 16). Les Etats-Unis continuèrent sur cette lancée. Elles fournirent à Kagame une aide militaire considérable et formèrent des centaines d'éléments de son armée (Ray, 2000, p. 3). En 1994, ils ont donné ainsi au Rwanda 75 millions de dollars pour une aide urgente d'assistance militaire (*emergency military assistance*) (*Africa News*, Mars 2001).

Le soutien des USA au régime de Kagame s'est également manifesté avec l'attaque des camps des réfugiés hutu dans l'ex-Zaïre. Déjà 1995, le Secrétaire d'Etat à la défense, William J. Perry, dans une lettre datée du 7 août adressée à Kagame alors Vice-Président et ministre de la défense, lui avait promis que des militaires américains allaient former les soldats du FPR entre autres dans les domaines du renseignement (*intelligence*) et de la contre-insurrection (*counterinsurgency*). Cela faisait suite à la visite de Kagame aux Etats-Unis en décembre 1994. En août 1996, Kagame effectua une nouvelle visite dans ce pays et fit part aux autorités américaines son projet de détruire les camps des réfugiés hutu du Zaïre si ceux-ci n'étaient pas éloignés. Quelques mois après, Kagame mit son projet à exécution et bombarda les camps. L'administration Clinton, qui avait envoyé ses soldats pour entraîner des éléments de l'APR, a indirectement participé à la réalisation de ce projet (*Washington Post*, July 9, 1997).

N'est-ce pas pour cette raison que, par médias interposés, tout a été organisé pour faire admettre à l'opinion publique que tous les réfugiés étaient rentrés. Or, grâce aux photos prises par des satellites, toutes les puissances occidentales, en particulier les Américains, savaient que des réfugiés rwandais erraient dans la forêt zaïroise. « L'envoi d'une force militaire humanitaire se serait heurté au refus des Etats-Unis et du Canada qui avaient été désignés pour commander cette force » (*Dialogue*, mars-avril 1997). Des centaines de milliers de victimes ont été recensées. Le « Rapport Garreton » parle de plus de 200.000 morts. Le 23 mars 1998, le Président américain fit une escale à Kigali. Il prononça un discours où il disait que les Américains n'ont pas su ce qui se passait à Kigali. Or, A. Des Forges de *Human Rights Watch* a déclaré devant la Commission parlementaire belge sur le Rwanda que l'administration américaine disposait d'un rapport de la CIA qui faisait état de la mort d'au moins un demi-million au cas où des troubles venaient à éclater (*La Tribune de Grands Lacs*, 15 avril-15 mai 1998).

Malgré ce soutien, des voix commencent quand même à s'élever pour que la justice internationale s'occupe aussi des criminels du FPR. C'est dans ce cadre que Kenneth Roth, *Executive Director* de *Human Rights Watch*, a écrit, le 9 août 2002, une lettre à John Negroponte, Ambassadeur des USA à l'ONU et Président du Conseil de Sécurité.

Dans le sillage des Américains, le FPR a bénéficié de l'appui des Britanniques. Ceux-ci ont soutenu discrètement Kagame depuis le déclenchement de la guerre à travers l'Ouganda. Les motivations à la base de ce soutien sont clairement stratégiques et financières :

> Le Gouvernement britannique de John Major comptait des acteurs très intéressés à élargir la base des intérêts capitalistes du Commonwealth, ou, plus exactement, de la petite oligarchie de financiers et de milieux d'affaires qui fait la pluie et le beau temps sur la planète. Parmi les personnes haut placées dans le système britannique qui, selon *The New Federalist*, ont apporté un soutien indéfectible aux seigneurs de guerre tutsis en Afrique des Grands Lacs, mentionnons la baronne Lynda Chalker et Caroline Cox, vice-présidente de la Chambre des Lords. Ces deux dames sont en première ligne dans les guerres qui ravagent l'Afrique centrale, c'est-à-dire l'Ouganda, le Soudan, le Congo-Zaïre (le Rwanda et le Burundi n'étant finalement que des appendices ou des bases de lancement des activités militaires et des métaux précieux) (Mbonimpa, op.cit., p. 78).

La collusion entre Kagame et les puissances anglo-saxonnes est loin de prendre fin. Ni les violations des droits de l'homme au Rwanda par son armée, ni la dénonciation du régime par des gens du clan Kagame qui fuient vers l'Europe et l'Amérique, rien ne contraint ces pays à lâcher prise. Les organisations internationales dans lesquelles les anglo-saxons sont influents comme la Banque Mondiale ou le PNUD apportent un appui financier considérable au régime, sans aucune garantie que cette aide parvienne à la population. Pour un pays en guerre, des facilités de décaissement sont d'habitude inexistantes. Mais pour le Rwanda ce n'est pas le cas. En juillet 1997, Nils Tcheyan, Représentant de la Banque Mondiale pour la région des Grands Lacs déclarait qu'au Rwanda les interventions ont été triplées en trois ans, et qu'entre 1997 et 2000, les prêts à ce pays seront environ 130 millions de dollars américains (SOS Rwanda-Burundi, avril 2000). Cela malgré le fait que le Rwanda (…) ait augmenté de 400% son budget militaire » (SOS Rwanda-Burundi, avril 2000).

Ce soutien a été accompagné d'une campagne médiatique sans précédent contre la France. Ce pays est reproché, jusqu'aujourd'hui, d'avoir soutenu militairement le régime du président Habyarimana. Qu'en est-il au juste ? A lire bon nombre d'écrits post-génocide, on dirait que c'est la France qui a formé l'Armée Rwandaise depuis sa création.

La « Garde Nationale », ancêtre des Forces Armées Rwandaises (FAR), est une création de la Belgique, ancien pays colonisateur. En août 1960, le Major belge Vanderstraeten en prit le commandement jusqu'en 1965. Le Commandant Léo De Pauw fonda, en 1960, l'Ecole des Officiers qu'il commanda jusqu'en 1964. Il fut remplacé par le Commandant De Grove qui dirigea cette école jusqu'en 1972. Toutes les unités d'élite rwandaises étaient commandées par des officiers ou sous-officiers belges : l'Escadron de reconnaissance était sous le commandement respectif du Capitaine Jean De Greef et du Commandant Bothy jusque vers les années 1971 ; le Centre d'entraînement commando de Bigogwe (Gisenyi) fut dirigé par le Major Lochy jusqu'en 1980 ; la Compagnie de la Police Militaire était sous la direction du Commandant Norbert Dubois jusqu'en 1973. Le Commandant Adolphe Rappé était à la tête de la 2ème Compagnie du centre d'instruction de Kanombe ; le Peloton Mortier était commandé par l'adjudant Chef Florquin.

Plusieurs officiers des Forces Armées Rwandaises ont fait leurs études en Belgique : ingénieurs polytechniciens, ingénieurs industriels officiers toutes armes et gendarmerie, médecins spécialistes, administrateurs militaires, plusieurs officiers formés dans les universités civiles, pilotes d'avions et des hélicoptères, officiers brevetés d'Etat-Major. A cette énumération, il faut ajouter plusieurs stages de courte durée pour officiers et sous-officiers. Un conseiller militaire était détaché auprès de l'Etat-Major de l'armée dans les domaines de la formation, de l'entraînement et des opérations.

Depuis la création de la Garde Nationale jusqu'en 1989, les équipements et les armes étaient principalement fournis par la Belgique sous forme d'aide ou avec des facilités d'achat. Le dernier chef de la coopération militaire, le Colonel Vincent André, a quitté le Rwanda le 15 avril 1994. Il avait remplacé le Major Bodart qui avait quitté le pays au début de la guerre en octobre 1990. L'Ecole Royale militaire de Bruxelles a continué à former des élèves-officiers des ex-FAR quelques années après la prise de pouvoir par le FPR.

Quant à l'Allemagne, elle avait, sous la première République, formé et équipé la Police Nationale au niveau de la recherche criminelle et fournissait les moyens de transport des troupes. En 1978, l'Allemagne accepta une coopération avec le gouvernement rwandais mais dans le domaine militaire qui n'est pas directement lié à la guerre. Ainsi ce pays s'occupa de la formation du personnel (école de guerre, ingénieurs civils, officiers du génie), de la fourniture d'équipements et de l'encadrement de l'unité de génie civil. En avril 1994, 6 éléments des FAR, dont 3 membres de la garde présidentielle, étaient en formation en Allemagne dans des domaines divers.

Les Etats-Unis d'Amérique ont formé 9 officiers dans le *Command and General Staff College* (CGSG) au Kansas. Parmi ces officiers, l'on peut citer le Major Aloys Ntabakuze, qui commandait le bataillon para-commando. Il est actuellement en prison à Arusha. En 1991 alors que son bataillon venait de libérer la ville de Ruhengeri attaquée par le FPR le 23 janvier 1991 et se reposait à Gisenyi, l'ambassadeur des USA à Kigali, dont le pays finançait un projet de réintégration des Batwa (pygmées) de la forêt de Gishwati, avisa le Préfet de cette préfecture pour une visite de courtoisie. L'ambassadeur prit soin de venir avec son conseiller militaire sis à Kinshasa (Zaïre). Arrivés à Gisenyi, les deux Américains demandèrent à rencontrer le Major Ntabakuze. Ils lui proposèrent entre autres de venir aux Etats-Unis pour donner un cours dans une académie militaire sur « la guérilla dans le maquis tropical ». Ntabakuze leur adressa un refus poli, expliquant qu'il ne pouvait pas abandonner son pays en guerre.

Les Américains ont fourni du matériel pour le laboratoire de langues à l'Ecole Supérieure Militaire (2 officiers ont été formés aux USA en langue anglaise). L'avant-dernier officier à être formé dans cette école est le Major Marcel Bivugabagabo qui était dans la même promotion que l'actuel Président du Rwanda, le Général Paul Kagame. Quant au Major Muhindurancuro, il était encore en formation aux USA à la défaite des FAR en 1994. Les USA avaient accepté de construire un dispensaire à Gako. Ils avaient financé la construction de la pédiatrie à l'hôpital militaire de Kanombe. Lors de la première attaque du FPR, ce pays a fourni des équipements militaires qui furent transportés par l'armée belge, entre autres des casques et des bottines. Ils étaient dégrevés du stock américain de Chièvres, en Belgique (SOS Rwanda-Burundi, janvier 2000).

Gasana James, ex-ministre de la défense du Rwanda, dans son intervention devant la Mission Française d'Information sur le Rwanda (juin 1998), fait ressortir la coopération militaire du Rwanda avec les pays ci-haut comme suit :

> La France a été au premier rang de la coopération militaire avec le Rwanda. Toutefois, celles de la Belgique et de l'Allemagne n'étaient pas négligeables. Les Etats-Unis, dans une faible mesure, entretenaient aussi une coopération militaire. La Belgique est restée aux côtés des Forces armées rwandaises pendant la guerre. En réalité les unités d'élite étaient formées par la Belgique au centre commando de Bigowe, jusqu'à la crise d'avril 1994. Les officiers suivaient des formations avancées en Belgique. L'hôpital militaire de Kanombe, un des meilleurs qu'ait compté le Rwanda, bénéficiait d'un appui technique et financier belge. Dans la défense du pays contre le Front patriotique, l'aide belge à cet hôpital a sans doute été aussi déterminante que l'aide française à l'artillerie. C'est en reconnaissance du rôle joué par la Belgique dans la défense du Rwanda que le Président Habyarimana a voulu qu'elle fournisse un contingent important de casques bleus au sein de la MINUAR.

D'autres nationalités coopéraient militairement avec les FAR, dont la Chine, la Corée du Nord, l'Afrique du Sud, l'Egypte et la Libye. Le FPR profite de la plupart de ces relations nouées à l'époque du régime précédent. Selon un ancien ministre du FPR rencontré à Bruxelles 25/03/2000, les contrats d'achats d'armes signés par le régime de Habyarimana avec certains de ces pays ont été repris par le gouvernement du FPR. Ce qui explique par exemple la visite du Général Paul Kagame en Libye en octobre 1994, en Chine du 23 au 30 mars 1995, en Afrique du Sud du 9 au 11 juillet 1997 et le 6 mai 1999.

Que la France soit seule pointée du doigt relève d'une autre stratégie aux objectifs inavoués. Les critiques qui ont été formulées à son encontre ne sont pas fondées. Contrairement à l'opinion répandue, son engagement aux côtés des Forces Armées Rwandaises fut plutôt salutaire pour le FPR. Par sa politique de laisser le FPR conquérir une partie du territoire, la France a permis à ce mouvement de d'occuper toutes les communes frontalières avec l'Ouganda et de mettre officiellement son siège à Mulindi. Pour la France il fallait laisser le FPR occuper une partie du territoire afin que le gouvernement rwandais puisse se convaincre du bien fondé des négociations avec ce Front. Selon James Gasana, ce raisonnement de la France a permis au FPR, en mai 1992, de prendre une partie de la commune de Muvumba, les commandes d'armements passées à la France n'ayant pas été honorées à temps. Les obusiers français de 105 mm arrivèrent en juin 1992 mais la France refusa leur utilisation. Les FAR ne purent pas ainsi reprendre le contrôle des hauteurs des communes de Kiyombe et Kivuye entre-temps tombés dans les mains du FPR. C'est quand le gouvernement rwandais se tourna vers l'Egypte pour acquérir des *Howitzers* 125 mm et que des instructeurs égyptiens étaient déjà arrivés à Kigali que la France donna son autorisation. Mais il était tard car le FPR conservera le contrôle de ces hauteurs, ce qui sera un des facteurs déterminants dans la suite de la guerre (Gasana, 1998). Selon James Gasana, la France faisait tout cela en exécutant un plan préétabli. Avec ces obstructions de la France, les autorités militaires se rendirent compte qu'il y avait anguille sous roche. James Gasana, alors ministre de la défense souligne :

> A cette occasion, nous découvrions que la France avait déterminé une ligne de front passant dans la ville de Byumba, qui fixait la position définitive d'équilibre artificiel de force

entre les FAR et le FPR pour qu'il y ait plus de sérieux dans les négociations. Nous négocions le déplacement de cette ligne pour que nous puissions garder le camp militaire de Byumba, situé à un point élevé. La France bloque encore nos commandes pour le service des armes lourdes jusqu'à la conquête par le FPR du territoire qu'elle avait prévu de lui laisser occuper. (…). L'occupation gratuite des points élevés en préfecture de Byumba par le FPR expose le camp militaire de Byumba, et permettra aux rebelles d'élargir leur territoire et de mieux défendre les parties occupées (Gasana, 1998).

Malgré le rôle de la France sur l'issue de la guerre en faveur du FPR, un froid a continué à caractériser les relations de ce pays avec le FPR surtout après que celle-ci eût mené l'« Opération Turquoise » du 23 juin au 21 août 1994. Celle-ci sauva beaucoup de vies humaines notamment des Tutsi menacés de mort mais le FPR la considéra comme une entrave à sa victoire militaire. Suite à cet incident, la France ne reconnut pas d'emblée le régime de Kigali. Ainsi elle n'invita pas le Rwanda au sommet franco-africain de Biarritz du 7 au 8 novembre 1994. Le FPR et ses sponsors accentuèrent leur campagne anti-française et la France dut se ranger à la position des autres grandes puissances. Le 14 janvier 1995, elle renoua ses relations diplomatiques avec le Rwanda en accréditant un nouvel ambassadeur à Kigali.

Le pouvoir rwandais a pu également sensibiliser Israël qui lui apporte un soutien militaire et une expertise dans la confection des monuments du génocide.

Peu de pays ont eu une réserve dans leurs relations avec le Gouvernement du FPR. Pourtant il était facile de voir que vu l'étroitesse de ses bases politique, sociale et ethnique, ce régime n'apporterait pas la stabilité (Reyntjens et Parqué, 2000, p. 241).

La deuxième attaque de la République Démocratique du Congo par l'APR en 1998 est venue encore confirmer la collusion de Kagame et de certaines puissances occidentales. Avec le silence complice de ces dernières, Kagame a failli prendre Kinshasa et détrôner Kabila, n'eût été l'intervention de l'Angola et du Zimbabwe. Après cet échec, le Rwanda, avec l'Ouganda se sont rués sur les provinces de l'Est et pillèrent les richesses naturelles de ce pays. Les Zaïrois sont tués par milliers, notamment lors des différents affrontements des armées rwandaises et ougandaises. Faute de pouvoir s'entendre pour partager équitablement le butin, elles se sont tirées dessus notamment dans la ville de Kisangani. Dans son rapport de juin 2000, l'ONG américaine *International Rescue Committee* parle au bas mot de 1.700.000 (un million sept cent mille) morts depuis l'invasion du Congo par les armées de Kagame et Museveni en 1988. Kagame se justifie qu'il poursuit les *Interahamwe* et le discours passe. C'est aujourd'hui seulement que l'on découvre que ses motivations dans l'intervention en République Démocratique du Congo pourraient « s'analyser principalement comme la poursuite d'un objectif économique et financier plutôt que comme la volonté d'assurer la sécurité des frontières du Rwanda » (ONU, réf. S/2001/357, avril 2001, p.38).

Conclusion

Socrate disait qu'une vision juste des choses conduit à une action juste. Si nous voulons trouver des solutions adéquates au problème rwandais nous devons rechercher la vérité en répondant aux questions essentielles laissées en suspens jusqu'à présent. Qui a tué le Président Habyarimana ? Quel était son mobile ? Qui a réellement boycotté l'application de l'accord de paix d'Arusha ? Quelle est la vraie nature du FPR ? Notre analyse nous a mené aux conclusions suivantes.

Le FPR a repris la lutte armée entamée par le Mouvement « Inyenzi ». Il en garde les relents par une sorte de "revanche" qu'il veut imprimer à toutes les actions qu'il entreprend dans la gestion du pays. La « reproduction politique » de certaines époques glorieuses du pouvoir féodal, le recours aux symboles d'un passé révolu (par exemples Nyanza ou Gasabo comme entités administratives, consécration de Nyirarumaga, personnage mythique, comme héros national pour avoir sauvé la lignée royale en allant cacher un prince rwandais au Karagwe), la réécriture de l'histoire, la « tutsisation » de tous les secteurs de la vie nationale, en sont des exemples frappants. Dans le système judiciaire, par exemple, ce sont des procureurs tutsi qui poursuivent des suspects hutu et ce sont des magistrats tutsi qui les jugent (Reyntjens et Parqué, 2000, p. 244).

Dans sa préparation de la guerre, le FPR a pris en compte le génocide et en a planifié l'exploitation. Il se dégage de l'analyse faite dans le présent travail que le FPR était partout aux commandes des acteurs de la tragédie rwandaise : infiltration et exacerbation des milices et des médias, contribution aux scissions des partis politiques, boycott des accords de paix, assassinat du président Habyarimana, massacres des populations civiles, etc. Cet agenda caché, il l'exécute avec la plus grande minutie. Ses étapes sont d'ailleurs loin d'être terminées. Que ce soit au Rwanda, dans les pays limitrophes ou dans le monde où il continue une campagne de désinformation pour camoufler ses forfaits.

Au nom du génocide, l'élimination des civils hutu continue à l'intérieur du pays par divers procédés : massacres à grande échelle, disparition des intellectuels et des leaders d'opinion (*opinion leaders*), mauvais traitements dans les prisons et détentions provisoires illimitées ; camps de concentration dans lesquels la population meurt de faim et de maladie ; accès limité des enfants hutu à l'école notamment en déclarant certaines régions « zones militaires » imposant ainsi la fermeture des écoles; discrimination à l'embauche par divers procédés ; envoi des jeunes hutu sur le champ de bataille en République Démocratique Congo où ils servent de chair à canon, etc.

Politiquement, le pouvoir installé par le FPR est illégitime car il a foulé aux pieds l'Accord de paix d'Arusha, ossature de la « Loi fondamentale ». Le système politique du FPR est également une dictature car l'opposition politique a été anéantie et les députés au Parlement sont nommés et renvoyés à volonté. Les élections sont devenues un vœu pieux et la tentative d'en organiser au niveau des cellules de base n'a été qu'une mascarade[7].

Le pays est quadrillé militairement par des unités de défense civile, le tristement célèbre « *Local Defence Force* » dont les membres, *Abakada*, malmènent et rançonnent la population à longueur de journée. A l'extérieur, le FPR continue d'entretenir des lobbies mafieux souvent en offrant des pots d'or à certains, pour camoufler ses forfaits. La guerre qu'il mène dans l'ex-Zaïre est tolérée comme si l'intégrité territoriale et la souveraineté nationale n'ont plus aucun sens.

La dictature du FPR est encadrée par une oligarchie qui gère le pays comme son butin de guerre et qui ne laisse aucun espace de liberté à la population. Comme dit un proverbe kinyarwanda : *Uhagalikiwe n'ingwe aravoma* (litt. « celui qui est protégé par le léopard puise l'eau de la source », c'est-à-dire : « celui qui a le soutien des puissants fait ce qu'il veut »). Une certaine

---

[7] Au moment où je mets la dernière main à ce manuscrit, une Constitution « taillée sur mesure » vient d'être mise sur pied. Elle servira de base aux élections présidentielles et législatives.

communauté internationale, constituée des grands de ce monde, ferme les yeux devant la politique criminelle du FPR car elle en tire une rente géopolitique et économique appréciable, notamment par le pillage des richesses de l'ex-Zaïre.

Ce mariage entre Kagame et ses sponsors prendra fin quand des populations lésées prendront leurs destinées en main pour se débarrasser d'un « tueur ». En effet, alors que Kagame est considéré par ses adulateurs comme un homme sobre, discret et chaleureux, un grand stratège, jusqu'à être comparé à Jules César (Misser, op. cit., p.11-24), il faut souligner qu'à l'évocation de son nom, la plupart des Rwandais, Burundais, Ougandais et surtout Congolais, ont la chair de poule. Peut-il en être autrement puisque chaque personne originaire de ces pays, a au moins un membre de famille ou un ami tué par l'armée du Général Paul Kagame ?

Cette situation lèse tout un ensemble de populations dans ses droits les plus fondamentaux. Seules des personnes braves, des vrais patriotes, pourront se dresser et dire non. L'espoir reste fondé dans l'opposition politique. Elle doit se montrer à la hauteur, conjuguer ses efforts et exiger qu'une vraie démocratie s'installe dans la région des Grands Lacs en général et au Rwanda en particulier. Car, seule une démocratie véritable peut garantir une justice impartiale.

Bibliographie

Documents inédits

ALARIE-GENDRON V., 1997, *Commentaires apportés aux "rapports sur la violation des Droits de l'Homme au Rwanda"*, La Pocatière.

BAGOSORA Th., 1995, *L'assassinat du Président Habyarimana ou l'ultime opération du Tutsi pour sa reconquête du pouvoir par la force au Rwanda*, Yaoundé.

BLACK C., 2001, *International Character of The War In Rwanda From 1990 to Date*.

BUKEYE J., 1994, *La tragédie rwandaise : ce qu'on n'en a pas dit assez*, Naïrobi.

BUSHAYIJA S., 1987, *Le Rwanda monarchique. Le Rwanda républicain*, Bujumbura.

CENTRE DE LUTTE CONTRE L'IMPUNITE ET L'INJUSTICE AU RWANDA (CLIIR), 1998, *Mémorandum adressé le 20 janvier 1998 aux Parlementaires européens à l'occasion de la visite du Général Paul Kagame*, Bruxelles.

COMMUNIQUE DE PRESSE sur la « *Position des étudiants Rwandais en Belgique sur l'Accord de cessez-le-feu entre le Gouvernement rwandais et le Front Patriotique Rwandais signé à Arusha le 12 juillet 1992* », Bruxelles.

DE BROUWER A., 1996, *Rwanda. Enquête parlementaire. Oui, mais... Lettre ouverte au Sénateur Alain Destexhe*, Bruxelles.

- 2000, *L'IDC devant la guerre du Rwanda et le viol de la démocratie au Burundi*, Bruxelles.

DE LAME D., 1977, *La construction historique des ethnies au Rwanda*. Rapport réalisé à la demande du Tribunal Pénal International pour le Rwanda.

FRONT PATRIOTIQUE RWANDAIS, 1990, *Programme politique*.

- s.d., *L'environnement actuel et à venir de l'Organisation*.

GASANA J., 1998, *La violence politique au Rwanda 1991-1993. Témoignage sur le rôle des organisations des jeunesses des partis politiques*. Bussigny-près-Lausanne.

GORDON, N., « Return to Hell », *Sunday Express*, April 21, 1996.

JESUIT REFUGEES SERVICE EUROPE, 1994, *Premiers éléments sur la situation de l'Eglise au Rwanda depuis 1994*, Namur.

KAJEGUHAKWA V., s.d.(1994 ?), « Le Président Habyalimana et ses beaux-frères sont la cause réelle de la faillite de mes entreprises ».

- 2001, « Lettre ouverte à Son Excellence Paul Kagame Président de la République Rwandaise ».

- 2001, « Mémorandum sur la situation de terreur organisée et entretenue par le pouvoir contre la Banque Continentale Africaine » (Rwanda) *BACAR SA*, Sacramento.

- 2001, « Lettre ouverte à leurs Excellences W. Bush, Jacques Chirac, Gerhard Schroeder, Tony Blair, Guy Verhofstadt », Sacramento.

MBERABAHIZI J. B., 2002, « Protestation contre l'arrestation de Léonidas Rusatira », Bruxelles, juin 2002.

MDR, 1994, *Position du MDR sur les grands problèmes actuels du Rwanda*, Kigali.

MUGABE J. P., s.d., *Mbwirire Gen. Major Kagame Paul ku karubanda amarorerwa u Rwanda ruzize*.

MUNYANEZA A., BIRARA J., 1994, *Appel pressant à l'opinion internationale*, Bruxelles.

NAHIMANA, F., 1995, *L'élite hutu accusée*, Yaoundé.

NDINDILIYIMANA A., 1997, *Témoignage adressé à la Commission Spéciale Rwanda à Bruxelles*.

- 1999, « Observations critiques à propos du livre *Aucun témoin ne doit survivre. Le génocide au Rwanda* d'Alison Des Forges : Consultante de Human Rights Watch, Editions Karthala », Bruxelles.

NKUNDIYAREMYE A, 1999. « Plaidoyer pour l'arrêt de l'aide extérieure accordée au Rwanda », Bruxelles.

NSENGIMANA N., 1998, Lettre ouverte du 27 février 1998 adressée au Président rwandais Pasteur Bizimungu et au Vice-Président le Général-Major Paul Kagame : « Invitation au dialogue à la place du terrorisme psychologique et de l'infamie contre les rwandais qui œuvrent pour la paix ».

NTEZIMANA L., 1994, « De Charybde en Scylla », Kigali.

NYETERA Th-A., 1997, « Du climat anti-belge et du génocide rwandais », Bruxelles.

- 1998, « Témoignage au Parlement Européen », Bruxelles.

- 2002, *Le conflit rwandais de 1990 à 1994. Analyse historico-socio-politique du Rwanda de l'ère précoloniale à nos jours*, Bruxelles 2002. Témoignage au Tribunal Pénal International pour le Rwanda à Arusha.

SOLIDAIRE-RWANDA/DUFATANYE asbl, 1994, Le non-dit sur les massacres au Rwanda, Dossiers n°002, deuxième partie, Bukavu-Zaïre.

SOS RWANDA-BURUNDI, 1998, *Liste des membres du FPR-Inkotanyi/APR soupçonnés d'avoir prémédité et commis des crimes contre l'humanité qui sont de la compétence du Tribunal Pénal International pour le Rwanda*.

- 1998, « *On n'accuse pas un peuple de génocide sans avoir eu le courage d'aller au bout dans la recherche de la vérité* », Lettre ouverte à la Mission Française d'Information, Buzet.

- 2000, *Réflexions sur les forces de sécurité au travers des conflits pour le pouvoir au Rwanda,* Bruxelles.

- 2000, Lettre ouverte adressée à Louis Michel, Ministre des Affaires Etrangères de la Belgique.

SHYIRAMBERE S., 1998, Lettre adressée à L. Onkelinx, Ministre-Présidente du Gouvernement de la Communauté française le 12 mars 1998.

- 2000, Lettre adressée à Louis Michel, Ministre des Affaires Etrangères le 29 janvier 2000.

- 2002, Lettre adressée à Louis Michel le 15 octobre 2002.

Revues et Périodiques

Africa International (Paris), n°311, février 1998 ; n° 326 de juillet/août 1999.

Africa Speaks (Kampala), October-November 1990.

AFP (Paris) du 09/01/1998.

Bulletin CRAOCA (Bruxelles), juin 1995.

Daily Nation (Naïrobi), december 11, 13, 22/1994.

De Staandard (Belgique) du 26/06/1996.

Dialogue (Bruxelles) n° 186/1996 ; n° 190/1996 ; n° 194/1996 ; n° 198/1997 ; n° 213/1999.

Jeune Afrique (Paris) du 19 au 25 mai 1994 ; du.6 au 12 juillet 1999.

La Cité (Bruxelles) du 27/05/1993.

Le Journal du Dimanche (Bordeaux) du 26/10/1997.

La Liberté de Fribourg (Suisse) du 28/10/1999.

La Libre Belgique (Bruxelles) 07/03/1991 ;30 et 31 mars 1991 ; 26/04/1995.

La Relève (Kigali) n° 136 du 31 juillet au 06 août 1992.

Le Renouveau (Bujumbura) des 5 et 6 août 1991

Le Peuple (Bruxelles) 05/11/1990. ; 25/04/1998.

Le Soir (Bruxelles) 14/07/1992 ; 25/04/1995.

Le Volcan (Goma) du 6 juin 1991.

Libération (Paris) 25/04/1995 ; 27/02/1996 ; 23/06/1995.

L'Osservatore Romano (Rome) n° 21 du 25 mai 1999.

Rwanda : Points de vue (Louvain-La-Neuve), n° 17, nov-déc 1996.

Télémoustique (Bruxelles) n° 33 du 06 août 1997 ; n°18 du 22/04/1998.

Temps Nouveaux du 1 novembre 1959.

The Exposure (Kampala), n° 59, August 1994.

The Monitor (Kampala) du 31 mars 2003.

The Shariat (Kampala) du 20 août 1994.

Times (Naïrobi), Thursday December 29, 1994.

Trait d'union (Bruxelles), n° 1, octobre 1994.

Ubutabera (Arusha), n° 23 du 22 octobre 1997.

Ouvrages

AFRICA NEWS, 2001, *Report Challenges US Military Role in Africa*, All Africa, Inc.

AFRICAN RIGHTS, 1994, *Rwanda : Death, Despair and Defiance*, London.

AMNESTY INTERNATIONAL, 1994, *L'Armée Patriotique Rwandaise responsable d'homicides et d'enlèvements* (avril-août 1994).

- 1996, *Rwanda. Alarming resurgence of killings*, 12 august 1996.

- 1997, *Rwanda. Rompre le silence*, AFR 47/32/97, septembre 1997.

- 1998, *Rwanda. A l'abri des regards, les disparitions continuent*, AFR/47/98, le 23/6/1998.

- 2002, *Rapport annuel 2002*

- 2003, *Rwanda: Escalating repression against political opposition*, Press Release, 22 April 2003.

ASSEMBLEE NATIONALE FRANÇAISE, 1998, *Enquête sur la tragédie rwandaise* (1990-1994), Tomes I, II, III.

BANGAMWABO F-X. et alli, 1991, *Les relations interethniques au Rwanda à la lumière de l'agression d'octobre 1990. Genèse, soubassements et perspectives*, Ruhengeri, Editions universitaires du Rwanda.

BALIBUTSA M., 2000, *Une archéologie de la violence en Afrique des Grands Lacs*, Libreville, Editions du CICIBA.

BARAHINYURA J., 1988, *Le Général-Major Habyarimana (1973-88). Quinze ans de tyrannie et de tartuferie au Rwanda*, Frankfurt, Editions Izuba.

- 1992, « Lettre ouverte au Gouvernement Nsengiyaremye », Francfort, le 07.08.1992.

- 1992, *Rwanda. Trente-deux ans après la Révolution Sociale de 1959*, Frankfurt Am Main, Editions Izuba.
BOUTROS G., 1999, *Mes années à la maison de verre*, Paris, Fayard.
BRAECKMAN C., 1994, *Rwanda. Histoire d'un génocide*, Paris, Fayard.
CREPEAU P., 1995, *Rwanda : le kidnapping médiatique*, Hull, Vents d'Ouest.
BUSHAYIJA S., 1958, « Aux origines du problème Bahutu au Rwanda », *La revue nouvelle*, vol. XXVIII, n° 12, 1958.
DEBRE B., 1998, *Le retour du Mwami. La vraie histoire des génocides rwandais*, Paris, Editions Ramsay.
DECHAMPS Ph., 1996, « Rwanda. Les médias du génocide » : Mise au point, *Dialogue* n° 190, avril-mai 1996.
DESOUTER S., REYNTJENS F., 1995, *Rwanda. Les violations des droits de l'homme par le FPR/APR. Plaidoyer pour une enquête approfondie*, Working Paper, Anvers.
DE WEERD G., 1997, *Le Rwanda de Mutara III à Kigeli V: un paradigme des racines des bains de sang. Récit d'un témoin direct*, Bruxelles, Dialogue, juin 1997.
DONNET M., 1999 *Rwanda 1999 : espoir et interrogations*, *Dialogue* n°210, mai-juin 1999.
DUKE L., 1977, « U.S. Military Role in Rwanda Greater Than Disclosed», *Washington Post*, August 16, 1977.
ERNY P., 1994, *Rwanda 1994. Clés pour comprendre le calvaire d'un peuple*, Paris, L'Harmattan.
GASANA J., 2002, *Rwanda : Du Parti-Etat à l'Etat-Garnison*, Paris, L'Harmattan.
GAKWAYA J., Condamnation et exécution avant jugement ?, *Rwanda : Points de vue* n° 17, novembre-décembre 1996.
GUICHAOUA A., 1992, *Le problème des Réfugiés rwandais et des populations Banyarwanda dans la région des Grands Lacs africains*, Genève, HCR.

- 1997, *Les antécédents politiques de la crise rwandaise de 1994*. Document 1, Arusha (Tanzanie).

- 1995, *Les crises politiques au Rwanda et au Burundi (1993-1994). Analyses, faits et documents*, Lille.

HAVEAUX P., 2001, *Opération camouflage. Rwanda, l'enquête manipulée*, Editions Luc Pire, Bruxelles.

HIGIRO JMV., 1996, « Distorsions et omissions dans l'ouvrage *Rwanda. Les médias du génocide* », *Dialogue* n° 190, avril-mai 1996.

- 1999, Histoire immédiate du Rwanda : remonter aux directement aux sources, *Dialogue* n° 212, septembre-octobre 1999.

HUBERT J-R., 1965, *La Toussaint Rwandaise et sa répression*, Bruxelles, Académie Royale des Sciences d'Outre-Mer.

HUMAN RIGHTS WATCH, 1994, *The aftermath of genocide in Rwanda*.

- *Rwanda : le FPR cherche à éliminer l'opposition* (New York, 8 mai 2003).

HUMAN RIGHTS WATCH ET FEDERATION INTERNATIONALE DES LIGUES DES DROITS DE L'HOMME, 1999, *Aucun témoin ne doit survivre. Le génocide au Rwanda*, Paris, Karthala.

INGHAM K., 1994, *Obote. A political biograph*, London and New York, Routledge.

JACOB, I., 1987, *Dictionnaire rwandais-français* de l'Institut National de Recherche Scientifique (INRS) dans son édition abrégée et adaptée par Irénée Jacob, Kigali, IMPRISCO, 1987.

KABAGEMA, E., 2001, *Carnage d'une nation. Génocide et Massacres au Rwanda 1994*, Paris, L'Harmattan.

KAGAME A., 1972, *Un abrégé de l'ethnohistoire du Rwanda*, Tome I, , Butare, Editions universitaires du Rwanda.

- 1975, *Un abrégé de l'histoire du Rwanda de 1853 à 1972*, Tome II, Butare, Editions universitaires du Rwanda.

- 1969, *Introduction aux grands genres lyriques*, Butare, Editions universitaires du Rwanda.

- 1963, *Les milices du Rwanda précolonial*, Bruxelles, Académie Royale des Sciences d'Outre-Mer.
KAJEGUHAKWA V., 2001, *Rwanda. De la terre de paix à la terre de sang et après ?*, Paris, Editions Remi Perrin.
KAREMANO Ch., 1999, « L'histoire, une lutte d'interprétations », *Dialogue* n° 211, juillet-août 1999.
LUGAN B., 1997, *Histoire du Rwanda. De la Préhistoire à nos jours*, Paris, Editions Bartillat.
MAINDRON G., 1994, « Rwanda : l'horreur », *Dialogue* n°177, août-septembre 1994.
MAMDANI M., 2000, *When victims become killers. Colonialism, Nativism, and the Genocide in Rwanda*, Princeton-New Jersey, Princeton University Press.
MARCHAL L., 2001, *Rwanda : la descente aux enfers. Témoignage d'un peacekeeper. Décembre 1993-avril 1994*, Bruxelles, Editions Labor.
MISSER F., 1995, *Vers un nouveau Rwanda. Entretiens avec Paul Kagame*, Bruxelles, Paris, Editions Luc Pire et Karthala.
MUJAWAMARIYA M., 1994, *Rapport de visite effectuée au Rwanda du 01/9 au 22/09/1994*, Montréal.
MUREGO D., 1976, *La Révolution rwandaise 1959-1962. Essai d'interprétation*, Louvain, Publications de l'Institut des sciences politiques et sociales.
MUSABYIMANA G., 1993, *Les années fatidiques pour le Rwanda. Coup d'œil sur les préparatifs intensifs de la « Guerre d'Octobre », 1986-1990*, Kigali.
N'GBANDA NZAMBO KO ATUMBA H., 1998, *Ainsi sonne le glas ! Les derniers jours du Maréchal Mobutu*, Paris, Editions Gideppe.
NDAHAYO E., 2000, *Rwanda, Le dessus des cartes*, Paris-Montréal, Editons L'Harmattan.
NDWAYWEL E NZIEM, I., 1998, *Histoire générale du Congo. De l'héritage ancien à la République Démocratique*, De Boeck & Larcier s.a, Paris, Bruxelles.

NGIJOL G., 1998, *Autopsie des génocides rwandais, burundais, et l'ONU*, Paris, Dakar, Présence africaine.

NSHIMIYIMANA V., 1995, *Prélude du génocide rwandais*, Editions Quorum sprl.

ONDOGA ORI A., 1998, *Museveni's Long March from Guerrilla to Statesman*, Kampala, Fountain Publishers Ltd.

NTAMPAKA Ch., 2000, « L'éthnie en Afrique centrale : réalité sociale ou invention politique ? » *Commission Justice et Paix, Afrique centrale. Paroles croisées sur des questions clés*, Bruxelles.

NTIBANTUNGANYA S., 1999, *Une démocratie pour tous les Burundais. De l'autonomie à Ndadaye 1956-1993*, Vol. I, Paris, L'Harmattan.

NTIBAZONKIZA R., 1993, *Au royaume des seigneurs de la lance*. Tome 2 : *De l'indépendance à nos jours (1962-1992)*, Bruxelles, asbl « Bruxelles-Droits de l'Homme ».

- 1996, *Biographie du Président Melchior Ndadaye, L'homme et son destin*, Sofia, Bulgarian Helsinki Committe.

ONANA Ch., 2001, *Les secrets du génocide rwandais. Enquête sur les mystères d'un président*, Paris, Editions MINSI (avec la collaboration de Déo Mushayidi).

ONU, 2001, *Rapport du Groupe d'experts sur l'exploitation illégale des ressources naturelles et autres richesses de la République démocratique du Congo*, réf. S/2001/357, présenté au Conseil de sécurité le 12 avril 2001.

- 2002, *Rapport du Groupe d'experts sur l'exploitation illégale des ressources naturelles et autres formes richesse de la République démocratique du Congo*, réf. S/2002/1146, présenté au Conseil de sécurité le 15 octobre 2002.

PATERNOSTRE DE LA MAIRIEU B., 1972, *Le Rwanda. Son effort de développement. Antécédents historiques et conquêtes de la Révolution rwandaise*, Bruxelles-Kigali, Editions A. De Boeck- Editions Rwandaises.

PERRAUDIN A. (Mgr), 2003, Un évêque au Rwanda. Les six premières années de mon épiscopat (1956-1962), Saint-Maurice, Editions Saint-Augustin.

PHILPOT R., 2003, *Ça ne s'est pas passé comme ça à Kigali*, Montréal, Editions Les Intouchables.

PRUNIER G., 1994, « Le déclin de l'Etat », *L'Ouganda contemporain*, sous la direction de Gérard Prunier et Bernard Calas, Paris-Naïrobi, Karthala-IFRI.

RAY E., 2000, U.S. Military Corporate Recolonization of the Congo, Covert Action Publications Inc., 2000.

REPUBLIQUE RWANDAISE, Commission Nationale pour l'Unité et la Réconciliation, 2001, *Rapport d'activités. Exercice 2001*, Kigali.

REYNTJENS F., 1994, *L'Afrique des Grands Lacs en crise, Rwanda, Burundi : 1988-1994*, Paris, Karthala.

- 1994, *Sujets d'inquiétude au Rwanda en octobre 1994*, Working Paper, novembre 1994.

- 1985, *Pouvoir et Droit au Rwanda, Droit Public et Evolution Politique, 1916-1973*, Tervuren, Musée Royal de l'Afrique Centrale.

- 1995, *Trois jours qui ont fait basculer l'histoire*, Institut CEDAF, Bruxelles; Paris, Editions L'Harmattan.

- 1999, *Evolution politique au Rwanda et au Burundi, 1998-1999*, in Maryse S. et F. Reyntjens : « *L'Afrique des Grands Lacs, Annuaire 1998-1999* », Paris, Editions L'Harmattan.

- 1999, *La guerre des Grands Lacs. Alliances mouvantes et conflits extraterritoriaux*. Paris, Editions L'Harmattan.

REYNTJENS F. ET PARQUE V., 2000, « La diplomatie belge face aux crises rwandaises (1990-1999) », pp. 237-245, *La Belgique et l'Afrique centrale. De 1960 à nos jours*, sous la direction Olivier Lanotte, Claude Roosens et Cathy Clément, Bruxelles, Coédition GRIP-Editions du Complexe.

Rutazibwa P., 1995, *Espérance pour mon peuple et pour le monde*, Kigali, Editions centrales.

Senat de Belgique, 1997, Documents COM-R (Comptes rendus des auditions de la Commission Rwanda), Bruxelles.

Shaharyar M. K., 2000? *The Shallow Graves of Rwanda*, London-New York, I.B. Tauris Publishers.

Shimamungu E., 1996, « Idéologie du génocide : Deux textes d'Alexandre Kimenyi », *Rwanda : Points de vue* n° 17 novembre-décembre 1996.

Strizek H, 1998, *Kongo /Zaïre-Ruanda-Burundi. Stabilität durch eurneute Militärherrschaft*, München, Köln, London, Weltforum Verlag.

- 1998, *Analyse du contexte international et le rôle de la communauté internationale pour le rétablissement de l'ordre et de la paix dans la région*, conférence donnée le 26 septembre 1998 à l'Université de Humboldt à Berlin/Allemagne.

- 1996, « Le contexte international des crises des Grands Lacs », *Dialogue* n° 194, Novembre-Décembre 1994, Bruxelles.

- 2003, Rapport synthétique sur les aspects sociaux, politiques, économiques et militaires de la situation du Rwanda durant les années 1990-1994, Berlin 5 mai 2003.

Verstappen J., 2001, « Afrique centrale : dix années de désastres », *Bulletin interne des Rencontres de la paix*, n° 1, Bruxelles Ier trimestre 2001.

Annexes

Annexe 1 : Photocopies des attestations de cotisations pour les « Inyenzi »

Annexe 2 : Lettre du délégué du HCR à Kampala pour le cas de JMV Karuranga

c.c. Representative Chron.
Programme Officer
Counselling
IO file

UGA.U.1472-86					31 October 1986

Hon. Minister E. Kategaya

Re: <u>Mr. John Vianney Kalulanga - Rwandese Refugee</u>

I have the honour to make reference to the case of Mr. John V. Kalulanga, Rwandese refugee, recognised by Uganda Government on 5 April 1983 (Ref. WCD/44/479/83).

The above mentioned gentleman was arrested on 18 May 1986 from his home by armed people and taken to Luliri Barracks where he stayed for two weeks and then released. Three days after he was re-arrested, put in Luliri for 2 days then from there, he was transfered to Luzira upper prison without any charge. In August 1986, on the 7th after an application of a Habeas Corpus, he was released by the High Court of Uganda. Finally on 18 September he was arrested again and taken to Luzira Maximum Security Prison.

This Office was informed that the above mentioned refugee was taken to Kabale on the 19 September 1986 to meet a Rwandese delegation for a secret interrogation. On 27 October, he was brought back to Upper Prison Luzira. Mr. Kaluranga's wife paid to my Office many visits to keep us informed about the life of her husband. In this connection, I wrote a letter on the 24 September 1986 to the Honourable Minister of Internal Affairs requesting information on this case, the Minister acknowledged my letter on 25 September 1986 (copies attached for easy reference).

Permit me Hon. Minister, to remind you that, according to Article 33, para 1 of the Convention of 1951 relating to the status of refugees where Uganda acceded in 1976 as well as the protocol of 1967 that quote "No Contracting State shall expel or return ("refouler") a refugee in any manner whatsoever to the frontiers of territories where his life or freedom would be threatened on account of his race, religion, nationality, membership of a particular social group or political opinion". unquote. We are sure that the Government will honour its engagement on this matter and we are kindly requesting you to inform us about this case and if possible order his immediate release.

- 2 -

We trust, Honourable Minister that this request will receive a positive and prompt solution solution, considering that his wife and 5 children are very much concerned about the physical integrity of this refugee.

    Thank you in advance for your generous cooperation.

                    Yours faithfully

                      Frank Lozano
              Deputy Representative/Protection Officer

Hon. Minister Eriya Katagaya
Minister of State in the Prime Minister's Office
Parliamentary Building
KAMPALA.

c.c.-The Hon Minister
    Ministry of Internal Affairs
    P.O. Box 7191
    KAMPALA.

  -Mr. Jimmy Muhwezi
    Director General of Intellegency
    and Security Services
    President's Office
    Parliamentary Building
    KAMPALA.

  -The Tracing Delegate
    ICRC
    KAMPALA.

Annexe 3 : Extrait du discours de Museveni lors de sa première visite au Rwanda le 30/10/ 1986

« *Recently, there have been a lot of rumours circulated by people who are ignorant politically that the refugees of Rwanda in Uganda will use Uganda as a base to come and attack Rwanda. This is not possible and it will not happen and I'd like to assure all the people here that it will not happen at all.*

First of all there is no reason why we should do that. There is absolutely no reason why. What advantage do we have in it ? For instance, Sudan recently allowed the former soldiers of the Uganda army to attack Uganda from Sudan. What we mind about is to preserve our border. That's our interest. Now, if we cannot attack Sudan which allowed enemies of Uganda to attack us from there, why should we attack Rwanda ? What has it done against us ? For us, we'd only quarrel with who quarrel with us. And even then we'd not use force unless it was a method of last resort. So, there is no reason at all.

There is no political reason. There is no strategical reason, there is no ideological reason why we should back the refugees of Rwanda in Uganda to come and disturb Rwanda. The Banyarwanda are in Uganda as refugees. Some of them are immigrants who came along ago. Some Banyarwanda are citizens of Uganda, because some Banyarwanda are part of Uganda. Therefore, those who came as refugees if they want to stay in Uganda they have to stay here as refugees. If you want to get them back, you can come and call them and they come back here. If you can't have them back, they will stay in Uganda until we find another solutions for them. So there is no problem at all on that issue. »

Annexe 4 : Extrait du rapport confidentiel de l'Ambassadeur ougandais I.B. Katetegirwe fait à son pays le 13/02/1992.

« *From the contacts I have made with ambassadors and Heads of Missions in Kigali, they all insist and are convinced that the RPF are based in Uganda. I have been made to understand that the french troops in Kigali often take satellite pictures of the entire Uganda/Rwanda border. They claim that these pictures have not shown any presence of RPF soldiers on rwandese soil. They agreed view is that RPF raid rwandese positions in hit and run tactics and they always withdraw to safe bases in Uganda. Uganda has made effort and a considerable expense too, by going out to invite journalists, politicians observers and environmentalists who are taken to the Rwanda/Uganda border. They always affirm having seen no presence of RPF soldiers on rwandese soil. The fact that military communiques of RPF are issued from Kampala is disturbing. People ask themselves why this should be so if RPF has no bases in Uganda. (...).* »

« *Diplomats accredited to Kigali have been using every available function or contact to inform me that I should tell my Government to stop supporting the RPF. I have made the position of Uganda Government very clear but there is a lot of scepticism and some people tell me that the RPF even travel on Uganda passports. (...)*».

« *As a precautionary measure, Western countries which aid projects near the Uganda border have withdrawn civilian expatriate personals (except priests) from that area. These expatriates, who number a few hundreds, are very bitter because their means of livelihood is at risk due to war. They have been exercing pressure on their governments to intervene and put an end to what they see as an attack by Uganda backed rebels on small peace loving country. Aid donors have an interest in keeping their personnel here. It reduces unemployment at home.*

And there are salaries to be repatriated. They therefore back their citizens (....)».

« It is quite evident that RPF cannot take power militarily. The Rwandese army is getting stronger every day. Secondly, the french troops are around to see that just such a thing doesn't happen. And thirdly Habyarimana can still count on Mobutu to send in his troops should the situation become desperate. Rumour has it that at least 1.000 Zaïre troops are already here have been sent to Ruhengeri. The RPF cannot take power politically. It has been closely associated with the tutsi who are very small minority. They are concentrated in a few places making it impossible for them to win out-right in fair election. The Parti Liberale which has been accused of working closely with the RPF is now struggling, it is using every opportunity to distance itself from any link with the RPF ... »

« On 11th February 1992 I met the USA ambassador at own request and we had a long frank discussion on the political situation in Rwanda. Ambassador Flatten told me that in his view, now is the time to take all necessary measures to end the rwandese conflict. He hastened to add that this will only be possible if President Museveni is cooperative. The Ambassador told me that according to information available to him, the majority of RPF soldiers operating within Rwanda but near the border with Uganda. At the beginning they have small arms but now they have bid, sophisticated guns possibly from the NRA, Egypt or Libya but through Uganda. Ambassador Flatten told me that he was happy with the moves President Habyarimana had taken. He cited as examples, freedom of press, party pluralism, talks with Bishops and dialogue with the parties of the opposition. These steps have been appreciated by the USA, France, Belgium, Germany and all members of European community».

Annexe 5 : Procès verbal de saisie d'armes à l'évêché de Kibungo le 10 avril 1994

REPUBLIQUE RWANDAISE
MINISTERE DE LA DEFENSE
SECTEUR OPS KIBUNGO

KIBUNGO, le 10 Avril

PV DE SAISIE

Nous, NKURIYUKUBONA Anselme, Col BEM, Comd Sect OPS KIBUNGO et Camp KIBUNGO, OPJ à Compétence générale en Préfecture de KIBUNGO, sur autorisation de Mgr RUBWEJANGA Frédéric, avons procédé à la perquisition de la paroisse de KIBUNGO, chambre occupée par les déplacés suite au troubles ethniques survenues après la mort du Président de la République, avons saisi trois (3) armes de guerre type Karachinikov.

① N° 88502
② N° 6901
③ N° 04821

Avons saisi quatre chargeurs garnis ainsi qu'un sac de cartouches emb.... 1400 cartouches.

Pour la remise :
- Mgr Frédéric RUBWEJANGA
- Abbé Philippe RUKAMBA, curé Rukamba
- Abbé Claudien GASANA

Pour la réception
Col BEM NKURIYUKUBONA Anselme
Comd OPS KIBUNGO et Comd Camp Kibungo

Annexe 6 : Invitation trouvée sur le cadavre du Col. Pontien Hakizimana

CHER COMPATRIOTE *Col. HAKIZIMANA Pontien*

MA FERME CONVICTION, APRES TANT DE SANG VERSE POUR ABATTRE UNE DICTATURE, EST QUE VOUS ETES PRET A PARTICIPER A LA RECONSTRUCTION NATIONALE D'UN RWANDA NOUVEAU DANS LE RESPECT ET LA DIGNITE. JE VOUS SAIS GRE DE VOS FRANCHES DISPOSITIONS.
FRATERNELLEMENT

IKIZERE DUFITE NI UKO USHYIZE IMBERE UMUGAMBI WO KWISHYIRA TWESE HAMWE TUKUBAKA BUNDI BUSHYA URU RWANDA BENSHI MURI TWE BATANGIYE UBUZIMA KUGIRA NGO RUVE MU NDIRI Y'UBUGOME N' UBWIKANYIZE. TURAKWIZEYE KANDI IGIHUGU KIZABIGUSHIMIRA.

COL. A. KANYARENGWE
PRESIDENT - F.P.R / INKOTANYI

Annexe 7 : Photo d'une des victimes de 1959

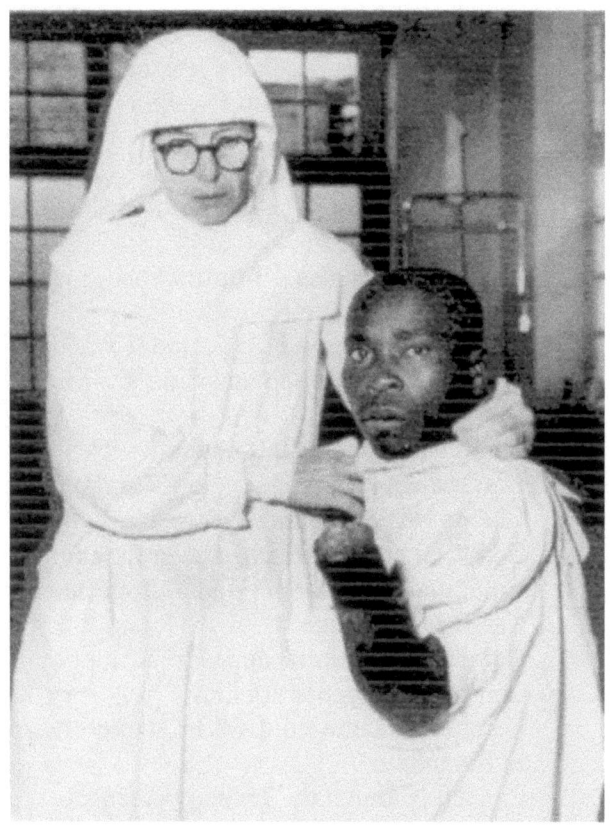

Jeune homme hutu mutilé par ses assaillants. Photo prise à l'hôpital de Kabgayi le 7 novembre 1959. (Photo Laval P.-Rudipresse).

Abréviations

AFP	Agence France Presse
AGCD	Administration Générale de Coopération au Développement
AGER	Association des Etudiants Rwandais
ALIR	Armée de Libération du Rwanda
ANC	African National Congress
APR	Armée Patriotique Rwandaise
APCR	Association pour la Promotion de la Culture Rwandaise
ARI	Agence Rwandaise d'Information
ASR	Association Suisse-Rwanda
BACAR	Banque Continentale Africaine (Rwanda)
BDCI	Banque de Développement du Commerce et de l'Industrie
BNR	Banque Nationale du Rwanda
BRALIRWA	Brasserie et Limonaderie du Rwanda
CCM	Chama Cha Mapinduzi
CDR	Coalition pour la Défense de la République
CEE-ACP	Communauté Economique Européenne-Afrique-Caraïbes Pacifique
CICR	Comité International de la Croix Rouge
CIA	Central Intelligence Agency
CLIIR	Comité de Lutte contre l'Impunité et l'Injustice au Rwanda
CND	Conseil National de Développement
CORS	Communauté Rwandaise de Suisse
CPUN	Comité pour la Paix et l'Unité Nationale
CRDDR	Comité pour le Respect des Doits de l'Homme et la Démocratie au Rwanda
ECOMOG	Economic Community of West African States Monitoring Group
ELETROGAZ	Société de Distribution d'Electricité, d'Eau et de Gaz
EO	Ecole d'Officiers
FAR	Forces Armées Rwandaises

FLR	Front de Libération du Rwanda
FPR	Front Patriotique Rwandais
FRONASA	Front for National Salvation
GOMN	Groupe d'Observateurs Militaires Neutres
HCR	Haut Commissariat des Nations Unies pour les Réfugiés
IMPRISCO	Imprimerie Scolaire
LDF	Local Defence Force
MDR	Mouvement Démocratique Républicain
MINUAR	Mission des Nations Unies pour l'Assistance au Rwanda
MOF	Mission d'Observateurs Français
MONUOR	Mission d'Observation des Nations Unies Ouganda- Rwanda
MRAC	Musée Royal d'Afrique Centrale
MRND	Mouvement Révolutionnaire National pour le Développement ; Mouvement Républicain National pour le Développement et la Démocratie
MRR	Mouvement de Révolutionnaire du Rwanda
MSF	Médecins Sans Frontières
NOUER	Nouvelle Espérance pour le Rwanda
NRA	National Resistance Army
NRC	National Resistance Council
NRM	National Resistance Movement
ODI	Organisation de Déstabilisation des Interahamwe
OTLR	Organisation for Total Liberation of all Rwandese
OUA	Organisation de l'Unité Africaine
ONU	Organisation des Nations Unies
ONG	Organisations Non Gouvernementales
OPROVIA	Office national pour le développement et la commercialisation des Produits Vivriers et Animaux
ORINFOR	Office Rwandais d'Information
PDC	Parti Démocrate Chrétien
PETRORWANDA	Société Rwandaise des Pétroles.
PL	Parti Libéral

PNLS	Programme National de Lutte contre le SIDA
PNUD	Programme des Nations Unies pour le Développement
PSD	Parti Social Démocrate
RANU	Rwandese Alliance for National Unity
RDC	République Démocratique du Congo
RPF	Rwandese Patriotic Front
RRM	Rwandese Resistance Movement
RRWF	Rwandese Refugees Welfare Foundation
RNLM	Rwanda National Liberation Movement
RWASUR	Sûreté Rwandaise
SOFAT	Société de Fabrication de Treillis
SOGEREP	Société de Gestion, d'Etudes et de Représentation
SOMIRWA	Société des Mines du Rwanda
SOPECYA	Société des Pétroles de Cyangugu
SPLA	Sudanese People Liberation Army
STIR	Société des Transports Internationaux du Rwanda
TPIR	Tribunal Pénal International pour le Rwanda
UNaR	Union Nationale Rwandaise
UPM	Uganda Patriotic Movement
UPR	Union du Peuple Rwandais
URSS	Union des Républiques Socialistes Soviétiques
USA	United States of America

TABLE DES MATIERES

INTRODUCTION 7

LE POIDS DE L'HISTOIRE 11
    HUTU ET TUTSI AU RWANDA 12
    DES INYENZI AUX INKOTANYI   16
    LE FRONT PATRIOTIQUE RWANDAIS (FPR) 27

LA GUERRE 1990-1994 49
    LES SIGNES AVANT-COUREURS DE L'INVASION 49
    LE DECLENCHEMENT DE LA GUERRE 51
    UNE POLITIQUE REUSSIE D'INFILTRATION 88
    LA POLITIQUE DU TALK AND FIGHT. 119

LA VRAIE NATURE DU FPR 139
    UNE ORGANISATION MILITARISTE. 140
    UN MOUVEMENT ETHNISTE 143
    UNE ORGANISATION CRIMINELLE ET TERRORISTE 162
    LE FPR EXPLOITE LE GENOCIDE 178
    UNE ORGANISATION ANTI-CATHOLIQUE 203

LE NOYAUTAGE DE LA COMMUNAUTE INTERNATIONALE .. 207
    LA MANIPULATION DES MEDIAS ETRANGERS 207
    LA MANIPULATION DES ORGANISATIONS INTERNATIONALES 214
    LE ROLE DES PUISSANCES ANGLO-SAXONNES ET DE LA FRANCE 235

CONCLUSION 245

BIBLIOGRAPHIE 249

ANNEXES 261
    ANNEXE 1 : PHOTOCOPIES DES ATTESTATIONS DE COTISATIONS POUR LES « INYENZI » 261
    ANNEXE 2 : LETTRE DU DELEGUE DU HCR A KAMPALA POUR LE CAS DE JMV KARURANGA 262
    ANNEXE 3 : EXTRAIT DU DISCOURS DE MUSEVENI LORS DE SA PREMIERE VISITE AU RWANDA LE 30/10/ 1986 264
    ANNEXE 4 : EXTRAIT DU RAPPORT CONFIDENTIEL DE L'AMBASSADEUR OUGANDAIS I.B. KATETEGIRWE FAIT A SON PAYS LE 13/02/1992. 265
    ANNEXE 5 : PROCES VERBAL DE SAISIE D'ARMES A L'EVECHE DE KIBUNGO LE 10 AVRIL 1994 267
    ANNEXE 6 : INVITATION TROUVEE SUR LE CADAVRE DU COL. PONTIEN HAKIZIMANA 268
    ANNEXE 7 : PHOTO D'UNE DES VICTIMES DE 1959 269

ABREVIATIONS 270

RWANDA

12203	BIZIMANA Jean D.	L'Eglise et le génocide au Rwanda. Les Pères Blancs et le Négationnisme (Coll. Points de Vue), 2001, 2-7384-8681-9, 156p **14.50**
4593	CAHIERS AFRICAINS N°12	Rwanda. Appauvrissement et ajustement structurel, 1995, 96p **11.45**
4656	CAHIERS AFRICAINS N°14	Aux sources de l'hécatombe rwandaise, 1995, 174p **16.80**
7959	CASTONGUAY Jacques	Les Casques bleus au Rwanda, 1998, 2-7384-6472-6, 276p **22.90**
11476	CHAVAROCHE Claire	Terre des veuves. JOurnal du Rwanda (Coll. Mémoires Africaines, Rwanda), 2001, 2-7475-0357-7, 168p **14.95**
15123	*CONGO MEUSE	Figures et paradoxes de l'histoire au Burundi, au Congo et au Rwanda (2 volumes), 2002, 2-7475-3126-0, 1182p **65.00**
5517	DE DORLODOT Philippe	Les réfugiés rwandais à Bukavu au Zaïre. De nouveaux Palestiniens? (Préf.de M.Bihuzo, Postf.de F.Reyntjens), 1996, 2-7384-3698-6, 254p **22.90**
14299	*ERNY Pierre	L'école coloniale au Rwanda (1900-1962) (Coll. Etudes Africaines), 2002, 2-7475-2390-X, 254p **29.00**
4369	ERNY Pierre	Rwanda 1994. Clés pour comprendre le calvaire d'un peuple, 1994, 256p **19.85**
14442	*GASANA K.James	Rwanda: du parti-état à l'état-garnison (Coll. Afrique des Grands Lacs), 2002, 2-7475-1317-3, 348p **29.00**
2970	GASARABWE Edouard	Parlons Kinyarwanda-Kirundi, 1992, 290p **22.90**
7274	GODDING J.P.(présent.)	Réfugiés rwandais au Zaïre. Sommes-nous encore des hommes? (Préf.de F.Reyntjens) (Coll. Afrique des Grands Lacs), 1997, 2-7384-4464-4, 240p **21.35**
14164	*KABAGEMA Edouard	Carnage d'une nation. Génocide & massacres au Rwanda 1994 (Coll. Mémoires Africaines, Rwanda), 2002, 2-7475-1318-1, 250p **19.85**
14757	*KEHRER Brigitte	Rwanda part de dieu part de diable, 2002, 2-7475-2238-5, 262p **22.00**
12208	MAMMADU Baadikko	Françafrique: l'échec. L'Afrique postcoloniale en question, 2001, 2-7475-0584-7, 366p **27.45**
8708	MAS Monique	Paris-Kigali 1990-1994. Pour un génocide en Afrique. Lunettes coloniales, politique du sabre et onction humanitaire, 1999, 2-7384-7598-1, 528p **42.70**
12853	MAY Patrick	Quatre Rwandais aux assises belges. La compétence universelle à l'épreuve, 2001, 2-7475-0804-8, 130p **11.45**
5487	MCCULLUM Hugh	Dieu était-il au Rwanda? La faillite des Eglises (Préf.de Desmond Tutu), 1996, 2-7384-4142-4, 230p **19.85**
7055	MILLELIRI Jean-Marie	Un souvenir du Rwanda (Préf.de Bernard Debré), 1997, 2-7384-5652-9, 88p **9.15**
15222	*MUHIMPUNDU Félicité	Education et citoyenneté au Rwanda (Préf.d'Alain Mougniotte) (Coll. Education et Sociétés), 2002, 2-7475-3226-7, 268p **20.00**
3359	NAHIMANA Ferdinand	La Rwanda. Emergence d'un Etat. (Coll. Racines du Présent), 1993, 346p **25.95**
12252	NDAHAYO Eugène	Rwanda. Le dessous des cartes, 2001, 2-7384-8682-7, 278p **22.90**
14952	*NDUWAYO Léonard	Giti et le génocide rwandais (Coll. Mémoires Africaines, Rwanda), 2002, 2-7475-2940-1, 260p **21.00**
12175	NGULINZIRA Boniface	Un autre Rwanda possible, combat possible (Par Florida Mukeshimana-Ngulinzira - Préf.de Jean-Pierre Roobrouck) (Coll. Mémoires Africaines, Rwanda), 2001, 2-7384-9778-0, 108p **12.20**
12854	NIWESE Maurice	Le peuple rwandais un pied dans la tombe. Récit d'un réfugié étudiant (Préf.de Filip Reyntjens) (Coll. Mémoires Africaines, Rwanda), 2001, 2-7475-0803-X, 212p **16.80**
5531	NKUNZUMWAMI E.	La tragédie rwandaise. Historique et perspectives, 1996, 2-7384-3697-8, 480p **38.15**
3888	NKURIKIYIMFURA J.N.	Le gros bétail et la société rwandais. Evolution historique des XIIè-XIVè à 1958 (Coll. Racines du Présent), 1994, 318p **24.40**
10995	NTEZIMANA Vincent	La justice belge face au génocide rwandais. L'affaire Ntezimana (Coll. Afrique des Grands Lacs), 2000, 2-7384-8691-6, 218p **19.85**

6780	OVERDULVE C.M.	*Rwanda un peuple avec une histoire*, 1997, 2-7384-5292-2, 270p.	21.35
5523	REYNTJENS Filip	*Rwanda. Trois jours qui ont fait basculer l'histoire (Coll. Cahiers Africains)*, 1996, 2-7384-3704-4, 150p.	13.75
8446	RUBAYIZA Fulgence	*Guérir le Rwanda de la violence*, 1998, 2-7384-6223-5, 208p.	16.80
94	RUMIYA Jean	*Le Rwanda sous le régime du mandat belge (1916-1931). (Coll. Racines du Présent)*, 1992, 249p.	21.35
10382	SEBASONI M.Servilien	*Les origines du Rwanda (Coll. Points de Vue)*, 2000, 2-7384-8684-3, 240p.	19.85
8550	SEMUJANGA Josias	*Récits fondateurs du drame rwandais. Discours, social, idéologies et stéréotypes (Coll. Etudes Africaines)*, 1998, 2-7384-7185-4, 256p.	21.35
8445	SINDAYIGAYA Jean-Marie	*Grands lacs: Démocratie ou ethnocratie?*, 1998, 2-7384-6232-4, 318p.	27.45
9858	SIRVEN Pierre	*La sous-urbanisation et les villes du Rwanda et du Burundi*, 1999, 786p.	53.40
14573	*STALON Jean-Luc	*Construire une démocratie consensuelle au Rwanda (Coll. Points de Vue)*, 2002, 2-7475-2064-1, 158p.	14.00
11154	UMURERWA Marie-Aimable	*Comme la langue entre les dents. Fratricide et piège identitaire au Rwanda (Coll. Mémoires Africaines, Rwanda)*, 2000, 2-7384-8694-0, 208p.	16.80
8711	UVIN Peter	*L'aide complice? Coopération internationale et violence au Rwanda (Coll. Afrique des Grands Lacs)*, 1999, 2-7384-7337-7, 194p.	25.95
5522	VERDIER R. et autres	*Rwanda un génocide du XXème siècle (Avec E.Decal JX, J.P.Chrétien)*, 1996, 2-7384-3989-6, 262p.	22.90
6763	WILLAME Jean-Claude	*Banyarwanda et Banyamulenge. Violences ethniques et gestion de l'identitaire au Kiwu (Coll. Cahiers Africains)*, 1997, 2-7384-4709-0, 156p.	14.95

565556 - Mai 2014
Achevé d'imprimer par